タロット技法事典

鏡リュウジの実践タロット・メソッド

朝日新聞出版

はじめに

タロットの世界を深める虎の巻

これは、あなたのタロットの技能を一段も二段もアップさせるための「奥義書」「虎の巻」です。

世界的にタロットの占い、リーディングは1960年代以降、広く普及してきました。日本においても1970年代からブームに火がつき、今では星占いや手相と並ぶスタンダードな占いとして定着しています。自らタロットを実践したいという人口も増えているようで、特にコロナ以降、タロットは若い世代の間でもますます関心が高まっていると聞きます。入門書も、かつてとは比べ物にならないくらい丁寧でわかりやすい良質なものが増えていま

THE HANGED MAN.

すし、動画配信サイトでもタロットを扱うチャンネルが増えています。

タロットの人気の秘密の一つはその敷居の低さ。占星術と違って複雑なルールがなく、絵から受ける直観とイマジネーションさえあれば面倒な学習を経なくても占いができるようになるのが魅力です。しかし、タロットに「学び」がなくて良いということではありません。「絶対にこうでなければいけない」というルールが存在しないことはたしかですが、なんでもいいということでもない。中にはまるで霊能者のようにカードからその場その場のインスピレーションのみで占う人もいなくはないのですが、通常はカードの伝統的な意味や占い方のメソッドを手がかりに、カードからのメッセージに耳を傾けていくのが王道です。

最近のわかりやすい入門書や、あるいは動画も、かなりのとこ

ろまであなたを導いてはくれるでしょう。しかし、「初心者」から次のステップに移行しようというとき、独学ではなかなか解決できないいくつもの疑問が起こり、必ず壁を感じるようになるでしょう。

なにげなくやってきたシャッフルの仕方もそれでいいのか。そもそもスプレッドとは何か、自分でアレンジしていいのか。逆位置をどう扱うか、時期を読めるか、他の占いとの併用……本書で取り上げたのは、そうした重要な、しかし扱いにくかったり、盲点になりがちなトピックです。一見「当たり前」に見えるこれらのテーマにこそ実は奥深い内容が含まれているのです。

熟練のカード使い手は経験を積み上げる中で自分のオリジナルの方法を編み出し、自分のスタイルを作り上げていきます。もちろん、それにはかなりの時間とコストがかかります。

この本は、日本を代表するタロットやカードの使い手たちが、長年の経験と学びを経た上での知見と実際的奥義を惜しみなく伝える奥義の書です。本来なら10年かけてやっと身に付くようなタロット実践の高度なエッセンスを、本書ではすぐに使えるかたちでお届けしているのです。まったくの初心者のための本とは言えませんが、少しでもタロットに親しんだ方であれば、この本の価値をわかっていただけることでしょう。

本書がみなさんのタロットの実践力を底上げすることをぼくは確信しています。さあ、タロットの次のステップへ一緒に昇っていきましょう。

鏡リュウジ

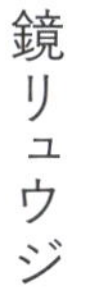

CONTENTS

267 PART 5
ルノルマンカードとタロットカード ―― 桜野カレン

カード提供

“Pamela-A”(circa 1910)
(夢然堂所蔵)

Nicolas Conver images
(newer 5-colour version, circa 1890s)
(夢然堂所蔵)

「ステラタロット」制作:ステラ薫子

『オリジナルカード78枚ではじめる
いちばんたのしい、タロット占い』
(LUA著、日本文芸社発行)

『ファインドルノルマン』
(トリプルK監修、FCM発行)

Pixie's Astounding Lenormand
(Edmund Zebrowski)

Lenormand de Marseille
(Edmund Zebrowski)

PART

01 Shuffle, Cut, Draw and Layout

シャッフル・カット・ドロー・レイアウト

タロット占いは、カードを混ぜるシャッフルとカットからスタートして、ドロー（引く）、レイアウト（並べる）と続いていきます。パフォーマンスでありながら偶然性を生み出すこの行為は、その方法だけでもいくつもの種類が存在し、タロティストや解説書によって手法もさまざま。第1章ではそんな現況をタロット、西洋占星術、ルーン文字などに造詣が深く、圧倒的なリサーチ力とバランス感覚を誇る千田歌秋が解説していきます。

千田歌秋 Khaki Senda

東京麻布十番の占いカフェ＆バー燦伍（さんご）のオーナー、占い師およびバーテンダー。タロットカクテルや各星座の食事コースを監修するなど、占いと飲食の融合をテーマとした場を提供している。店舗の運営、対面鑑定のほか、原稿の執筆、講座やセミナー、メディア出演、イベントの企画や監修、占い師のマネジメントや育成など、活動は多岐にわたり、ビブリオマンシー（書物占い）の普及にも努める。著書『はじめてでも、いちばん深く占える タロットREADING BOOK』（学研）、『ビブリオマンシー　読むタロット占い』（日本文芸社）、監修『タロットの鍵』（サラ・バートレット著、ガイアブックス）、執筆協力に『タロットの美術史』（鏡リュウジ著、創元社）など。

タロット占いの技法と聞いて、皆さんは何を思い浮かべますか？
さまざまなカード解釈の方法、スプレッド（カードを過去、未来、最終結果などのポジションに並べる展開法）、逆位置（カードの天地すなわち絵柄の上下が逆さになること）のメソッド、ほかの占術との組み合わせ。自分以外の誰かを占う場合は、相談内容の整理、傾聴、話すスピードや抑揚の調整、語彙の選択、結果の伝え方など、コミュニケーションテクニックも重要です。

一方で、おざなりにされがちなのが、カードを混ぜて（シャッフル）、カードを引く（ドロー）作業ではないでしょうか。シャッフルやドローなんて誰でもできるじゃないか、と思うかもしれませんが、それは間違いです。試しに、新品のデッキ（一組のタロットカード）のように、すべてのカードを数字順かつスートごとに並べてから、シャッフルをしてみてください。カードを表にして確認すると、こんなにも混ざりにくいものなのかと驚くことになるでしょう。そう、カードをランダムにするのは、私たちが思っているよりもはるかに難しいのです。タロット占いの根幹は、カードが出る偶然性の中にメッセージを見出すことにあるわけですから、充分カードが混ざっていないと話になりません。シャッフルとドローは、思われている以上に難易度の高い、きわめて重要なテクニックなのです。

この章では、シャッフル、カット（二つ以上に分けた山を入れ替えること）、ドロー、レイアウト（カードの向きなどの配置法）の種類と手法などについて、改めて丁寧にお話ししていこうと思います。

なお、参考文献についてですが、本文中の著者名に付された数字（メイザース1など）と、参考文献リストの著者およびその著書を対応させてあります。

シャッフルの重要性

タロット占いを作動させるもっとも大きな要因は何でしょうか。読み手の霊感や才能か、あるいはハイアーセルフとか守護霊といった超越的存在の介入なのか、さまざまな意見があるでしょう。個人的には、タロットのみならずあらゆる占いの本質は偶然性にあると思っています。

生年月日を基にした占術でさえ、たまたまその瞬間に生まれたことをベースにします。あるいはたまたまその人の手や顔に現れた相、そしてたまたま引いたカードなどで、私たちは占いを行っています。換言すれば、偶然性の介在なしに占いは成立しないのです。

無作為に選ばれたカードが何らかの意味を持つ、これがタロット占いの前提となる考え方です。なぜたまたま引いたカードが意味を持つのか、なぜタロット占いが当たるのか、その考察をする紙幅はないので、それは別の機会に譲りましょう。ここでは、偶然のもたらす意味こそがタロット占いの本質であること、ランダム性の確保がタロット占いに必要不可欠であること、これらを強調するに留めておきます。

タロットにおいて偶然性を介入させる手続きは、何と言ってもカードを充分に混ぜること。つまり、シャッフルという一見当たり前の行為こそが、タロット占いにおいてもっとも重要な作業といっても過言ではないわけです。

ところが、占いの現場で、シャッフルをした後に、カードがランダムな状態になっていることを逐一確認しているかというと、なかなかそうもいきません。立て続けに占いをするときなど、充分な時間が取れない場合はなおさらのことです。本来であれば、シャッフルを行うたびに、混ざり具合をしっかりと確認しなければなりませんが、そこまで厳密に偶然性の保持を心がけているタロット占い師は、ほとんどいないのではないでしょうか。タロット占いをたしなんでいる私たちは、占いの本質であり前提でもある偶然性に対して、少しばかり無頓着すぎるのかもしれません。この機会に改めて、シャッフルの重要度への認識を、一段階も二段階も上げていければと考えます。

シャッフルとカットの種類

タロットカードには、占い、ゲーム、マジックなどさまざまな用途があります。シャッフルの手法も、用途によって違いが出てきますが、本項では占いで使うシャッフルとカットの種類を挙げていきます。

1 ヒンドゥーシャッフル

片方の掌(てのひら)にデッキを置いて、親指および中指などで両サイド(カードの長いほうの縁、縦にした時の左右)をつかみ、人差し指でエンド(カードの短いほうの縁、縦にしたときの上下)を支え、もう一方の手でデッキの下の一部を手前に抜き取りながら、下から上にカードを移動させていく方法。

片方の手でデッキを上から持ち、親指および中指などで両サイドをつかみ、人差し指でトップ（裏にしたデッキの一番上）を支え、掌を上にしたもう一方の手で、デッキの上の一部を抜き取りながら、上から下にカードを移動させていくやり方もあります。

なお、両手の掌が上を向くやり方は、ジャパニーズヒンドゥーシャッフルと呼ばれます。手の小さい人や大きめのデッキに向いているシャッフルです。

POINT

- 正逆（正位置と逆位置）は変わらない
- 場所を取らないのが利点
- 混ざりにくいのが難点
- オススメ度＝△

ヒンドゥーシャッフル

2 オーバーハンドシャッフル

片手の掌にデッキを置いて、親指および中指などで両エンドをつかみ、もう一方の手の親指等で横に滑らせるようにデッキの上の一部を抜き取りながら、上から下にカードを移動させていく方法です。

デッキの下の一部を抜き取るように、下から上へとカードを移動させても良いでしょう。手の大きい人や小さめのデッキに向いているシャッフルです。

POINT

- 正逆は変わらない
- 場所を取らないのが利点

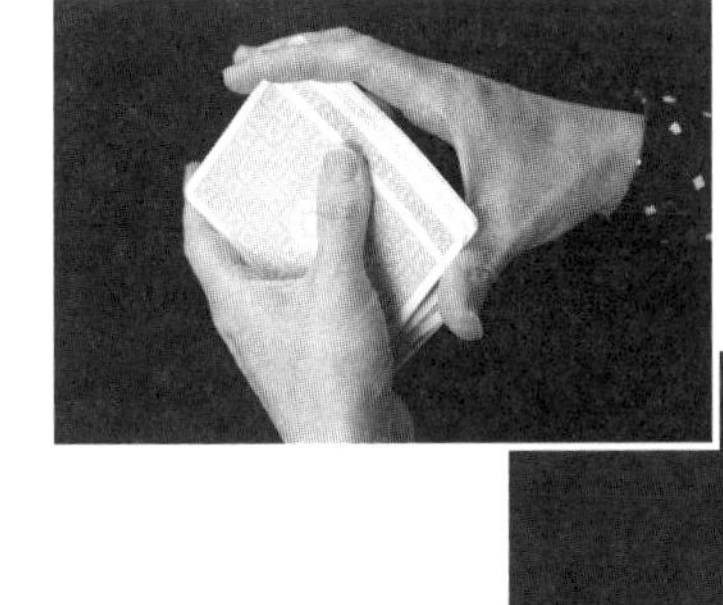

オーバーハンドシャッフル

・案外混ざりにくく、大きいデッキや手の小さい人ではできないのが難点
・オススメ度＝△

3 リフルシャッフル

デッキを二つに分けて反らせ、カードの端を弾くようにして交互に噛み合わせて一つにまとめる方法です。空中で反らせてテーブル上に射出するやり方もあります。プラスチックのデッキに向いていますが、折れやすい紙のカードなら避けるべきでしょう。

正逆は変わりませんが、デッキを分ける時に片方のパイル（デッキの一部、複数枚の

リフルシャッフル

カードの山のこと）の天地を逆にして、何度かシャッフルを繰り返すと、正逆ができます。

POINT

- よく混ざるのが利点
- カードが反ってしまうのが難点
- オススメ度＝×

4 ファローシャッフル

デッキを二つに分けてカードを差し込んでいく方法。リフルシャッフルに似ていますが、カードを反らさずに噛ませます。

無理に差し込もうとするとカードが傷んでしまいます。おろしたてのデッキや一枚一

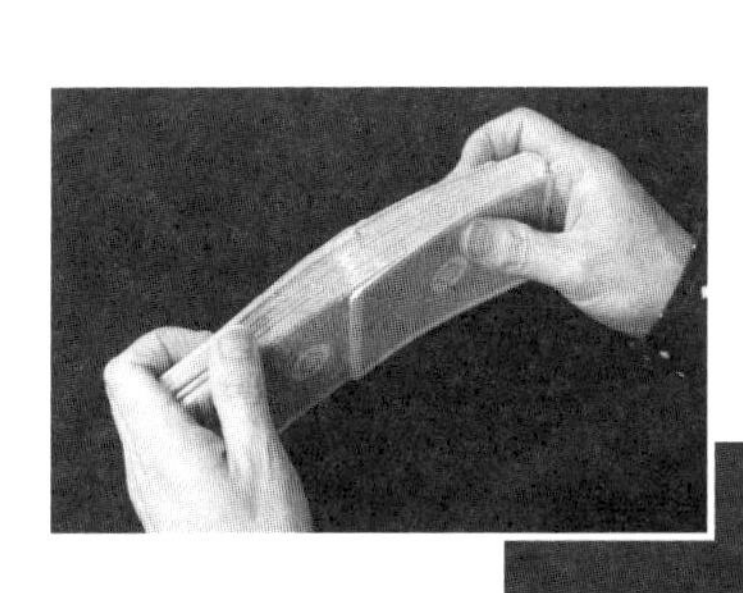

ファローシャッフル

枚がくっつきやすいデッキだとやりにくいです。正逆は変わりませんが、デッキを分けるときに片方のパイルの天地を逆にして、何度かシャッフルを繰り返すと、正逆ができます。混ざりやすいのと、ディールシャッフルやウォッシュシャッフルの後、一つにまとめる際に併用できるのが利点。

POINT

- **良く混ざるのが利点**
- **カードが傷みやすいのが難点**
- **オススメ度＝○**

5 ディールシャッフル

複数の場所にカードを配り、いくつかのパイルまたはパケット（パイルより少ない枚数の山。束とも）を作っていく方法。大き過ぎないデッキにもおすすめです。

しっかりと混ぜるために、できるだけ多くの場所にランダムに配ること。8カ所ないし10

カ所に配ることで、デッキの枚数を確認することも可能。8カ所に10枚ずつ配るか、10カ所に8枚ずつ配ることで、2枚足りない状態であれば、78枚のデッキに欠けがないことをたしかめることができます。

たとえば10カ所に配置するとして、1、2、3、4と順番に並べても混ざりませんから、1、5、9、2などランダムに配置してください。正逆は変わりませんが、最後まとめるときに天地をランダムにして重ねれば、正逆ができます。

天地や順番をランダムにする方法を変形ディールシャッフル、順番だけランダムにする方法をランダムディールシャッフルと呼ぶことにします。

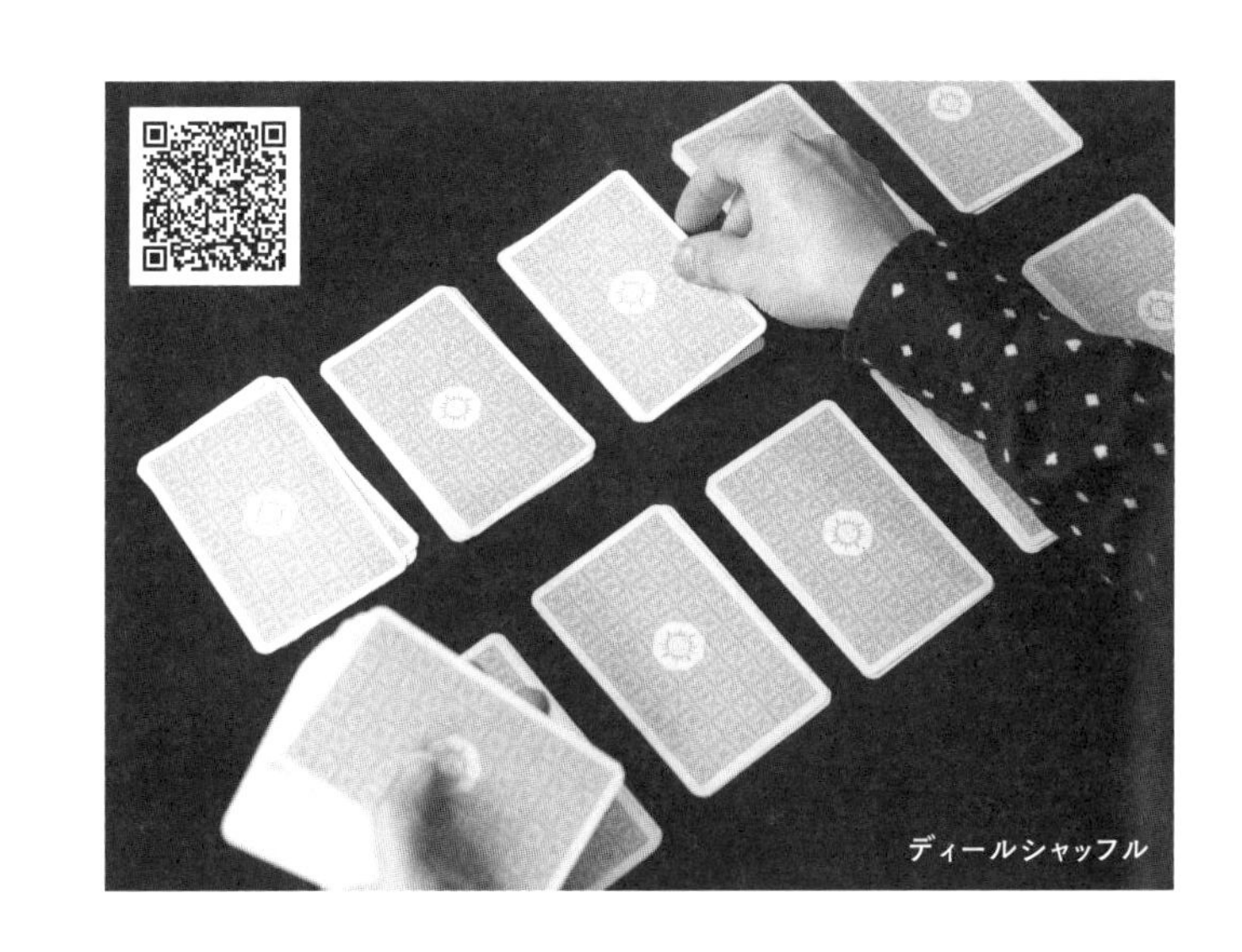
ディールシャッフル

POINT
・良く混ざるのが利点
・場所を取り、
時間がかかるのが難点
・オススメ度＝◎

6 ウォッシュシャッフル

すべてのカードをテーブル上に広げ、グルグルと回しながら混ぜていく方法。

カードを大きく広げることと、充分に回転させて天地を変えることが重要。狭いところで行ってもほとんど混ざらないので、広いスペースを確保する必要があります。正逆を作るのにもっとも有効なシャッフル。大

ウォッシュシャッフル

きく広げれば広げるほどよく混ざります。

POINT

- **正逆を作りやすいのが利点**
- **場所を取るのが難点**
- **オススメ度＝◎**

7 カット

デッキを二つのパイルに分けて上下を入れ替えることをカットと言います。これを応用し、細かくたくさんのパイルに分けるカットを繰り返すことで、シャッフルほどではありませんが、ある程度ランダムにすることができます。

カット

場所が狭い、時間がないなどの理由で、ディールシャッフルやウォッシュシャッフルができないときにおすすめ。相談者にカットをお願いし、ランダム性の導入に参与してもらうこともできます。天地をランダムにして重ねていって一つにまとめることで、正逆を作ることもできます。パイルを多数作るカットを多数カット、さらに天地を入れ替える方法を変形カットと呼ぶことにします。

POINT
- シャッフルでのカードの飛び散りを防ぐことができるのが利点
- シャッフルと併用しないとあまり混ざらないのが難点
- オススメ度＝○

ランダム性の確保

タロット占いにおいてもっとも重要なアクションであるシャッフルとカット。見てきたように、さまざまな種類がありますが、タロットを混ぜるのにどのシャッフルがもっとも有効なのか、数学的ないし統計学的に結論は出ているものなのでしょうか。
78枚のタロットについては、残念ながら研究結果を見つけることができませんでした（もし知っているという方はご教示ください）が、52枚のトランプなら、数学的に分析した例があります。その中でも参考にできそうなのが、ダイアコニスらの研究でしょう。プロのマジシャンとして活躍した経歴を持つスタンフォード大学の教授パーシ・ダイアコニスは、数学や統計学の専門家であり、コイントスやカードシャッフルのランダム性についての研究で知られています。

ダイアコニスによると、52枚のトランプの場合、リフルシャッフルを7回行うことで、充分ランダムになるそうです（*1）。5回を超えると、無作為性が飛躍的に向上するカットオフ現象（*2）が起こっているのです。ほかのシャッフルでもこのカットオフ現象が起こるのですが、ヒンドゥーシャッフルやオーバーハンドシャッフルの場合はなんと、理論上では1万回も行わなければならないそうです。一生懸命オーバーハンドシャッフルを行ったとしても、混ざるのに1時間以上かかってしまいます。

つまり、ヒンドゥーシャッフルやオーバーハンドシャッフルだけをしている占い師は、占うたびに1時間もシャッフルし続けない限り、占いの前提となるランダム性を確保できていなかったということになります。これは衝撃的な結果ではないでしょうか。

通常のディールシャッフルとカットでは、ランダムにするのはもっと困難ですし、さらにリフルシャッフルやファローシャッフルはカードを傷めるので、紙のデッキで採用できないとなると、タロット占いの現場で有効なシャッフルは、ウォッシュシャッフルくらいということになります。

では、ウォッシュシャッフルをどれくらい行えば、ランダムにすることができるのでしょうか。ダイアコニスによると、このシャッフルによるカードの動きの計測には統計学に加えて流体力学の応用が必要とのこと。彼によると、物理的な実験では、30秒以上のウォッシュシャッフルである程度ランダムになるそうです(*3)。理論的な証明はまだですが、ウォッシュシャッフルでのカットオフ現象は60秒より前に起こると予想され、私たちは1分以上ウォッシュシャッフルをすれば、しっかりとタロットデッキを混ぜることができるようです。

当然、ウォッシュシャッフルも、技術と環境によってはランダムになりません。実験ではもちろん、充分な広さがありカードがよく滑る場所で行っています。しかし、占いの現場ではそうもいきません。滑りにくいテーブルの上でカードを回転させれば、貼り付いたように動かないカードが多数出てきて、下部のカードがまったく混ざらないということもあり得ます。

また、力を入れ過ぎてしまえば、数枚のカードをホールドしたまま回転させることになり、手に直接触れているカードの順列が変わりません。そして78枚のカードを広げるなら、半径60センチくらいのスペースはほしいところです。テーブル上にタブレットや暦、筆記用具やタロットケースなどを置いた上で、そこまで広いスペースを確保するのは難しいのではないでしょうか。

ウォッシュシャッフルの弱点をなくすために、ちょっとした工夫を取り入れるといいでしょう。まずは滑りやすい布地のクロスを敷くことで、カードが充分に動くようになります。また、カードを回転させながら、カットやファローシャッフルの要素を取り入れ、上の束と下の束を入れ替えたり差し込んだりすれば、限られたスペースでもよく混ぜることができるはずです。

タロット占いでランダム性を確保するには、二つの方法があります。

一つはもちろん、デッキを充分にシャッフルすること。これまで見てきたデータは、52枚のトランプでの分析なので、78枚のタロットであれば、最低でも1分以上のウォッシュシャッフルか、10回以上のファローシャッフルをすることで、充分ランダムになると推測できます。

もし、ウォッシュシャッフルができるほどの広いスペースがなかったら、そしてカードを傷めたくないのでファローシャッフルもできないとしたら、ランダム性が確保できず、きちんとした占

PART 01 | PART 02 | PART 03 | PART 04 | PART 05 | PART 06

いをすることができないかもしれません。そんな場合、いったいどうすればいいのでしょうか？

安心してください。もう一つの方法、しかも非常に簡単な方法があります。それは、カードを無作為にドローすることです。仮にデッキが混ざっていなかったとしても、その中からランダムに引くことで、偶然性が確保されるわけです。デッキを直線状あるいは扇形に広げて何枚か引くかたちであれば、占う側が無作為に選んでもいいし、相談者側にカードを選んでもらうこともできます。詳しくは「ドローについて」（58ページ）の項で述べていきます。

解説書におけるシャッフルとカット

本項では、シャッフルやカットの方法について、タロットの実践的な解説書にどのように書かれているのか、まとめてみました。

18世紀後半から占いカードとしても使用されるようになったタロットですが、その後21世紀にかけて、世界中で数多くの指南書が出されています。特に1960年代以降、タロット占いが一般にも普及してからの書籍は、とても網羅することなどできません。本項では、英米仏の文献（代表的なものや邦訳のあるもの）や日本の書籍を中心に数十冊をピックアップして、実践家たちがどのようにシャッフルやカットを推奨してきたのか、見ていきます。

参考文献に挙げた書籍を概観すると、シャッフルについては「やりやすい方法でＯＫ」「十分混ざったと思ったら」「好きなタイミングで止めます」など、感覚的な指示があるのみで、あくまで任意で良いというスタンスのものが多いですね。しかし、今や私たちは、タロットカードを「充分に混ぜる」ことが、そんな一言で済ませられるほど簡単ではないことを知っています。

推奨されているシャッフルの種類は、逆位置を作ることができるウォッシュシャッフルがやはり多い（26人）のですが、あまり混ざらないヒンドゥーまたはオーバーハンドシャッフルも多く（18人）、カードを傷めるリフルシャッフルとファローシャッフルもいます（6人）。ディールシャッフルはこの中ではたった1人でした。

次ページリストの「その他」に挙げたバートレット（33）の方法は、ウォッシュシャッフルの最後でまとめる時に応用できそうです。パーマー（34）のやり方はフルデッキ（すべてのカードを使うこと）だと時間がかかりすぎます。

◎ **シャッフルをするのはどちらでもよい**
溢澤（35）

◎ **カットは二つに分ける**
シェラザード（18）、中村（42、伝統的には二つだが好きに分けて良い）、吉田（43）

◎ **カットは三つに分ける**
グレイ（7）、アビーネ（12）、フェントン（15）、マシーノ（16）、栄（21）、ポラック（22）、バニング（23）、グリーア（26）、鏡（27）、藤森（29）、伊泉（32）、溢澤（35）、ウェン（40）、LUA（41、好きな数字でもOK）、かげした（44）、賢龍（45）

◎ **カットは四つに分ける**
クロウリー（5）、ケース（6）、リガルディー（14）、ウェン（40）

◎ **その他のカット**
ヴィルト（4、頭に浮かんだ数字）、アンバーストーン（30、三つを三つにして九、または相談者の好きな数字）、ホドロフスキー（36、カットはしない）、森村（38、複数）

◎ **カットの回数**
メイザース（1、3回）、ウェイト（3、3回）、木星王（10、3回）、ウィリアムズ（24、1～数回）、伊泉（32、3回）、森村（38、複数）、LUA（41、相談者と1回ずつ）、吉田（43、相談者と1回ずつ）

◎ **相談者がカットする**
パピュス（2）、ヴィルト（4）、グレイ（7）、中村（42）

◎ **相談者と占う側両方がカットする**
木星王（10）、伊泉（32）、LUA（41）、吉田（43）

◎ **どちらがカットしても良い**
ウィリアムズ（24）、鏡（27）、溢澤（35）

◎ **右から左へカット**
ケース（6）、アビーネ（12）、伊泉（32）、パーマー（34）、ウェン（40）、マシーノ（16、どちらでも良い）

◎ **天地を変えてカット**
フェントン（15）、バニング（23）

◎ **左手でカット**
ケース（6）、グレイ（7）、アビーネ（12）、フェントン（15）、マシーノ（16）、栄（21）、ポラック（22）、バニング（23）、伊泉（32）、パーマー（34）、溢澤（35）、ウェン（40）、賢龍（45）

◎ **質問を決めたら占う側は頭を空にする**
ウェイト（3）、グレイ（7）、木星王（10）、栄（21）、ルイス（39）

◎ **質問を占う側が唱える**
パーマー（34）

◎ **質問を占う側が念じる**
メイザース（1）、クロウリー（5）、アビーネ（12）、リガルディー（14）、シェラザード（18）、鏡（27）、藤森（29）、アンバーストーン（30）、パーマー（34）、溢澤（35）、森村（38）、賢龍（45）

◎ **質問を相談者が念じる**
ケース（6）、グレイ（7）、リガルディー（14）、マシーノ（16）、ウェン（40）

◎ **ジャンピングカードが出たらシャッフルをやり直す**
リガルディー（14）、黒田（46）

◎ **ジャンピングカードは覚えて戻す**
藤森（29）、アンバーストーン（30）、浜田（37）

◎ **ジャンピングカードは逆位置も覚えて戻す**
マシーノ（16）、栄（21）

◎ **ジャンピングカードは特別視して置いておく**
栄（21）、森村（38）

解説書におけるシャッフルとカット一覧

PART 01
PART 02
PART 03
PART 04
PART 05
PART 06

◎ **ヒンドゥーシャッフル
またはオーバーハンドシャッフルを推奨**

ダグラス（8）、中井（9）、木星王（10）、フェントン（15）、斉藤（19）、栄（21）、バニング（23）、グリーア（26）、三田（28）、アンバーストーン（30）、パーマー（34）、浜田（37）、森村（38）、ウェン（40）、LUA（41）、中村（42）、吉田（43）、黒田（46）

・天地を変える指示があるのは、ダグラスとウェン
・回数の指定は、木星王（年齢分）や森村（あえて回数を数えない）
・逆位置を取らないデッキの場合のみとの指定は、栄
・オーバーハンドの変形のバニング

◎ **リフルシャッフルを推奨**

グレイ（7）、栄（21）、バニング（23）、グリーア（26）、LUA（41）、中村（42）

・天地を変える指示があるのは、グレイ、栄、LUA
・場所がないときという指定は、LUA
・折れるリスクを示しているのが、バニング

◎ **ファローシャッフルを推奨**

アビーネ（12）、バニング（23）、バートレット（33）

・天地を変える指示があるのは、アビーネ
・傷むリスクを示しているのが、バニング
・オーバーハンドとの合わせ技が、バートレット

◎ **ディールシャッフルを推奨**

ウェン（40）

・天地を変える指示あり
・ライフ・パス・ナンバー（生年月日の数字を一桁になるまで足した数字）の数のパイルに分けて配る指定（1の人は好きな数字で）

◎ **ウォッシュシャッフルを推奨**

メイザース（1）、ウェイト（3）、中井（9）、木星王（10）、フェントン（15）、マシーノ（16）、シェラザード（18）、斉藤（19）、ポラック（22）、バニング（23）、井上（25）、グリーア（26）、鏡（27）、三田（28）、藤森（29）、アンバーストーン（30）、バートレット（33）、澁澤（35）、浜田（37）、森村（38）、LUA（41）、中村（42）、吉田（43）、かげした（44）、賢龍（45）、黒田（46）

・時計回りを指示しているのは、シェラザード、藤森、澁澤、かげした、賢龍
・時計回りのあと反時計回りを指示しているのは、バートレット、吉田
・反時計回りのあと時計回りを指示しているのは、LUA
・どちら回りでもよいというのは、木星王、井上、黒田
・回転より質問のイメージ重視は、森村
・カードが大きい場合という指定は、フェントン
・スペースがあるときという指定は、バニング

◎ **その他のシャッフル**

・バートレット（33）、横一列に広げて、数枚ずつランダムに取って重ねていく
・パーマー（34）、二つに分けて左のパイルの天地を変えて、各パイルから1枚ずつ重ねていく
・栄（21）ミニタロットに限るがポーチに入れて振る

◎ **シャッフルの回数**

メイザース（1、3回）、ウェイト（3、3回）、木星王（10、年齢分だけ）、栄（21、相談者の好きな数字の回数）、バートレット（33、3回）、賢龍（45、あらかじめ決めた回数）

◎ **相談者にもシャッフルさせる**

クロウリー（5）、グレイ（7）、ダグラス（8）、リガルディー（14、難しければ占う側が行う）、フェントン（15）、マシーノ（16）、ウィリアムズ（24）、ウェン（40）

◎ **相談者にシャッフルはさせない**

木星王（10）

ウォッシュシャッフルを時計回りにするか、反時計回りにするか、回転の向きについてですが、これは「反時計回りのみ」を指定した人はいませんでした。「両方」がわずかにいますが、「時計回り」が多数派です。回転方向の根拠としては、エネルギーを入れるのが時計回り、抜くのが反時計回りだからという説を、ＬＵＡ（41）と吉田（43）が挙げています。どちらに回転させるべきか、これについては後に「レイアウトの設定」の項で解説します。

シャッフルの回数を指定するパターンは少なく、３人が3回を指定し、あとは相談者が任意に決める栄（21）、占う側が任意に決める賢龍（45）くらいでした。木星王（10）の「年齢の数」という指示は、１セットを年齢分繰り返すのではなく、年齢分の回数で完結させる数回セットのオーバーハンドだと思われます。森村（38）は、左脳的要素を入れないために、回数を数えないことを推奨しています。

シャッフルを相談者にさせるというのは、伝統的なスタイルで（８人）、現代の日本では占う側が行うのが一般的です。ただ、相談者にシャッフルさせるのを明確に禁止しているのは木星王（10）のみでした。

カットについては、三つのパイルに分けるケースが多く（16人）、二つに分ける（3人）と、四つに分ける（4人）、それ以外（3人）は少数派です。ウェン（40）は、三つと四つの理由として、三つはキリスト教の三位一体や神智学での霊的顕現を表し、四つはテトラグラマトン（神の御名を表す聖四文字）や四元素（タロットのスート）を表すことを挙げています。テトラグラマトンに関しては、黄金の夜明け団（メイザース、ウェイト、クロウリーらも在団した秘密結社）の教義文書「Tの書」にも言及されており、聖四文字の四つのパイルは質問内容にも対応し、正しいパイルに相談者を示す象徴カードが入っていなかった場合、占いが成立しないというメソッドが紹介されています。また、ホドロフスキー（36）は、カットの伝統自体を否定しています。

カットの回数の指定は、3回が4人で、複数回が2人、LUA（41）や吉田（43）は占う側と相談者と1回ずつの2回を提唱しています。

相談者にカットしてもらうパターンでは相談者のみやるが4人、占う側も相談者もやるが4人、どちらでも良いが3人です。相談者のカットを禁止している人はいませんでした。

右から左へカットしていくと指定する例はありますが、左から右はないようです。ケース（6）とウェン（40）は、右から左への理由として、ヘブライ語の書かれる向きを挙げています。

ウェンは、右側の意識的領域から左側の無意識的領域への移行とも説明しています。マシーノ（16）は、右から左へ置くのは過去志向、左から右へ置くのは未来志向、両側に置くのはバランスが取れた人だと述べています。

天地を変えてのカットは、フェントン（15）が推奨（三つのパイルのうち一つを逆さにする）していますが、意外と少ないようです。逆位置を作ることができるウォッシュシャッフル派が多いからでしょうか。バニング（23）は変えても変えなくても良いとしています。

できるだけ多くのパイルを作り、天地を入れ替えながら何度も繰り返す念入りで複雑なカットは、特に狭い場所で逆位置を作る際にはとても重要なはずなのですが、あまり重視されていないようです。こうしてみると、カットはランダム性を作るのが目的ではなく、相談者にエネルギーを入れてもらうための方法として選ばれているのかもしれません。

シャッフルをする際に、質問を念じるのか、心を無にするのか、という問題もあります。解説書では、占う側が質問を念じるか声に出す（13人）、相談者が念じる（5人）、占う側が心を無にする（5人）、この順に多かったです。質問内容に集中することを重視する著者もいる一方で、シャッフル中は心を無にするか、自分を空っぽの器のようにしてエネルギーを下ろすなど、シャッフルという行為そのものに集中することを大切にする著者もいます。

どちらも、気が散ったり、邪念が入ったりすることを防ぐための方法です。「良いカードが出るように」などの願望や、「悪いカードが出たらどうしよう」という不安が入らないよう、注意喚起しているものもありました。これらは邪念の代表例と言えるでしょう。

あなたがもし、人間の悩みや願望である質問内容を「邪念」と捉えるのであれば、心を空っぽにしてシャッフルをするべきです。その場合、質問はあらかじめ紙などに書いておいてください。このやり方は、あなたもしくはカードを依り代（よりしろ）として降りてきた「高次存在」が質問に答えをもたらす、という考え方です。

あなたがもし、質問内容を「邪念」などではなく「占いの軸」であると考えるのであれば、相談者か占う側のどちらかが、声に出すにしろ心の中で唱えるにしろ、繰り返し質問を念じながらシャッフルを行うべきです。こちらは、相談者の心がカードに映し出されることで「カード」が質問に答えてくれる、という考え方です。

あなたの感覚に近いほうを選んでみてくださいね。

シャッフルやカットの際、右手と左手、どちらを使うかについては、明記してあるものはたいてい、ウォッシュシャッフルについては「両手で」、カットについては「左手」を使うよう指示しています。

左手を使う理由として、左手が右脳や無意識と関係があるからと説明されていることがほとんどです。それには脳科学などの科学的な根拠があるとは言えません（必ずしも右脳が非言語分野を司り、無意識の反応が左手に出るとは限らない）が、象徴的な根拠にはなり得る（古くから左手は女性的、無意識的、受動的であると言われてきた）でしょう。

惰性に流されないようにいつもと違う視点を持つために、また、日常生活で偏ってしまったバランスをリセットするために、利き手と反対の手を使うのは有効です。占っているときにも常識や固定観念に囚われないよう意識することができます。

右手と左手を両方使うことで、右脳的な感性の働きと左脳的な理性の働きの両方を使うことになります。そうすれば、自分の倫理観や正義感、情動や感情に振り回されない、フラットな占いができるはずです。占い結果を自分の都合の良いように解釈してしまいがちな相談者には、利き手と違う手でカットやドローをしてもらうといいかもしれません。

変わったところでは、木星王（10）の、シャッフルのあとデッキをまとめるときに両手で神聖な三角形を作るというのがありました。

また、これはシャッフルの前後のアクションですが、デッキを順番に並べるソーティングを指示している著者もいました。これをやる理由は、論理的な思考と直観的な類推を行き来するという占いの行為をデッキで再現するためであり、カオスを正常に戻してリセットするためでもあります。小アルカナの順番は諸説あり、木星王（10）はウェイト（3）にならってキング、クイーン〜10、9、〜2、エースの順、井上（25）はその逆、澁澤（35）は大アルカナのみでした。スートの順番は、ウェイト（3）にならってワンド、カップ、ソード、ペンタクル（コイン）にしてもいいし、火地風水に対応するサイン（星座）の順にワンド、ペンタクル、ソード、カップにしてもいいでしょう。

以上、解説書に書かれたメソッドをまとめましたが、参考になりましたでしょうか。どの著者も、こうでなくてはならないという押し付けは少なく、正しいやり方を選ぶことよりも、自分が決めた設定を変えずに守ることの重要さを説く傾向が強かったです。あなたが納得する考え方を見つけてくださいね。

解説書におけるドローとレイアウト一覧

◎ **パイルの一番上から順にドロー**
グレイ（7）、フェントン（15）、グリーア（26）、アンバーストーン（30）、バートレット（33）、パーマー（34）、森村（38）、ウェン（40、5枚以上のスプレッドの時）、黒田（46）

◎ **パイルの何枚目かから順にドロー**
三田（28、月日と時間と分を足して一桁に）、アンバーストーン（30、好きな数字を言ってもらうか、生年月日を足して一桁に）、バートレット（33、真ん中から）、伊泉（32、7枚目か、特定の日付に基づく数）、澁澤（35、7枚目）、LUA（41、7枚目か、好きな数字）、吉田（43、7枚目）、かげした（44、7枚目）、賢龍（45、7枚目、次も7枚目と続く、あらかじめ決めればほかの数字でもOK）

◎ **デッキを広げてランダムにドローさせる**
木星王（10）、フェントン（15）、グリーン＆シャーマン＝バーク（20）、グリーア（26）、アンバーストーン（30、ピンときたカード、広げて目についたカード）、バートレット（33、もっとも強く語りかけてくるカード）、ルイス（39、ふさわしいと感じたときに引く）、ウェン（40、4枚以下のスプレッドのとき）

◎ **パイルを表にして広げ何枚目かを読む**
クロウリー（5）、ケース（6）、リガルディー（14、相談者を表すカードを起点に定められたカードの点数によって何枚目かが決まる）

◎ **スプレッドの枚数分パイルを分けて一番上をドロー**
アンバーストーン（30）

◎ **左手でドロー**
パーマー（34）

◎ **右手または利き手でドロー**
・ポラック（22、利き手と逆に持って利き手で並べる）
・賢龍（45、左手で持って右手で並べる）

◎ **表にしながらドローして並べる**
ポラック（22）バニング（23）パーマー（34）

◎ **裏のままドローして並べる**
パピュス（2）、木星王（10）、フェントン（15）、Silvestrē-Habberlē（17）、グリーン＆シャーマン＝バーク（20）、澁澤（35）、浜田（37）

◎ **どちらでもよい**
斉藤（19）、森村（38、4枚スプレッドまでならオープンしながら）、LUA（41）、吉田（43、スピードが問われるときはオープンしながら）、黒田（46）

◎ **どちら向きに座るか**
グレイ（7、相談者を隣に座らせる）、ダグラス（8）および中井（9）は相談者が北向き、占う側が南向き、一人占いは東向き

◎ **デッキを横向きにして左を天にする**
シェラザード（18、人を占う時は右が天）、藤森（29）、かげした（44）

◎ **デッキを受け取る時に天地逆にする**
フェントン（15）、マシーノ（16）、グリーア（26、対面する時は）、吉田（43）

◎ **時間、空間的レイアウト**
かげした（44、上が顕在で下が潜在、左が過去で右が未来）

ただ、シャッフルとカットの具体的な方法については、ランダム性を確保することが難しいやり方を指示しているものも数多くありました。占いの講師やライターが書籍などで解説をする場合は、場所や時間の制限がない理想的な環境でのシャッフルやカットを想定しています。ですが、忙しい現場の占いでは、時間が限られる中で相談者から質問を聞き出しながらの同時進行になるので、本に書かれているような万全を期したシャッフルを行うことはできません。あなたの占いのスタイルに合った方法を見つける必要がありそうです。こちらは「ケース別ベストシャッフル」（45ページ）の項で詳解します。

なお、シャッフルの途中で飛び出してしまうジャンピングカードの扱いについては、後の項（56ページ）でお話しします。

解説書におけるドローとレイアウト

この項では、ドローとレイアウトが解説書にどのように書かれているのかを見ていきます。スプレッド（展開法）のことは、かなり紙幅を費やしてたくさん紹介している本が多いのですが、ドローとレイアウト設定については、あまり書かれていないというのが実情です。しかし、ランダム性を作ることに関しては、ドローはおそらくシャッフルよりも優秀です。どんなに混ざっていないデッキでも、無作為に1枚引けば、ランダムになりますから。充分なシャッフルができないときに、偶然性を確保することができる唯一の方法が、ランダムなドローなのです。

また、相談者のエネルギーを入れることに関しても、ドローはおそらくカットよりも優秀です。カットは言われるがまま何となくデッキを分けることもできますが、ドローは相談者が自分の責任でよりダイレクトにカードを選ぶことになりますから。占いに参加している感覚を強く持ってもらうのに、もっとも適した行為と言えるでしょう。

ドローのやり方ですが、パイルの一番上から引く（9人）のと、パイルの上から何枚目かを引く（9人）のは同数です。何枚目を引くかは、生年月日や日付から出す方法が3人、好きな数字を言ってもらうのが2人でした。7枚目と具体的に指定する例が6人いましたが、これは全員日本人でした。七天体や天地創造の日数など、たしかに7は重要な数字ですが、古典占星術やキリスト教になじみが薄い日本で7枚目が一般化するのは、不思議な現象です。デッキを広げてランダムにドロー（8人）は、日本人では一人のみで、海外と日本での違いが浮き彫りになっています。

アンバーストーンは（30）は6種類のドローのスタイルを挙げていて、スプレッドに必要な枚数だけパイルを作ってその一番上をドローするという珍しいものもありました。また、黄金の夜明け団の伝統「クロウリー（5）、ケース（6）、リガルディー（14）」では、ドローというよりも、相談者を象徴するカードの入ったパイルを表に向けて扇形に並べ、規定に従って読むカードを決めていくメソッドを提示しています。

どちらの手でドローするかの指示はわずか3人で、左手でのドローを指定するのはパーマー（34）のみ、あとの二人は右手あるいは利き手でした。

表にしながらドローするか、裏にしたままかは、裏のままと、どちらでも良い（言及なしも含めて）が多数派で、表にする指定は3人のみです。時間がないときやスプレッド枚数が少ないときはオープンしながら、という提案もありました。

また、逆位置を取る場合は、本を開くようにカードを左右にめくるという指示がほとんどです。斉藤（19）のみ、上下にめくる指定をしていますが、これは例外と言っていいでしょう。

レイアウトに関しては、カードのエンドのどちらを天地にするか、相談者をどちら向きに座らせるか、という設定には言及がありました。天地に関しては、占う側から見て左右上下どこをカードの天にするか、しっかりと決めてください。迷う場合は相談者に決めてもらいましょう。座る向きは、ダグラス（8）が一人占いは東向き、対面占いは相談者が北向きだと述べていますが、前者は西洋魔術の祭壇の向きと推測でき、後者は東洋思想の「天帝は北辰に座して南面す」を参考にしているようです。東洋占術の凶方位を避ける、西洋魔術の伝統に従う、あるいは上座に相談者を座らせる、気にしないなど、各自で設定して良さそうです。

以上、解説書に書かれたメソッドを見てきました。こちらも参考にしながら、自分のスタイルを決めていきましょう。

ほとんどの著者が、シャッフルでランダム性を確保できないことを想定していないからか、ドローについてはあっさりとした記述が多いですね。カードを展開する場の空間と時間のレイアウト設定も、シャッフルやスプレッド、リーディング、撮影や配信とも深い関係があるので、とても大切な要素なのですが、これらについてはほとんどの著者が触れてすらいないのが現状です。

本章では、「ドローについて」「レイアウトの設定」の項で、これらの大事なポイントを深掘りしていきます。

ケース別ベストシャッフル

最適なシャッフルの方法は、状況によって変わります。本項では、どんなケースでどんなシャッフルが適しているのか、整理していきます。

シャッフルの方法を決めるのは、「時間があるか」「逆位置を取るか」「広さがあるか」、この三つの要素です。

この中で一番問題になるのが時間です。

現在（2024年）の日本の占いの現場では、対面占い（占い館やイベントなどで占い師と相談者が実際に対面して占うこと）でも、リモート占い（電話、チャット、ビデオなどによる遠隔での占いのうちリアルタイムのものを主に指す）でも、一件いくらではなく、時間で課金されるサービスが主流です。メール占いやチャット占いなどには、文字数課金制のサービスや一件当たりの料金のものもあり、それなら時間を気にすることなくじっくりとシャッフルすることができます。ただ、時間課金制となれば、そうもいきません。

占う側が、ストップウォッチや時計などを使って、開始時間をコントロールできる対面占いの場合は、課金をする前に挨拶(あいさつ)や説明などをする時間があるので、その間にシャッフルをすることもできますし、準備が整うまで少し待ってもらうこともできます。しかし、次のお客様が待っている場合は、前の人が終わったらすぐに次の占いを開始しなければなりませんから、時間の余裕はありません。

また、リモート占いで、相談者が電話占い会社や占いプラットフォームなどに登録し、それらを通じて依頼をする時間課金制の占いの場合は、占い師につながった瞬間に課金が開始されるので、占い師側には時間的な余裕がまったくありません。

シャッフルをする時間が限られる場合は、質問を聞きながら、あるいはシャッフルする時間がかかることを明言しながら、短時間で混ぜることになります。シャッフルしている様子が見える対面とは違い、電話の場合は混ぜる音しか聞こえない状態が続き、チャットにいたっては何の反応もないわけです。30秒ほどでも相談者はかなり待たされている感覚になり、「遅い」「待たせすぎ」というレビューが付く確率が上がります。1分も無反応で待たせると、接続が切れてしまったのではないかなど、不安になるはずです。

このように、時間があるかないか、対面、電話、ビデオ、チャット、どれであるかで、シャッフルは大きく変わります。他にも、逆位置を作ることのできるシャッフルは限られますし、スペースが広いか狭いかでも適したシャッフルが変わってきます。それらを総合して、ケース別、サービス別、状況別に、おすすめのシャッフルを見ていきましょう。

●時間があるケース ………… ウォッシュ、変形ディール、変形カット

あらゆるシャッフルをすることが可能。とはいえ、混ざらないヒンドゥーシャッフルやオーバーハンドシャッフルだけというのは避け、ほかのものも併用すること。カードが傷まずよく混ざる、ウォッシュシャッフル、変形ディールシャッフル、変形カットなどがおすすめ。

●時間がないケース　…………　ファロー、ドロー

短時間でも混ざるファローシャッフルがおすすめだが、充分に混ざらないと考えたほうが良い。あらかじめシャッフルを済ませるか、ドローでランダム性の確保を。

●逆位置を採用するケース　…………　ウォッシュ、変形ディール、変形カット

逆位置を作るのに最適なのはウォッシュシャッフル。リフルシャッフルは使わないとして、ファローシャッフル、ディールシャッフル、カットでも、一部のパイルの天地をひっくり返すことで、逆位置を作ることができる。

●逆位置を採用しないケース　…………　ファロー、ランダムディール、多数カット

ウォッシュシャッフル以外のものが有効。その中でも、よく混ざるファローシャッフル、ランダムなディールシャッフル、多くのパイルを作るカットがおすすめ。なお、ウォッシュシャッフルで正逆を作り、逆位置が出たら正位置に直すやり方もある。

●広さがあるケース…………ウォッシュ、変形ディール、変形カット

広さがあれば、混ざりやすくてカードが傷まないウォッシュシャッフルか、変形ディールシャッフル、もしくは細かく分けるカットが良い。

●広さがないケース…………ヒンドゥー、オーバーハンド、ファロー、カット、ドロー

ウォッシュシャッフルやディールシャッフルができない。リフルシャッフルも使わないとすると、ヒンドゥーシャッフル、オーバーハンドシャッフル、ファローシャッフル、カットという選択肢になる。ファローシャッフル以外はランダム性が望めないので、無作為なドローが必須。

●電話占い…………ヒンドゥー、オーバーハンド、ドロー

両手をあけるため、ハンズフリー状態にすること。シャッフルをしていることがわかるように、ヒンドゥーシャッフルかオーバーハンドシャッフルであえて音を立てるのも良い。どのタイミングでシャッフルを止めるか「ストップ」の声を掛けてもらうのも、シャッフルを待つだけの無駄な時間が流れている、と思わせないためのテクニック。ただ、ランダム性はドローで作る必要がある。たとえば六つのパイルを作っておいて、何番のパイルから引くかを聞くとか、上から何番目を引くかを選んでもらうなどの工夫を。

●チャット占い…………ドロー

リアルタイムの場合、入力に両手を使うので、有能な音声入力アプリを活用できる場合を除いて、途中でシャッフルをするのは難しい。あらかじめシャッフルを済ませるか、ドローでランダム性を作るという選択肢しかない。相談者は、占う側が本当にシャッフルしているのか、そもそもタロットがその場にあるかさえもわからないので、実際に無作為にカードを引いてい

ると思ってもらうために、何番のパイルから引くかを聞くとか、上から何番目を引くかを選んでもらうなど、タロットを選んでいる雰囲気を提供することが大事。

●ビデオ占い …………あらゆるシャッフル、ドロー

シャッフルの様子を見せることが必要。モニターに自分の顔が映っている状態なら、顔の前でヒンドゥーシャッフルやオーバーハンドシャッフルを見せる、テーブルの上が映っている状態なら、ウォッシュシャッフル、ファローシャッフル、カットを見せると良い。こちらも「ストップ」の声掛け、カットしたパイルを重ねる順番や、どのパイルからドローするかを決めてもらうなど、相談者に参加してもらうことが大切。ただしこれも時間が限られるなら、ドローでランダム性を確保する必要がある。

●対面占い …………あらゆるシャッフル、変形カット、ドロー

相談者が座った瞬間にいきなり課金が始まるわけではなく、シャッフルをしながら占いやタロットの紹介をする、シャッフル中は鑑定時間に入れないなど、融通が利く。ただ、無限に時間があるわけではなく、スペースが限られている場合も多いので、軽くウォッシュシャッフル、ヒンドゥーシャッフル、オーバーハンドシャッフルを見せて、ランダム性をファローシャッフル、変形カット、ドローで担保するのが現実的。カットやドローを相談者にお願いすれば、占いに参加している感覚を強く持ってもらうこともできる。

●時間があり、正逆を作り、スペースが広い場合……時○、逆○、広○

変形ディールシャッフルをして、そのままウォッシュシャッフルに移行。さらに、ファローシャッフルや変形カットを併用すれば、非常によく混ざる。対面なら相談者にカットをお願いするのも良い。おそらくこれが理想的なシャッフル。時間に余裕のある個人鑑定を、充分な広さがある自宅、サロン、レンタルスペースなどで行うなら、これがベスト。

●時間があり、正逆を作り、スペースが狭い場合……時○、逆○、広×

ファローシャッフルとカットを繰り返し、途中天地を入れ替えながら逆位置を作る。ヒンドゥーシャッフルやオーバーハンドシャッフルを併用しても良い。ドローでランダム性を確保したほうがベター。比較的すいているイベントや占い館など、時間的余裕のある対面占いに向いている。

●時間がなく、正逆を作り、スペースが広い場合…………時×、逆○、広○

ウォッシュシャッフルかファローシャッフルを手早く済ませる。カードを広げたまま、あるいは直線状か扇形にデッキを広げて、ランダムにドローする。対面、電話、ビデオによる時間課金制の占いで、スペースが広ければ、こちらがおすすめ。

●時間がなく、正逆を作り、スペースが狭い場合…………時×、逆○、広×

天地を入れ替える変形カットを繰り返し、場にいくつかのパイルを作る。どのパイルの何枚目のカードを引くかランダムに決めてもらい、ドローする。スペースに限りがある時間課金制の占いなら、この方法が良い。リアルタイムのチャット占いにも向いている。電話かビデオでの占いなら、ヒンドゥーシャッフルかオーバーハンドシャッフルを併用して臨場感の演出を。

●時間があり、正逆を作らず、スペースが広い場合……時○、逆×、広○

ランダムにディールシャッフルをして、そのままファローシャッフルや多数カットに移行。ヒンドゥーシャッフルやオーバーハンドシャッフルを入れても良い。時間に余裕のある個人鑑定を、充分な広さがある自宅、サロン、レンタルスペースなどで行う際に、正位置のみで占う場合は、この方法が適している。

●時間があり、正逆を作らず、スペースが狭い場合……時○、逆×、広×

ファローシャッフルと多数カットを繰り返す。ヒンドゥーシャッフルやオーバーハンドシャッフルを入れても良い。比較的すいているイベントや占い館など、時間的余裕のある対面占いで、正位置のみで占う場合に向いている。

●時間がなく、正逆を作らず、スペースが広い場合……時×、逆×、広○

ヒンドゥーシャッフルやオーバーハンドシャッフル、あるいはファローシャッフルを手早く済ませる。その後、直線状か扇形にデッキを広げて、そこからランダムにドローしていく。枚数の多いスプレッドには向かない。対面、電話、ビデオによる時間課金制の占いで、スペースが広く、正位置のみで占う場合は、こちらがおすすめ。

●時間がなく、正逆を作らず、スペースが狭い場合……時×、逆×、広×

カットを繰り返し、場にいくつかのパイルを作る。どのパイルの何枚目のカードを引くかランダムに決めてもらい、ドローする。スペースに限りがある時間課金制の占いで、正位置のみで占う場合は、この方法が良い。リアルタイムのチャット占いにも向いている。電話かビデオでの占いなら、ヒンドゥーシャッフルかオーバーハンドシャッフルを併用して臨場感の演出を。

ジャンピングカードについて

シャッフル中に、意図せずカードが飛び出したり、ひっくり返って表面が見えてしまったり、テーブルの下に落ちたりすること、ありますよね。このカードを俗に、ジャンピングカードと呼びます。おそらく誰しも経験することで、そこに何か意味を見出すべきなのかどうか、気になるはずです。

実は、多くの解説書には、ジャンピングカードへの言及がありません。今回参考にした46人のうち、ジャンピングカードに触れていたのは9人のみでした。毎日現場でシャッフルをしている実践家よりも、執筆や講座を中心に活動している著者のほうが、ジャンピングカードに直面する機会が少ないからかもしれません。こうしたジャンピングカードに、どう対処すべきなのか、四つの考え方を挙げてみましょう。

①シャッフルの失敗と考える
②不要な札として場に捨てて使わない
③相談内容に関係がある要素として覚えておく

④特別視して場に提示する

ジャンピングカードに特別な意味を持たせないのが①②で、特別な意味を持たせるのが③④です。①の場合は、そのカードをデッキに戻してもう一度シャッフルをやり直すことになり、②の場合は、そのカード以外でシャッフルを続けることになります。③の場合は、飛び出したカードを見て覚えておくかメモしておいて、そのカードをデッキに戻してからふたたびシャッフルをします。そして、スプレッドなどでそのカードがふたたび出れば、重要なカードとみなします。④の場合は、特殊なカードとして目立つところに配置し、占い結果のすべてのカードに影響を及ぼすと考えます。

シャッフルに慣れていないうちは、単純に技術不足からくる失敗であることも多いので、①を選ぶといいでしょう。リガルディー（14）は、カードが落ちたらもう一度やり直さないと、結果は信頼のおけないものとなると述べています。

一方で、ジャンピングカードは単なる失敗ではなく、偶然の産物と考える人もいます。偶然性は占いの要ですから、そのカードにも意味があるわけです。もしあなたが、デッキの中で違和感のあるものが排除されるという感覚を持ったなら、②のように捨て札にしてください。

そうではなく、そのカードが何らかのヒントを告げているという感覚を持ったなら、③のように頭の片隅に入れるか、忘れないようメモを残してから、ふたたびデッキに戻してシャッフルを続けてください。マシーノ（16）や栄（21）は、逆位置までチェックすることをすすめています。また、飛び出たカード自体が重要な神託だという感覚を持ったなら、④のように占い全体を象徴するテーマカードとみなし、相談内容に対する包括的なメッセージになっていると考えてみましょう。森村（38）は、それ1枚が答えになっていたり、逆に正しい質問ではないと警告されていたり、占い師のコンディションを表していたりすると述べています。また、栄（21）によると、ジャンピングカードをスプレッドの1枚目にする人もいるそうです。

ドローについて

充分なシャッフルができない場合、救世主になるのがドローです。裏にしたままカードを無作為に引くだけで、偶然性を介入させることができるからです。ドローだけで簡単にランダムにできるなら、シャッフルなど不要ではないのか、そう思ったあなた。いいえ、シャッフルを行い、いったん世界をカオスにしてそれを一つにまとめることによって、相談者の状況が反映された世界を構築し直すのです。シャッフルなしのドローでは、世の中の人に向けたメッセージになるだけで、個別の相談には答えてくれません。

ただ、10枚ものカードを選んでドローするとなると、さすがに相談者の集中力が途切れてしまいます。シャッフルでランダムにできた場合は、枚数の多いスプレッドで占い、ドローでランダム性を確保する場合は、枚数の少ないスプレッドで占うことをおすすめいたします。

シャッフルされたデッキなら、基本的には一番上のカードを1枚引き、複数枚展開する場合は上から続けて引いていきます。何枚目かを引くのであれば、その根拠は自分で求めることが重要です。三位一体、四元素、七天体を区切りとして3枚目、4枚目、7枚目を引く、捨て札を1枚、2枚、3枚と増やしていって2、5、9、14枚目を引くなど、あなたのタロットの世界観に合うように、自由に決めてみてください。

デッキやパイルの一番下のカードを引く読み手もいます。このいわゆるボトムカードを、今の相談者に必要な要素とみなしたり、問題の核心を表すものと捉えたり、占う側への隠れたヒントやメッセージとして参考にしたりします。あるいは、多くを語らない相談者が何を考えているのか、本当に占うべきことは何なのか、当たりをつけるのにも使えますし、最後にお土産のようにお渡しするワンオラクル（1枚引き）のメッセージにすることもできます。

いずれにしても、自分でルールを設定したら、それをしっかり守りましょう。


裏にしたまま並べてからオープンする場合、カードを順にめくりながらその間に話すことを考えるのもいいですし、まずは1枚目をオープンし、そのカードを丁寧に説明しながら次の1枚、その次と、表にしていくのもいいでしょう。最終結果をいきなり表にして、最初に結論を述べてから、その理由と対策になるポジションを適宜オープンするなど、自分のリーディングやコミュニケーションのスタイルに合わせて、めくる順番を決めるのもおもしろいですね。

短時間の占いで時間をロスしたくないときや、相談者と話しながらドローする場合は、最初から表にして1枚ずつ並べていきましょう。1枚引くたびに相談者の反応を見て、リーディングのヒントにするのもいいでしょう。暗いカードや美しいカードが出るたびに、驚いたり喜んだりするのを共有することで、より多くの気付きを得たり、より楽しいセッションにしたりすることができます。

テーブルの上に広げたところから引いてもらっても、両手に持って扇形に広げて抜き取ってもらっても、多数のパイルを作って選んでもらっても、ランダムになっていれば問題ありません。

また、相談者に積極的にドローに参加してもらうことで、満足度や納得感が増すことでしょう。好きな数字や生年月日から数字を割り出してデッキの何枚目かを引く、複数のパイルから選択してもらう、扇形に広げた中から気になる1枚やエネルギーを感じる1枚を選んでもらう、テーブル一面に広げたまま1枚取ってもらうなど、方法はさまざまです。1枚、1枚、カードをランダムに選び、どんなカードが出るのか、まさに自分事としてドキドキしながら待ち、そしてそれが何を意味するのか、自分の感じたイメージと照らし合わせていく、そんなワクワクするリーディング。相談者自身がドローしているので、今この瞬間、自分の手によって運命が切り開かれている感覚を得ることができるのです。

レイアウトの設定

シャッフルを終えたら、一つにまとめたカードを場に置きます。このとき、もしあなたが逆位置を採用するなら、デッキの向きをきちんと決めておく必要があります。縦に置くにしろ横に置くにしろ、デッキの天地がどちらかを設定しましょう。占う側から見て、デッキを横向きに置いた場合は左側が天、縦向きに置いた場合は奥側が天、などです。相談者が対面にいてカットをお願いするケースでは、占う側と相談者側の天地左右が逆になりますから、注意が必要です。占う側が、自分から見て左や奥（あるいは右や手前側）をカードの天にする、などと設定しておいてもいいですし、受け取る際に天地を逆にするか、受け取った後に天地を相談者に決めてもらってもいいでしょう。

天地が決まったら、カードを引いて並べていきますが、基本的には占う側が自分に向けてカードをレイアウトすると思います。当然そのほうがカードを読みやすいからです。ただ、対面の占いの場合、相談者にとっては逆さに展開されるので、たいへん見づらい配置になっています。タロットに興味がある相談者が、どのカードがどのポジションに展開されているのか、スプレッドの全体像を把握したくても、このレイアウトでは困難でしょう。カードをしっかり見たいという相談者には、グレイ(7)がすすめるように、横並びに座ってもらう必要があります。

もしあなたの占いのスタイルが、相談者にもカードを見てもらい、気になるカードを選んでもらったり、カードの絵柄から感じたイメージをシェアしたりするような、セッションスタイルのリーディングの場合、本来なら相談者側が見やすいレイアウトにするべきでしょう。少なくとも占う側が専門家であるならば、相談者を優先して、対面した相手に向けてカードを配置してみましょう。逆位置もスプレッドも天地左右が逆になるので、非常にやりにくく感じますが、慣れると問題なくリーディングできるようになります。

また、放送や配信でリーディングの風景を流す場合、カメラの向きに注意しなければなりません。テレビ番組などで、占い師が相談者を占って、展開したタロットを撮影するときに、どちらの方向から撮るかで混乱することがあります。映像を確認して、天地左右を確認しましょう。対面した二人を横から撮影するケースは、占う側に向けたレイアウトでも、相談者側に向けたレイアウトでもなく、カメラに向けたレイアウトでスプレッドを展開する必要があります。

レイアウトに関しては、誰に向けて配置するかだけでなく、時間と空間についての設定も必要です。

まず空間設定ですが、たとえば、直属の上司を自分のカードの真上に、深層意識を下に置く、などのように、顕在意識と潜在意識、表層と基盤、上昇と下落などは、レイアウトの上と下をそのまま活用するのがいいでしょう。近さと遠さも、手前が近く、奥が遠いと考えると、空間的にはしっくりきます。

もし、あなたが、カードを平面に展開するだけでなくて、カードを1カ所に複数枚重ねて並べるなど、立体的に表現するなら、下にあるほど遠く深く、上のものが近く浅い、と設定するのが自然です。デッキやパイルの一番上から順にカードを引いていくのは、近くから遠くへ、より深いところへ、進むことになります。引っ越し先を占うなら、上のカードが現住所の近く、あるいは高台や高層階で、そこから下にいくごとに現住所から離れ、あるいは海沿いや低層階になると考えることもできます。これは物理的な距離のみならず、精神的な距離、時間的な距離にもなり得ます。

一番下にあるいわゆるボトムカードは、現実からもっとも離れた理想とも、意識のもっとも深い部分とも、表層からもっとも離れた核心とも考えることができます。また、もっとも隠しておきたい影の要素でもあり、もっとも遠い過去(あるいは未来)でもあります。もっとも深いところからすべてを見通す視点や、相談そのものをもっとも客観的に示す象徴カード(トータル・シグニフィケーター)とみなしてもいいでしょう。

一番下にあるがゆえに、表面がむき出しになっているのも特徴です。普段は伏せられていて見えませんが、価値観の急変や視野の転倒があったとき、もっともはっきりと見ることのできるビジョンと言うこともできます。ホドロフスキー（36）は、デッキの下部は無意識のものを象徴し、ボトムカードはもっとも深遠でありながらもっとも明瞭に可視的なものであると述べています。またリガルディー（14）は、四つに分けたパイルを表にしたとき、その一番上になる4枚のボトムカードの意味を相談内容への指摘として読み取るという、黄金の夜明け団のメソッドを紹介しています。

次に、時間設定ですが、過去から未来へ時間の流れる方向は、左から右、右から左、紙の一年カレンダーのように左上から右下へ、時計回り、反時計回りなど、スプレッドによってもまちまちです。日常生活においては、カレンダーは左から右へ、時計は右回り（時計回り）に時が流れていきます。カードの置き方も、カードの絵柄の中においても、そのように時間が流れると考えればいいのですが、カードの中からこちらを見ている人物にとっては反対に流れるわけです。カードを広げるときのレイアウトでは、どのように設定するべきでしょうか。

もっともシンプルなのは、私たちから見た左から右、時計回りで設定する方法です。混乱せずに済むでしょう。もしくは、デッキの世界観によって、時間の流れを決めるのもいいでしょう。一般的なタロットの『**運命の輪**』や『**世界**』のカードには、四隅にテトラモルフと呼ばれる聖獣のような存在がいます。それらは左下が牡牛、右下が獅子、右上が鷲、左上が天使になっており、これが西洋占星術のサイン（星座）の牡牛座、獅子座、蠍座、水瓶座に対応しています。それは季節の巡りでもあり、それぞれのサインの真ん中は時期的に立夏、立秋、立冬、立春に相当していますから、これらのデッキでは、左下↓右下↓右上↓左上と時間が流れていることになります。つまり、時間は、私たちから見て左から右へ、そして反時計回りに進んでいくのです。ちなみに私は個人的に、この時間の流れで設定しています。

デッキによっては、テトラモルフを描いていない場合もあります。その場合、時間の流れを示すもの、たとえば、アナログ時計が登場すれば、そのデッキでは時計回りの設定にするとか、右に置いてある古いものに背を向けて左手の新天地に向かう人がいたりすれば、左側を未来に設定してもいいでしょう。デッキの中で矛盾があるなら、どのカードを優先して設定するのか、自分の納得するように決めてください。また、どうしても設定と違う時間の流れのスプレッドを使う場合は、特殊デザインのカレンダーだと思うようにすればいいでしょう。

時間の流れの設定がしっかりしていると、ウォッシュシャッフルも確信を持って行うことができます。ただシャッフルは裏返して行いますから、回転は逆になります。カードにテトラモルフがいて、左下（牡牛座）から右下（獅子座）、右上（蠍座）、左上（水瓶座）へ反時計回りに時間が流れているという設定のデッキなら、時計回り（右回り）に混ぜることになります。時計回りに時間が流れているデッキなら、反時計回り（左回り）に混ぜるといいでしょう。

また、デッキのトップが現在に一番近く、ボトムが一番遠い未来とする設定なら、ヒンドゥーシャッフルやオーバーハンドシャッフルをするときに、デッキの上部を引き抜くのではなく、下部を引き抜いて上に持っていくやり方をすれば、未来を占うのに適していることになります。他方、デッキの上下ではなく左から右へ時間が流れているという設定を重視するなら、デッキの向きを調整して右方向にデッキの一部を引き抜くやり方がいいでしょう。これは、どちらの掌にデッキを乗せるかで、下部を引き抜いたり上部を抜き取ったり、変わってきます。

カットに関しても、左から右へ時間が流れる設定なら、右側にパイルを置いていくといいですね。もちろん、これは未来を占う前提での方法論です。過去を占う場合はこの逆だと考えることができます。過去も未来も占うことが多いでしょうから、反時計回りだけでなく時計回りにも回す、右手で下部を右方向に引き抜くよう意識した後、左手で上部を左方向に引き抜くよう意識するなど、両方を織り交ぜて繰り返すことをおすすめします。

MESSAGE from Khaki Senda

タロット占いの技法と聞いて、皆さんは何を思い浮かべますか？

さまざまなカード解釈の方法、スプレッド、逆位置のメソッド、ほかの占術との組み合わせ。自分以外の誰かを占う場合は、相談内容の整理、傾聴、話すスピードや抑揚の調整、語彙の選択、結果の伝え方など、コミュニケーションテクニックも重要です。

そして、今のあなたは、「シャッフル」「カット」「ドロー」「レイアウト」の技法および設定が非常に重要だということを、よく理解しているはずです。タロット占いでもっとも重要な偶然性を作るために、最適なシャッフルやカット、そしてドローを意識しなければなりませんし、レイアウトがどんな意味を持つのか、その設定も含めてしっかりと決める必要があります。

さて、皆さん、シャッフルやカットはきちんとできましたか。また、レイアウトの設定は完璧ですか。そして、ドローの準備は整いましたか。本書はいよいよ、スプレッドに入っていきます。

註解

＊1 ダイアコニスの分析については、こちらの動画を参照のこと。リフルシャッフルについては、ギルバート・シャノン・リードの先行研究がある
https://www.youtube.com/watch?v=AxJubaijQbI（2024年11月19日最終閲覧）

＊2 カットオフ現象とは、北海道大学教授の洞彰人（ほらあきひと）によると、古典統計力学の粒子の拡散モデルなどにおいて、平衡状態への収束の過程で観測されるある種の臨界現象とのこと。そこでは、ある臨界時刻を境にして状況がガラッと変化し、無秩序状態と秩序状態とが明確に区別できるという
https://repository.kulib.kyoto-u.ac.jp/dspace/bitstream/2433/61638/1/1017-5.pdf（2024年11月19日最終閲覧）

＊3 ウォッシュシャッフルの分析についてはErica Klarreichによる記事を参照のこと
https://www.quantamagazine.org/persi-diaconis-mixes-math-and-magic-20150414/（2024年11月19日最終閲覧）

23 ジョアン・バニング
1998年、2007年訳『ラーニング・ザ・タロット』伊泉龍一訳、駒草出版

24 ブライアン・ウィリアムズ
1999年、2023年訳『ミンキアーテ・タロット』鏡リュウジ監訳、美修かおり訳、原書房

25 井上教子
2000年『タロット解釈実践事典』国書刊行会
2009年『タロット象徴事典』国書刊行会

26 Mary K.Greer（メアリー・K・グリーア）
2002年『The Complete Book of Tarot Reversals』Llewellyn Worldwide Ltd

27 鏡リュウジ
2002年『タロット　こころの図像学』河出書房新社

28 アリサ三田
2003年『大アルカナ　タロット練習帳』星雲社
2005年『小アルカナ　タロット練習帳』星雲社

29 藤森緑
2004年『タロットリーディング』魔女の家BOOKS
2008年『はじめての人のためのらくらくタロット入門』説話社
2019年『基礎とリーディングが身につくタロットLESSON BOOK』池田書店

30 Ruth Ann Anmerstone & Wald Amberstone（ルース・アン・アンバーストーン＆ウォルド・アンバーストーン）
2004年『Tarot Tips : 78 Practical Techniques to Enhance Your Tarot Reading』Llewellyn Publications

31 Lady Lorelei（レディ・ローレライ）
2004年『The Tarot Life Planner』Octopus Publishing Group Ltd.

32 伊泉龍一
2004年『タロット大全　歴史から図案まで』紀伊國屋書店
2007年『完全マスター　タロット占術大全』説話社
2009年『リーディング・ザ・タロット』駒草出版

33 サラ・バートレット
2006年、2011年訳『タロットバイブル』乙須敏紀訳、ガイアブックス
2015年、2024年訳『タロットの鍵』千田歌秋監修、福山良広訳、ガイアブックス

34 Richard Palmer（リチャード・パーマー）
2008年『Tarot : Voice of the Inner Light』Custom Book Publishing

35 ジューン澁澤
2009年『リーディング・ザ・タロット』駒草出版

36 アレハンドロ・ホドロフスキー
2010年、2016年訳『タロットの宇宙』マリアンヌ・コスタ共著、伊泉龍一監修、黒岩卓訳、国書刊行会

37 浜田優子
2011年『すべてのカードで占う一番やさしいタロット』日本文芸社

38 森村あこ
2012年『はじめてでもよくわかるタロット占い入門』実業之日本社

39 アンソニー・ルイス
2014年、2018年訳『完全版　タロット事典』鏡リュウジ監訳、片桐晶訳、朝日新聞出版

40 ベネベル・ウェン
2015年、2020年訳『ホリスティック・タロット』伊泉龍一、水柿由香訳、フォーテュナ

41 LUA
2017年『78枚のカードで占う、いちばんていねいなタロット』日本文芸社
2019年『リーディングがもっと楽しくなる78枚で占うタロット読み解きBOOK』日本文芸社

42 ヘイズ中村
2018年『決定版　トート・タロット入門』学研

43 吉田ルナ
2020年『この一冊で本格的にできる！タロット占いの基本』メイツユニバーサルコンテンツ

44 かげした真由子
2022年『はじめてのタロットBOOK』永岡書店

45 賢龍雅人
2023年『新ウェイト版フルデッキ78枚つき　タロット占いの教科書』新星出版社

46 黒田聖光
2023年『エジプトタロットの世界』東洋書院

参考文献

文献については、どうしてもライダー・ウェイト・スミス版の解説書に偏ることになるし、内容についても、これまで世界中で実践されてきたタロット占いの実情とは異なるだろうが、その想定でお読みいただければ幸いである。

1 S.L. MacGregor Mathers（マグレガー・メイザース）
1888年『The Tarot, its occult signification, Use in Fortune-Telling and Method of Play, etc.』George Redway

2 Papus（パピュス）
1889年、1896年英訳『The Tarot of the Bohemians』translated by A.P.Morton George Redway

3 Arthur Edward Waite（アーサー・エドワード・ウェイト）
1911年『The Pictorial Key to the Tarot』William Rider & Son Ltd.

4 オズヴァルド・ヴィルト
1927年、2019年訳『中世絵師たちのタロット』今野喜和人訳、国書刊行会

5 アレイスター・クロウリー
1944年、1991年訳『トートの書』（アレイスター・クロウリー著作集2）榊原宗秀訳、国書刊行会

6 Paul Foster Case（ポール・フォスター・ケース）
1947年『The Tarot : A Key to the Wisdom of the Ages』Macoy Publishing Company

7 イーデン・グレイ
1960年『皆伝タロット』
1970年『皆伝タロット』
1971年『自在タロット』
2002〜2007年訳
すべて星みわーる訳、幸月シモン監修、郁朋社

8 アルフレッド・ダグラス
1972年、1995年訳『タロット　その歴史・意味・読解法』栂正行訳、河出書房新社

9 中井勲
1973年『タロット』（カード付書籍）with 松村雅一、継書房

10 アレキサンドリア木星王
1975年『タロット　入門と占い』（カード付書籍）with、中島靖侃、大陸書房
1994年『上級タロット占術』魔女の家BOOKS
1996年『あたるタロット占い』魔女の家BOOKS

11 Stuart R. Kaplan（スチュアート・キャプラン）
1977年『The Encyclopedia of Tarot Vol.1』US Games Systems

12 アビーネ藍
1978年『カードの神秘を解きあかす　タロット占い』日東書院

13 バーバラ・ウォーカー
1984年、1992年訳『タロットの秘密　その神秘な歴史と大秘儀・小秘儀』寺沢明美訳、魔女の家BOOKS

14 イスラエル・リガルディー
1984年、1990年訳『ザ・コンプリート・ゴールデン・ドーン・システム・オブ・マジック』ヘイズ中村、竜野アイン訳、ニック

15 サーシャ・フェントン
1985年、1997年訳『もっと当たるタロット』浦風マリア訳、アレキサンドリア木星王監修、魔女の家BOOKS
※『英国流タロット占い』正木まや訳（大陸書房）で初訳、『英国流タロット教室』松田アフラによる改訳、本書は浦風マリア訳による再改訳
1998年訳『タロット教科書　第3巻』浦風マリア訳　魔女の家BOOKS
※『英国流正しいタロット占い』の改定改題版

16 マルシア・マシーノ
1987年、1997年訳『タロット教科書　第1巻』栄チャンドラー訳　魔女の家BOOKS

17 Colette Silvestre-Haēberlē
1987年、2010年訳『マルセイユ版タロットのABC』星みわーる訳、幸月シモン監修、郁朋社

18 エミール・シェラザード
1991年『幸せをつかむタロット占い』（カード付書籍）with 天野喜孝、成美堂出版

19 斉藤啓一
1992年『正統カバラ・タロット占術』（カード付書籍）学習研究社

20 リズ・グリーン&ジュリエット・シャーマン＝バーク
1992年、2014年訳『神託のタロット』鏡リュウジ監訳、原書房

21 栄チャンドラー
1997年『タロット教科書　第2巻』アレキサンドリア木星王監修、魔女の家BOOKS

22 レイチェル・ポラック
1997年、2014年訳『タロットの書　叡智の78の段階』伊泉龍一訳、フォーテュナ

PART1 解説 by 鏡リュウジ

COMMENTARY #01

手の中で偶然性を生み出す、タロットの魅力

占いは知の体系（サイエンス、スキエンティア）であると同時に「技芸」（アルス、アート）です。そしてあらゆるアートにはリアルで、そして生々しい身体性と物質性がともなうものです。料理人の綺麗な包丁さばき。画家の流れるような筆のダンス。古き良き時代の作家が遺した筆跡。最近ではプロゲーマーのコントローラーの高速操作……そこには身体と道具のみごとなコラボレーションが生み出す美しさが宿っています。タロット占いも例外ではありません。熟達のタロティストがカードを巧みにシャッフル、カットし、その手の中でかすかな紙ずれの音をたてながら踊るようにかき混ぜられていくさまに、相談者は魅了されてしまうに違いないのです。タロットリーディングはもうこの段階で、一つのクライマックスを迎えていると言っていいでしょう。

とはいえ、タロットにおけるシャッフルとカットは、卓越したパフォーマンスを見せつけるのが目的ではありません。不器用でも良いのです。大切なのは、カードが十分に混ざって、十分な偶然性、ランダム性をカードから引き出すこと。丁寧に、ゆっくり、時間をかけてカードを混ぜることさえできればいいわけです。なんだ、それなら簡単じゃないかとも思われるかもしれません。が、さにあらず。タロットリーディングにおいて、本章をお読みいただければわかるように、偶然性を担保するのは想像以上に難しい。

さらにＴＰＯに応じて方法を選ぶのも重要。いわばシャッフルはカード占いのアルファにしてオメガ。

かくいうぼく自身、正直言ってシャッフルとカットについてここまで掘り下げて考えたことはありませんでした。千田歌秋さんに「シャッフルとカット」の章をご担当いただきたいとお願いしたとき、「１章分も文字数いりませんよね？」なんて申し上げていたくらいなのです。いただいた原稿を見て驚きました。シャッフルとカットの理論についてここまで考察され、また古今の著名なタロティストの著作をリサーチ、さらにＴＰＯに応じてもっとも適切な方法は何かというサジェスチョンまで網羅されていたのです！（最初の原稿のボリュームはさらに大きく、紙幅の関係で泣く泣く省略しなければならなかった内容もかなりあるのです）。これまでのタロット書でここまでシャッフルについて論じたものは過去にないでしょう。

ですから付け加えることはほとんどないのですが、最後に一つ、シャッフルとカットという実際のカードを使うことから与えられる意味について少しだけ。繰り返しになりますが、あらゆる占いのベースには「偶然性」が存在します。占い手の意識的な意図を超えて、未知の何かからメッセージを受け取ることが占いの本質だからです。占いの中には夢占いが代表するように「開放系」の、つまりどんなシンボルが出て来るのかまったくわからない占いから、陰陽と五行という定式化されたシンボル体系を用いて偶然性を発生させる「閉鎖系」の占いまでグラデーションがあります。占星術とタロットは一見、対照的な占いでまったく性質が違うと思われがちですが、実は基本的には両者とも「閉鎖系」的な占いです。占星術では12星座や七つの惑星にこの世界のあらゆる要素が紐づけられてその組み合わせから解釈を引き出します。一方、カード占いは1組のカードをこの世界全体の縮図と考えます。1枚1枚のカードは世界の構成要素。ただし、占星術では人間の「手を超えた」天体の運行という壮大なルーレットを偶有性発生装置として利用しますが、カード占いは1組のカードという縮約された宇宙をシャッフルして「手の内」で偶然を発生させるわけです。タロットを「世界のすべてが書かれた書物」と形容したオカルト主義者がいましたが、これはそのことを表現しています。

カードをシャッフルしている際の、えもいわれぬ高揚感・緊張感は、世界の要素を手の中で操り、新たな宇宙を再構成しているという感覚なのかもしれません。

さらにもう一つ。実際に紙のカードを手にして混ぜることそのものに、一種のリラクゼーション、癒しの効果があるような気もするのです。占いは同じ問いを二度してはいけないというのは基本ルールではあります。しかし眠れぬ夜、何度も何度もカードを繰っては並べ時間を費やした経験がないタロット使いはいないのではないでしょうか。デジタル全盛のこの時代、紙という物質（マテリアル）を手にして身体を使って戯れる。この一見無為な営みにほかには得難い感覚がともなうのです。ここにも見落とされがちなタロットの魅力が存在します。

チェザーレ・リーパ『イコノロジーア』より。頭上に星をいただく、翼の生えた少年は過ぎゆく時間の寓意。この図像では矢を放とうとしている。その矢は人々の運命を気まぐれに左右するのだろうか。1603年ローマ版。鏡リュウジ蔵

PART

02

Spread

スプレッド

第2章のテーマはタロットリーディングの中核というべきスプレッドです。先人達の叡智が結集された「3カードスプレッド」「ケルト十字スプレッド」などの定番から、自分でカスタムしてオリジナルスプレッドを生み出す方法まで、スプレッドの世界は広く豊かです。そんなスプレッドのテクニックを現場での鑑定経験も長く、現在もさまざまなスクールで教える実占経験豊富な賢龍雅人が解説します。

賢龍雅人 Masato Kenryu

長年にわたるカルチャーセンター・占いスクールでの豊富な鑑定経験を生かした丁寧な指導には定評があり、鏡リュウジ氏を主幹とする東京アストロロジー・スクールでもチューターを務める。内外の占星術ソフトやアプリにも精通し、さまざまな占星術書にマニュアルを寄稿。著書に『マイ・ホロスコープBOOK 本当の自分に出会える本』『マイ・ホロスコープBOOK 本当の恋愛・結婚観がわかる本』『マイ・ホロスコープBOOK 本当の仕事・お金観がわかる本』(すべて説話社)、『新ウェイト版フルデッキ78枚つき タロット占いの教科書』(新星出版社)がある。

スプレッドとは何か

「ケルト十字法（ケルト十字スプレッド）」「ヘキサグラム・スプレッド」などという言葉を、本書を手にする方であれば一度は耳にしたことがあるでしょう。タロット占いにおける「スプレッド」とは、占いを行うときにカードの読み手が、あるかたちにしたがって卓上にカードを配置していく方法を指します。基本的に、現代のタロット占いは、出たカードの意味と、スプレッド（並べる・拡げる）における場の意味を組み合わせることによって解釈が進められていくのです。先に挙げた有名なスプレッドでは、円と十字を組み合わせたケルト人のシンボル（ケルト十字）や、ダビデの星とも呼ばれる古来の魔術的シンボル（ヘキサグラム）のかたちにカードを展開するので、それが与える視覚的効果がタロット実践により神秘的なイメージを高めている側面もあるでしょう。特にタロットをはじめたばかりのころは、さまざまな「スプレッド」のマジカルな雰囲気に惹かれる方も多いと思います。

スプレッドには伝統的なものから、それぞれの読み手による独自のもの、さらにそのバリエーションや自分ならではのカスタマイズまで、無数に存在します。そのため、「スプレッドとは何か」「スプレッドとどう向き合えば良いのか」「どのようにスプレッドを応用していけば良いのか」といった基本を押さえることが重要になってきます。タロットの基本中の基本ではありますが、ストレートに解説したテキストはじつはあまり存在しません。本章では、私、賢龍が10年以上にわたる学習、実占経験から得てきたことを振り返りながら、スプレッドに関して重要なポイントを整理してお伝えしていきます。

タロット占いの基本スタンス

具体的にスプレッドの話に入る前に、一つ強調しておきたいことがあります。それは、「タロット占いをする際の質問は、明確でなくてはならない」ということです。たとえば鑑定に訪れる相談者の中には、切羽詰まった問題を抱えている方もいます。相談者も自分の相談を整理している余裕がないこともあって、矢継ぎ早に、「未来はどうなるの?」「明日何が起きるの?」など、次々とあいまいな質問をたたみかけてこられることがよくあります。また、質問が二転三転して、どこが問題の中心になっているのかがわかりにくいことも多いものです。

本当は気になる異性の気持ちをタロットで見てほしいのに、まったく関係のない仕事やプライベートの話題を延々とする方も多くいます（自分の本心を言葉にするのを意識的、無意識的に躊躇されているのですね）。相談者の気持ちに応えたいという気持ちはわかりますが、このような未整理な、あるいは混乱した質問内容を求められるままに占っていっても、その答えもまた混乱したものになってしまうことでしょう。そればかりではありません。「本当に知りたいことはそれじゃなかったのに」と失望させてしまうことにつながることも多いのです。

実際のところ、相談者が最初から本当に知りたいこと、問題の核心を告げてくれることは案外少ないものです。占いのスキルとは関係ないと思われるかもしれませんが、相談者の話をうまく聞き出して、自分が答えられる範囲のかたちの質問に収めていくこと、問題を整理していくこと、必要に応じて質問をパラフレーズ（言い換える）していくこと、これはきわめて重要です。一見、遠回りに思えますが、この時点での丁寧な聴き取りが結果的に有用な答えを引き出すための近道だと私は思っています。

また、昨今ではＳＮＳの影響もあり、一人占いをする方も多いでしょう。その際、「今日の運勢は？」など気軽な問いも良いですが、真剣な悩みの場合は心を十分に落ち着けて、質問をノートに書き出すことをおすすめします。落ち着かなかったり、不安な気持ちで占いをはじめてしまうと、何度もカードを引いてしまったり、より混乱してしまうこともありえるのです。

スプレッドが必要な理由

さて、そもそも、なぜスプレッドが必要なのでしょうか。そして歴代のタロティストたちは何のためにさまざまなスプレッドを考案してきたのでしょうか。カードをランダムに、あるいは適当に何枚か引いて並べ、そのたびに即興で読んでいくこともできるはずです（実際、そういう占いも過去に存在していました）。しかし、これは高度なイマジネーションや直観力を必要とします。料理でも武術でも、やはり「型」「スタイル」「ルール」などがあったほうが取り組みやすく、伝わりやすいはずです。使用枚数、場の意味など、長いタロットの歴史のなかで先達たちが洗練させてきた、有効で最大公約数的な「型」がスプレッドと言えるのではないでしょうか。

ただ、逆にこのスプレッドが足かせになってしまうことがあります。いきなり複雑なスプレッドに取り組んでしまい、カードの枚数の多さや、場の意味に囚われすぎて、うまく読めなくなってしまうのです。私が教えている講座でも、「ケルト十字を使いたいけれど、枚数が多すぎてどうすればいいかわからない」という声をよく聞きます。複雑なスプレッドを使ったからといって、必ずしも良いタロット占いができるわけではありません。いきなり背伸びはせず、まずはシンプルなスプレッドからはじめて、目的に応じて高度なスプレッドに挑戦していくことが重要です。既存のスプレッドが自分にとって使いにくい、あるいはしっくりこない場合は、自分なりにカスタマイズしていくことも可能です。以下では、伝統的なスプレッドを私なりにかみ砕き、より読み取りやすくするためのヒントをお伝えしていきます。

古典的なスプレッド

以下で紹介する古典的なスプレッドとは、タロット関連の書籍でも多く掲載されているメジャーなものを指します。タロットを扱う占い師にとっても、比較的認知度の高いものを紹介します。

1 3カードスプレッド

3枚だけのカードを引く、きわめてシンプルなスプレッドです。かたちはまさにシンプルですが、その解釈法はさまざまなタロティストたちによって数多くのバリエーションが開発されてきました。

もっとも知られているのが、3枚を横に並べて左から「過去」「現在」「未来」として見る方法でしょう。ほかにも「状況」「行動」「結果」、「Aの選択」「Bの選択」、「現在」「障害」「未来」など、さまざまなバリエーションがあります。シンプルなので応用もききやすく、オリジナルスプレッドを作るのにも向いています。また、占う内容に

〈3カードスプレッド〉

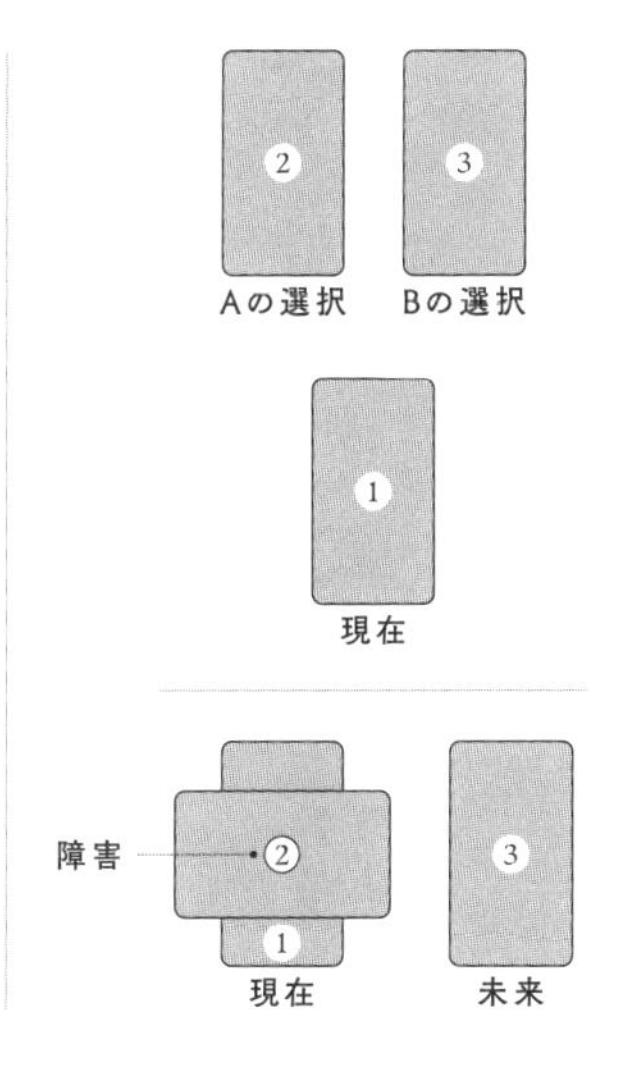

よって配置の方法も横一列に並べるだけではなく、クロス＋1枚、V字形などさまざまです。

2 ホースシュースプレッド

ホースシューとは馬蹄（ばてい）のことで、西洋では古くから幸運を呼ぶお守り、または魔除けとして玄関に飾られてきました。これをスプレッドに模したもので、中心を上向き（逆V字形）にするか下向き（V字形）にするかはタロティストによって異なります。

ホースシューのオーソドックスな使い方は左図のようなものです。古くはアルフレッド・ダグラスから近年のアニー・ライオネット、アンソニー・ルイスら高名なタロティストが使っています。

このような方法は有名なケルト十字法と同じく、問題の時系列や関連するさまざまな事項を多角的に読んでいける大きなメリットがあります。しかも、使う枚数が7枚というシンプルなものなので、初心者にもとっつきやすい利点もあるでしょう。初期の多くのタロット入門書で採用されていたのは、おそらくそのためです。

じつは私がはじめてこのスプレッドに出会ったのは二者択一のための占いとしてでした。

〈ホースシュースプレッド〉

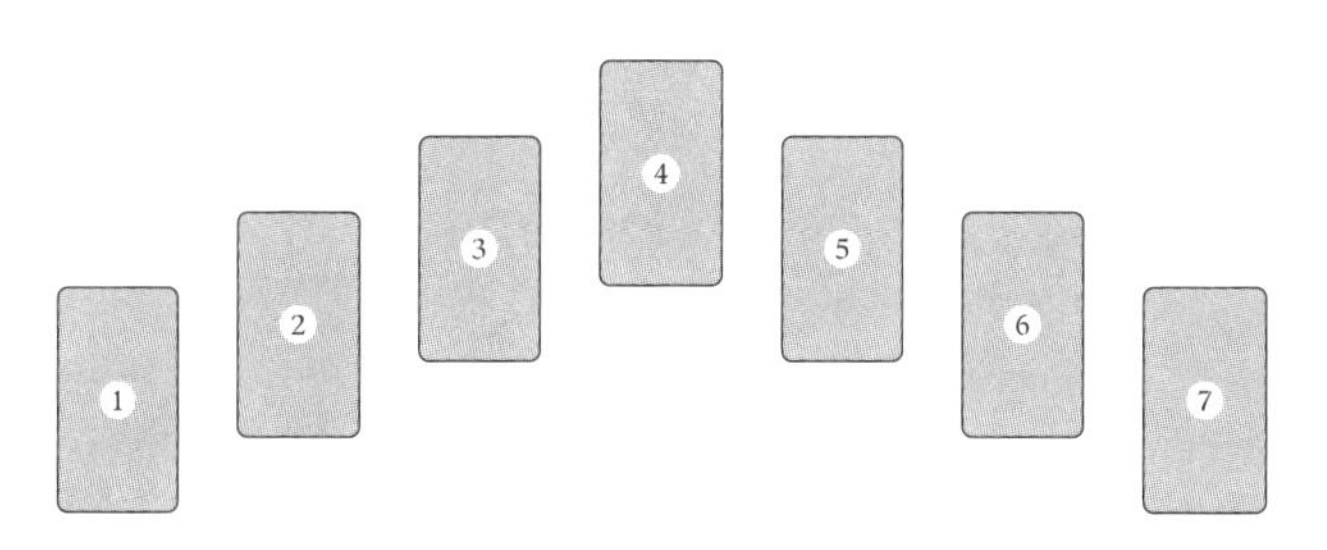

① 過去の影響・状態・人物

問題のきっかけだけでなく、質問に関する過去の成功・失敗経験など

② 現在の状況

まずは相談者の言葉通りの状態か否かを見る。
または現在の問題や課題

③ 未来の状況

この問題の今後の行く末。結論ではないが近い未来の状況

④ アドバイス

またはキーカードとして、問題解決へのきっかけになるヒント

⑤ 周囲の重要な人物、環境

この位置にコートカードが出れば人物を、コートカード以外であれば
取り巻く環境の状態

⑥ 注意しておくべき障害

人間関係の場合には、問題人物がコートカードとして出ることも。
本人の改善したい考え方の癖が、障害として出ることも

⑦ 最終結果

これまでのアドバイスなどを、すべて踏まえたうえの結果

ホースシュースプレッドを、今の自分の選択によって分岐していくタイムラインとして読む方法です。二つの選択肢（ＡとＢ）をそれぞれ選んだ場合に、どんな結果になっていくかを推しはかろうとするものだったのです。この場合、図のようにＶ字形に並べたカードのＡとＢを選択の結果だとすると、その一つ手前のカードは結果に至る前のプロセスということになります。

しかし、これは私にとって非常に使いにくいものでした。たとえば「Ａの最終結果が『**恋人**』で、Ｂの最終結果が『**死神**』だとします。Ａの最終結果の一つ手前が『**塔**』で、Ｂの最終結果の一つ手前が『**太陽**』であったら、どちらの結果を選択すれば良いので

〈二者択一する際のホースシュースプレッド〉

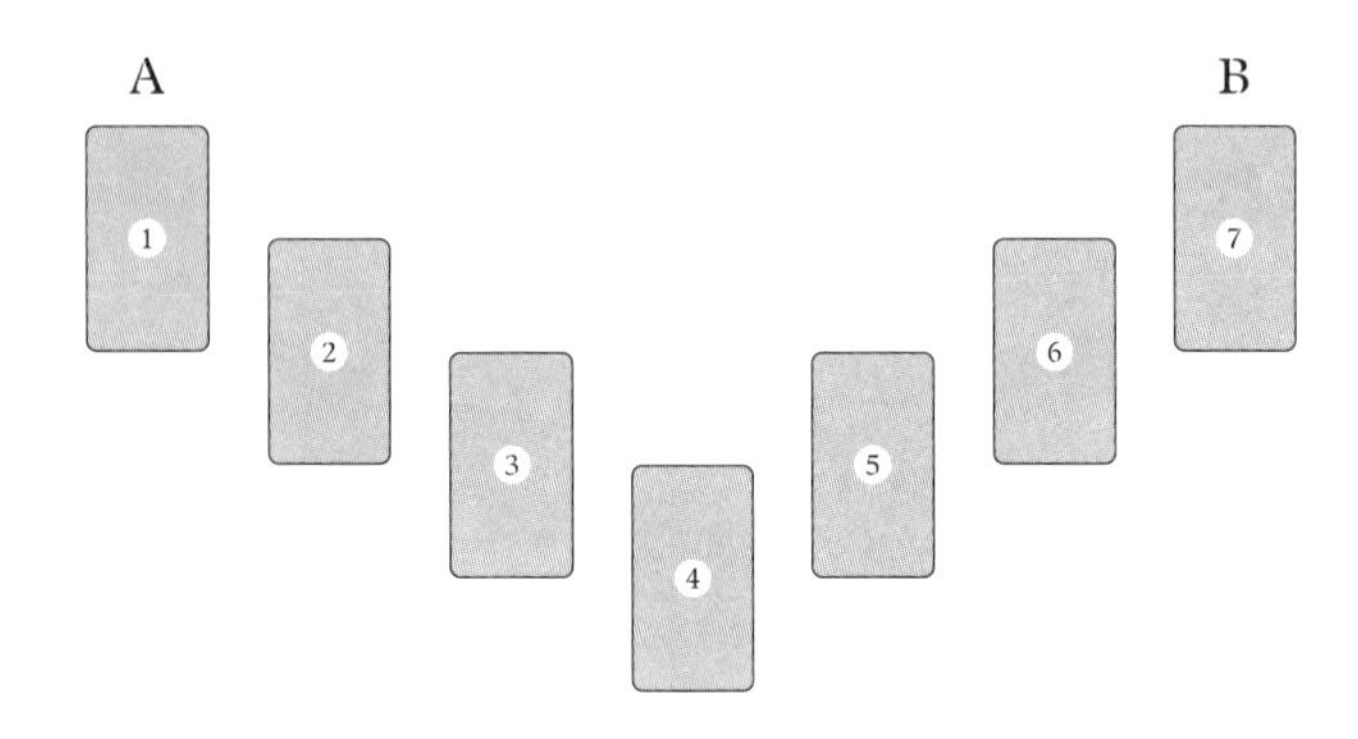

しょうか。Aが良さそうですが、不吉な『**塔**』のカードを通過しなくてはなりません。Bの最終結果は悪そうですが、その一つ手前は明るさの象徴である『**太陽**』です。最終結果の手前にあるカードの意味が難しいこともあるデメリットがありました。

要するに、このスプレッドは時系列的にストーリー展開がAの方向か、Bの方向かで限定されてしまうのです。縦方向に（斜め）にカードが配置されていると、どうしても時間的な流れに沿ってカードを読みたくなってしまいます。そうなると、読み方が決定論的になってしまい、自由度が減ってしまいます。特に矛盾したカードが出た場合、一時期良くてもその後悪くなる、あるいはその逆の成り行きとしてしか読めなくなってしまうのです。私にはそれがたいへん窮屈でした。

そこで、二択占いに関しては後に紹介するようなフィフティーンカード・メソッドを採用するようになっていきました。こちらの方法では、それぞれの選択肢について直線的な時系列には限らず、複数のカードを展開できます。柔軟にカードの意味を組み合わせて、よりフレキシブルにカードのリーディングができるようになるのです。そこで、選択肢占いにおいてはこちらの方式が私としては使いやすく感じます。この方法については後ほど詳述します。

3 ギリシャ十字スプレッド

ベネベル・ウェンの『ホリスティック・タロット』では「シンプル・クロス」、栄チャンドラーの『タロット教科書　第2巻』では「オールド・クロス」などと別の名称で呼ばれており、とてもシンプルで直感的にリーディングをしやすいスプレッドです。たとえば、横に並ぶ3枚は「3カードスプレッド」に慣れていれば、「過去」「現在」「未来」と読んでみたり、または中央が答えの核心で左右をその周囲の影響と読んだりすることができます。そして縦に並ぶ3枚を、上から顕在的（表面化された問題）、中央が答えの核心で、下が潜在的要素（隠されている問題）

〈ギリシャ十字スプレッド〉

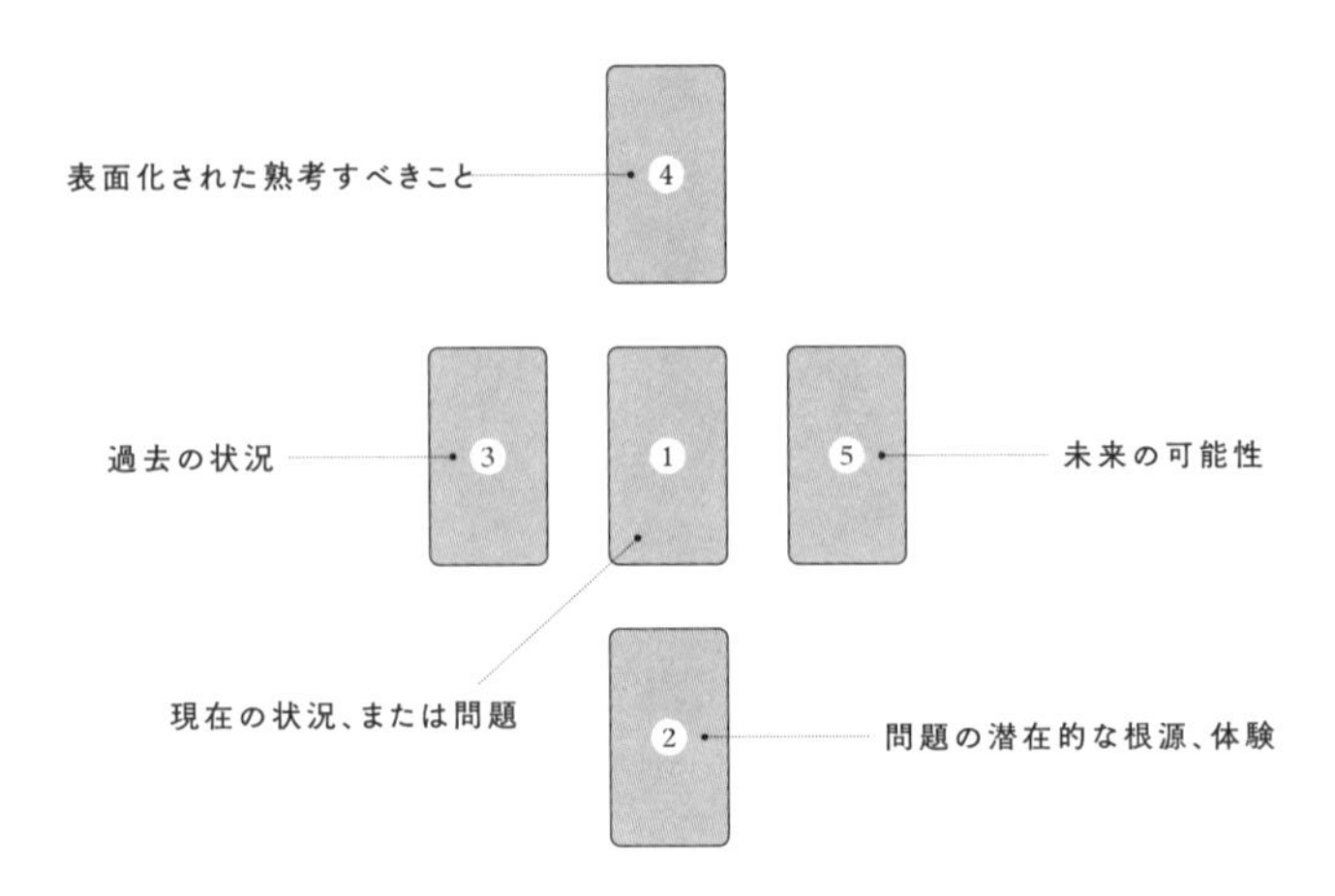

と読んでも良いでしょう。並べ方のかたちだけでいえば、19世紀のオカルティストであるオズヴァルド・ヴィルトによるタロット解釈の歴史的名著『中世絵師たちのタロット』（２０１９年、国書刊行会刊）にも並べ方が登場しています。ここでは初心者にも使いやすく、さまざまなケースで使える解釈を紹介します。

4 ヘキサグラムスプレッド

日本においてもたいへんよく知られているスプレッドですが、おそらく最初期の出元は、アメリカの魔術結社「チャーチ・オブ・ライト」を設立したC.C.ザインが１９３６年に著した『The Sacred Tarot（神聖タロット）』で「マジック・セブン・スプレッド」として提唱したものではないでしょうか。

場の意味はテキストによって異同がありますが、特に④以降はさまざまな解釈が存在します。また、①～③の時系列は3カ月程度のタームで読み、⑦は4カ月以降の状況とすることもできます。また、④を相手、⑤を自分として⑥を関係性に対するアドバイスとすると、二者間の相性リーディングとして使うこともできます。

〈ヘキサグラムスプレッド〉

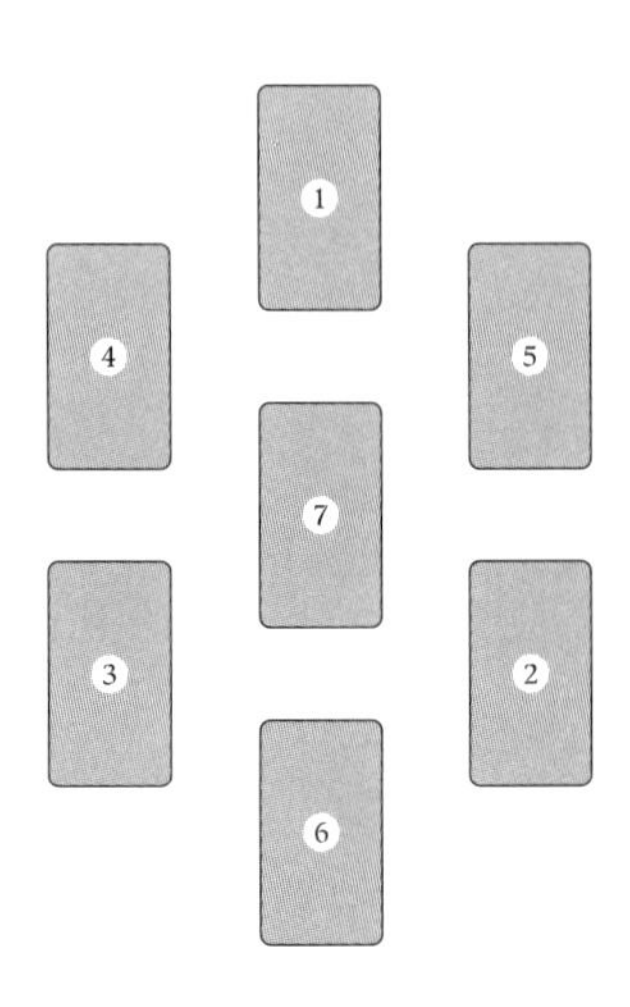

① 現在の状況の原因である過去

② 質問者の現在の状況

③ 当面の未来

④ 質問者の周囲の状況。人間関係の問題であればその特定の人物、または質問者が所属している組織団体を表す

⑤ 相談者の無意識や潜在的な要素、または抑圧していたり、見ないようにしていたりすること。特に心の問題を表すようなカードが出た場合には、取り扱いに注意する

⑥ アドバイスやヒント、または鍵となるカード。⑤に対する、対策や行動として読むこともある

⑦ 現時点でありうるテーマの結論

5 ホロスコープスプレッド

占星術で使用されるホロスコープのハウスを、スプレッドに応用したものです。12カ所にそれぞれ占星術由来のハウスの意味が与えられています。占星術に親しんだ人ならたいへん使いやすいスプレッドでしょう。

特定の質問がなく、漠然と「来年の運勢を見てください」と言われたときなどにもこのスプレッドはよく用いられます。金運、旅行運、出会い運など、さまざまな人生の局面を広く見ていくことができるからです。

このホロスコープ・スプレッドを少しアレンジして、出会いの場を探すことにも使えるでしょう。たとえば、仕事運を表す10ハウスの位置に理想の相手を示すようなカードや、良い恋の盛り上がりを示すようなカードが出た場合、仕事関連からプライベートな相手が出て来る可能性大と読むことができます。

また、中央に13番目の「キーカード」を配し、総合的なアドバイスとすることもあります。

〈ホロスコープ・スプレッド〉

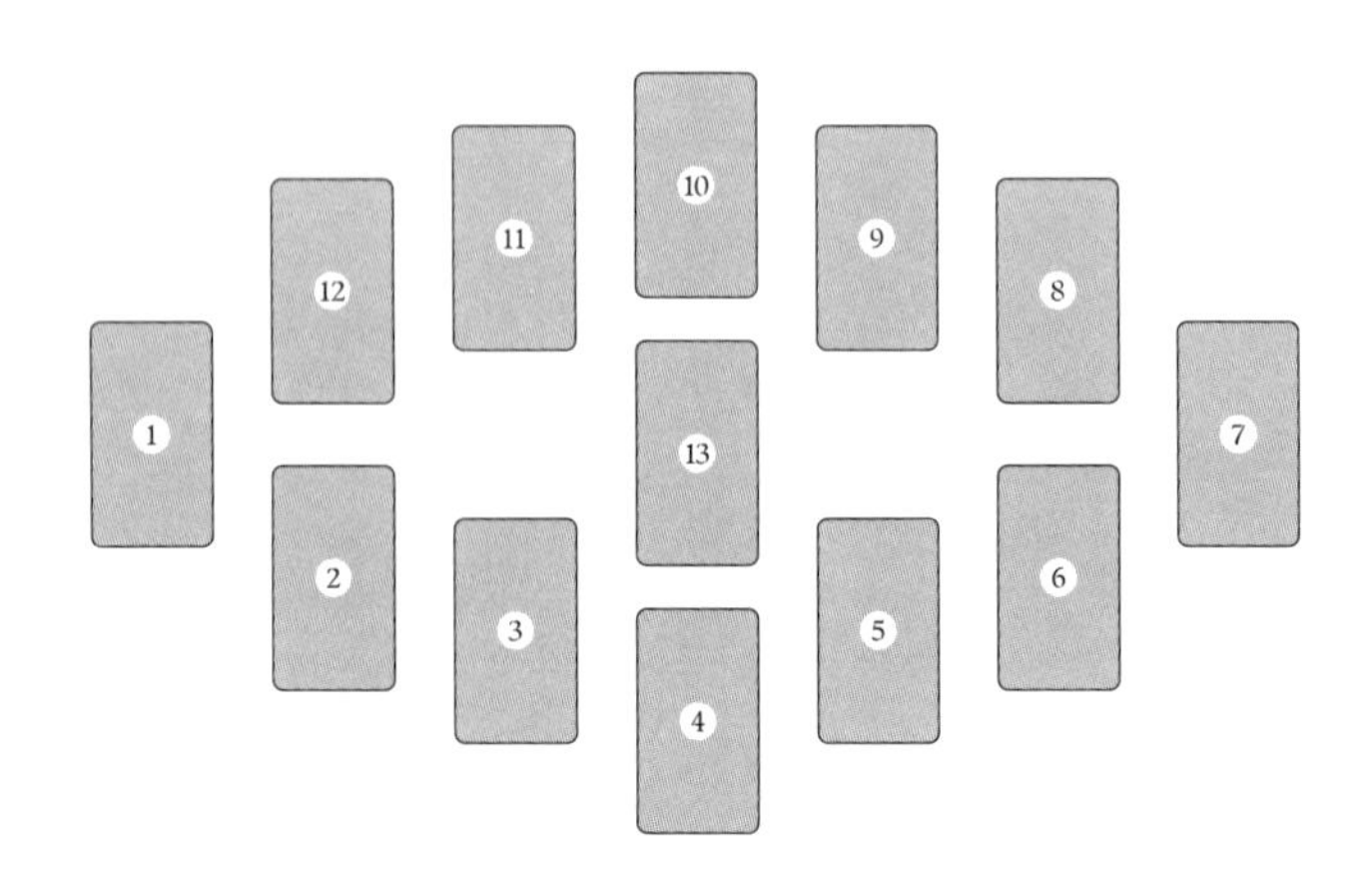

①あなた自身の1年のテーマや重大な事項、課題、マイブーム

②金運やあなた自身が得られるもの。身に付けるとお金になる資格なども

③学びを始めること、コミュニケーション、兄弟との関係性

④家庭、家族運。土地や家の購入に関する運も含む

⑤恋愛運、クリエイティブな能力、子どもに関すること、運勢、投機やギャンブル運

⑥健康運全般や労働環境、仕事運など。ペットとの関係性もこちら

⑦未婚の方には結婚運、仕事の質問ではパートナー運やライバルとの関係性。個人事業でのお客さんのターゲット層

⑧税金や年金、資産運用、中長期の株や投資信託、夫の稼ぎ、遺産問題など

⑨学業運、高度な資格取得、旅行運、海外との縁など

⑩事業運、出世運、役職や報酬の行方、または社会的な活躍や知名度の向上。SNSにおけるフォロワー数、視聴回数なども

⑪友達運、SNSでの人間関係、職場の仲間との関係性、自分を取り巻く人たちの協力

⑫誰にも知られない趣味、自分だけの秘めたこと、知られたくない事柄

⑬（必要に応じて）アドバイス

6 ケルト十字スプレッド

かのウェイトがウェイト＝スミス版への解説書の中で紹介していることが、このスプレッドを世に知らしめることになった大きな要因です。また、歴史的な経緯ばかりではなく、このスプレッドの持つ性質も多くのタロティストが愛用している理由だと思います。なんといっても完成度の高い、美しいスプレッドのフォルムが魅力的で、過去・現在・未来という水平の時系列、また顕在的な事項と潜在的な事項という垂直的な観点などを組み合わせた立体的でロジカルな構成を持ちながら、ぱっと全体が目に入って直観をかきたてる性質をあわせ持つ、たいへんよくできたスプレッドだと思うのです。

ケルト十字スプレッドもさまざまなバリエーションがありますが、ここではウェイトが採用したものではなく、タロット占いの母と呼ばれているイーデン・グレイが『MASTERING THE TAROT（自在タロット）』に掲載したスタイルを踏襲した方法をご紹介します。

イーデン・グレイ、さらにはその前のウェイトのメソッドは、最初にシグニフィケーター・カードと呼ばれるものを主にコートカード（小アルカナの人物カード）から1枚選ぶことからはじまります。当該の人物を象徴する札、すなわちシグニフィケーター（Significator）・カード

〈ケルト十字スプレッド〉

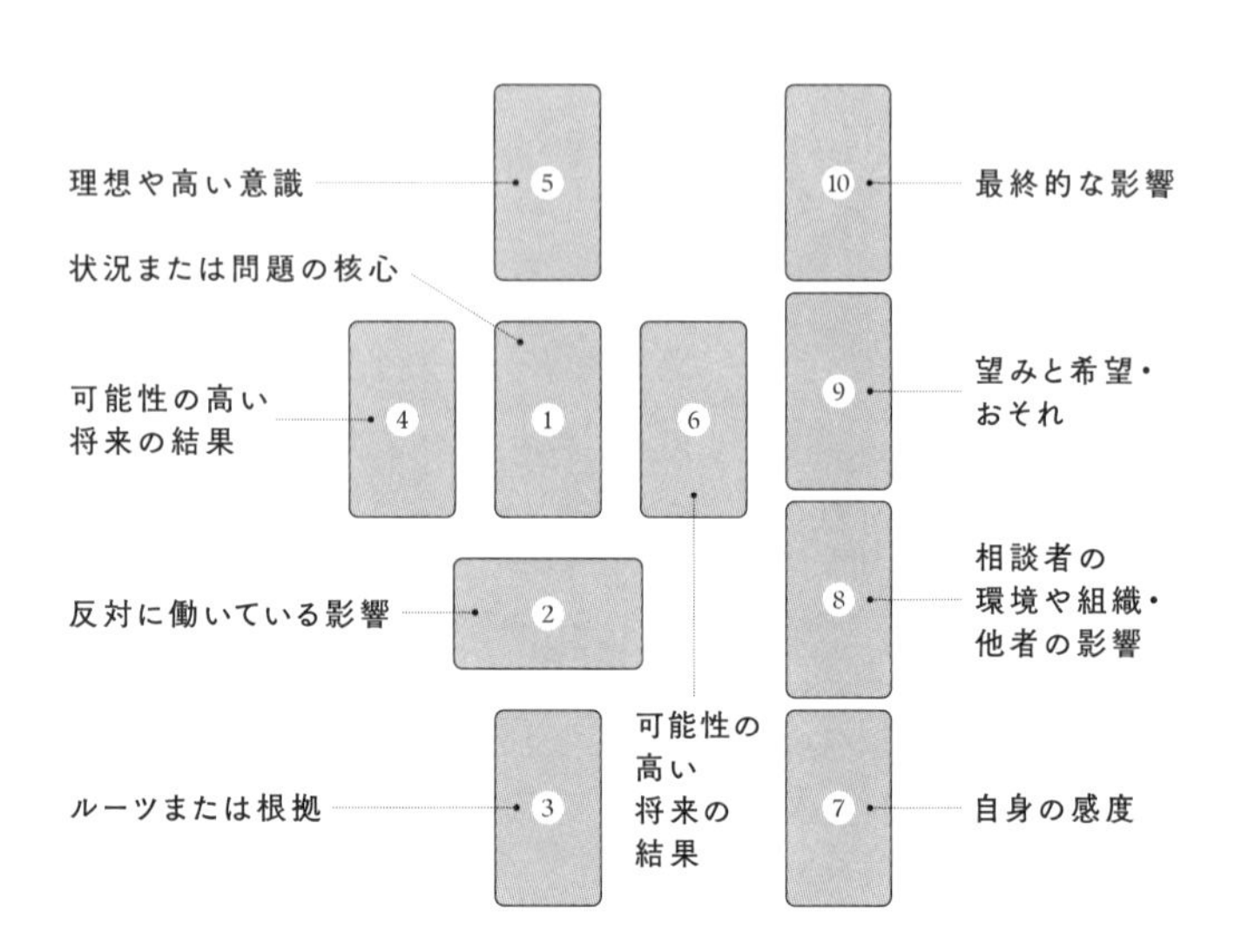

① 質問者の現在の状態であり、取り巻く状況や心境、または問題の核心を表します。問題の核心を表す場合もあります

② グレイのオリジナルの解説によると、質問者に対して「横切っている」つまり「邪魔をする」という意味があります。最初の①のカードに対して、反対に働いている影響や力を示しているという意味です。「邪魔をする」とはいっても、ネガティブな意味だけでなく、視点を変えた解決へのヒントと読み取っても良いでしょう

③ 問題の根底にあるもの、つまり相談者のルーツであったり、すでに過去の経験の一部となっていたりするもの。または問題の根元のヒントになります

④ 現在の状況に対する過去の影響を意味し、すでに消え去ろうとしている問題も含まれます

⑤ 質問者の理想や高い意識であり、将来に実現化させたい望みを表します

⑥ 可能性の高い将来の出来事・出会い・人物からの影響、その他さまざまな影響を表します

⑦ 現在質問者自身がどのような態度を取っているのか。他者から見た客観的な相談者の姿を表します

⑧ 質問者が身を置いている環境や組織・業界・対象となっている恋人などの特定の人物、近しい家族や友人など外部からの影響を表します

⑨ 質問者の望みと希望、そしておそれを表します

⑩ これまでの9枚のカードから考えられる最終的な影響と、結果の一部を示します

をスプレッドの中に配することで、スプレッドされているカードの世界の中に質問者そのものを招き入れるという意味があるのでしょう。

伝統的なシグニフィケーターの選び方は、年齢、性別に加えて髪や肌の色をベースにするというものです。たとえば黒髪の人物にはペンタクル（コイン）のコートカードが配当されます。ただしこのメソッドは、私は意味をなすものとは思いません。日本人ならほぼ全員が黒髪で、ペンタクルの人物札を使うことになってしまいます。実際、占いの現場でこの方法を取っているタロティストを見たことはありません。海外の掲示板などでのタロティストたちの会話でも、この方法には普遍性はなく、そもそも必要性を感じないという意見も散見されました。そのため、以下では、シグニフィケーター・カードを省いた方法で紹介いたします。

ケルト十字スプレッドを使いこなす読み方のヒント

もっともポピュラーで使いやすいスプレッドであるケルト十字法。しかし、カードの配置・場の意味などはさまざまな意見があるため、「どれが正解なのだろうか……」と戸惑う人も多いのではないでしょうか。

繰り返しになりますが、その人にフィットして使いやすければそれで良いのです。タロットに「絶対的な正解」がないことは、本書を読み進めている皆さんであればご存じでしょう。逆に言えば、それぞれの読み手がカスタマイズしていくことで、オリジナリティを生み出すわけです。リーディングの経験を積みながら、自分独自のスタイルを見つけていくことができればベストです。

ここでは私、賢龍が何万回と現場で鑑定してたどり着いた、私なりのケルト十字スプレッドのリーディングをご紹介します。

ポイントは一度に読むのではなく、部分ごとに分けることです。ケルト十字法は一度に10枚のカードを並べるので、特に初心者はどこから手を付けて良いか悩みがちです。解釈する要素が10もあり、一見すると正反対の意味や矛盾した意味のカードが現れることもある意味当然でしょう。特に10枚のカードを総合的に読もうとすると、混乱は深まってしまいます。

そこで、ケルト十字法をいくつかのパーツに分解し、その中でカードを組み合わせて読んでいくという手順をご紹介します。たとえば、以下のような分割方法です。

分割方法1　最初の2枚

ケルト十字スプレッドの最初の2枚は十字の中でさらに小さなクロスを作っています。まず、この2枚に注目してみましょう。ケルト十字スプレッドの核ともいえるこの部分を取り出して、2枚だけのスプレッドとする人もいるくらいです（シンプルクロス、小十字スプレッドなどと呼ばれます）。

大きな影響力をもつイーデン・グレイの著作をはじめ、多くの教本は①は相談者の現在の状態であり、②は邪魔をする要因（障害）を示すとしています。相談者の状況はわかりやすいですが、②の障害という言葉には私も戸惑いました。相談者

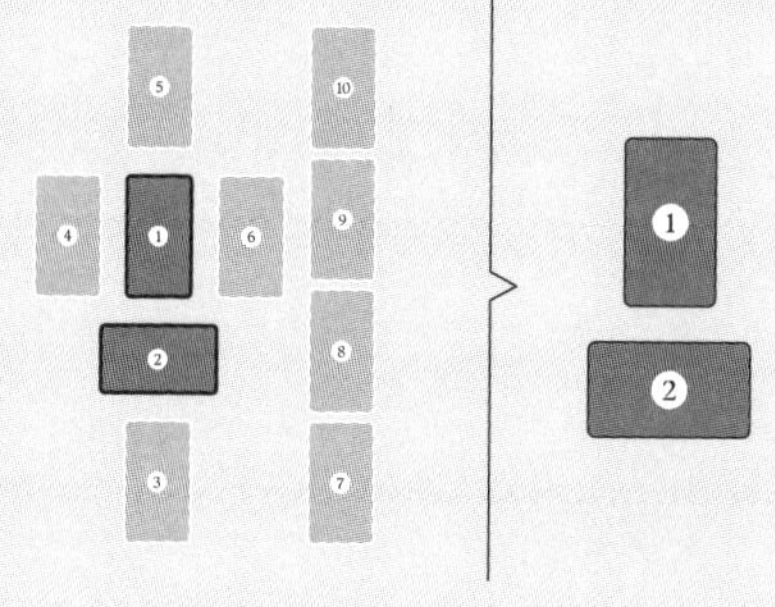

に明確な「障害」があるとは限らないからです。そこで、私は「障害」という言葉をより広く捉え、相談者の動機と考えるようにしています。相談者がいかにこの質問に至ったか、その要因を探るために②のカードを使うわけです。「好きだから」「熱中できるから」「学びたいから」「乗り越えたいから」「もっとほしいから」といった、心理的な欲求として読むこともできます。

分割方法 2　3カード

①とそれを挟む④と⑥を加えた3枚は、前述した3カードスプレッドと同じように読むことができます。たとえば左から「過去」「現在」「未来」として、スタンダードな読み方をする方法があります。または時系列を少しずらして④を「現在」とし、①を現在からの結果として読むことも可能です。ただしルールとして、質問を受けた際にどこを「現在」にするかを最初に決めておかなければなりません。また、直近に起きる結果を知りたい場合には、①②③⑤をすべて直近の未来として読むこともできます。

※このように時間軸で読んだ場合、多くのタロティストは①②③のそれぞれを3カ月くらいの期間として読んでいます。つまり、③が今からだいたい半年後と読むわけです（①の現在が3カ月後までをカバーすると考えます）。3カ月を一区切りとするのは、ある意味、理にかなっているサイクルではないでしょうか。3カ月は、1年でいえば春夏秋冬の一つのターム。季節がすぎるころには心境が変わってくることも多いはずですから。

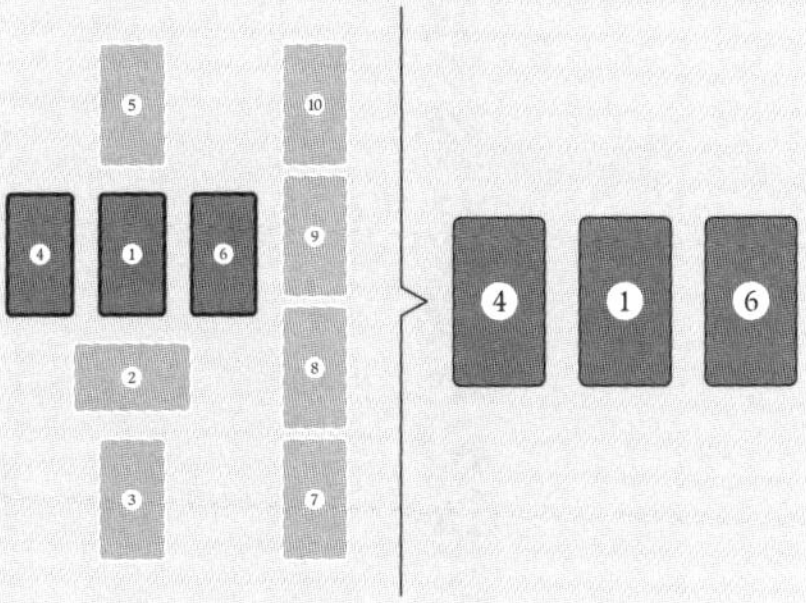

分割方法 3　顕在的なこと、潜在的なこと

次は縦の3カードです。⑤が顕在的な事項、③が潜在的な事項を示します。先ほどの横並びの3枚を時間軸と捉えると、縦の軸は意識に明確にあること、はっきり見えていることを表します。そして、いまだ意識には上っていない、あるいは直視

したくないような事項を表すこともあります。

たとえば「あの人の気持ちが知りたい」といった質問の場合、まず①でその方の実際の行動を見て、⑤はその人が明確に意識していることや望み（顕在的な事項）を読み、そして③で実際の行動からでは見えないところから影響を与えている、過去の記憶、心の深層に残っているしこりなどを見ていきます。③は必ずしもネガティブなことばかりではなく、成功体験などポジティブな内容である可能性もあります。

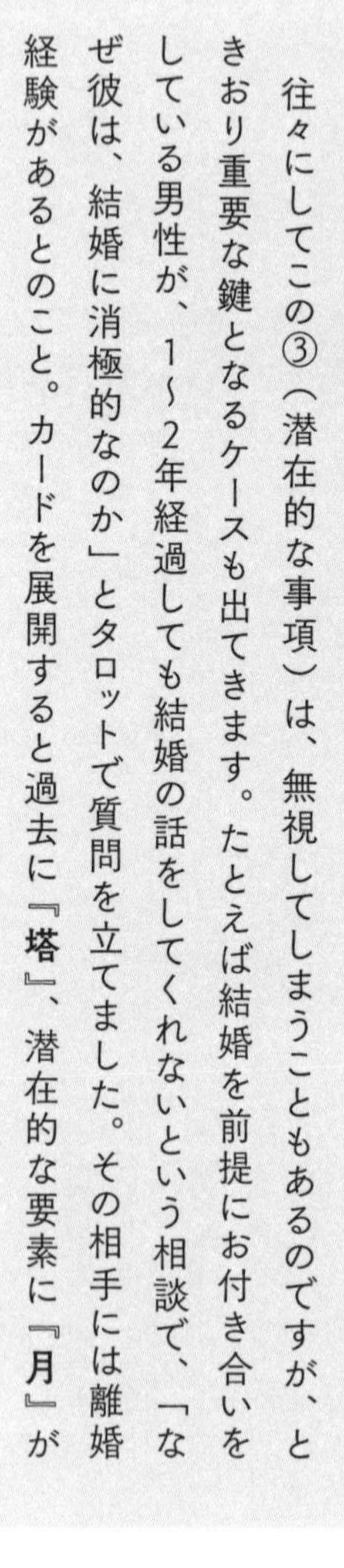

往々にしてこの③（潜在的な事項）は、無視してしまうこともあるのですが、ときおり重要な鍵となるケースも出てきます。たとえば結婚を前提にお付き合いをしている男性が、1～2年経過しても結婚の話をしてくれないという相談で、「なぜ彼は、結婚に消極的なのか」とタロットで質問を立てました。その相手には離婚経験があるとのこと。カードを展開すると過去に『**塔**』、潜在的な要素に『**月**』が

現れました。そこで私は「彼は離婚経験があるとお聞きしましたが、以前の離婚理由を聞いていますか？」と聞いたところ、「妻の不倫です」とのことでした。彼は過去の辛い経験『**塔**』から、今の彼女との結婚に不安要素『**月**』を持っていたのです。このような場合は、今のご相談者の問題ではなく彼自身の問題ということがわかります。これがわかれば次の対策を練ることができるのです。

分割方法 4　相談者の姿および周囲の状況、重要人物

多くのテキストでは⑦は本人、相談者自身と書かれています。これがなかなか曲者（くせもの）で、①が相談者の現在であるとするなら、この⑦とはどこが異なるのでしょうか。私も最初は混乱しましたが、実践経験を積んでいくうちに①から⑤の十字の

部分をその人物の内面、⑦をその人物が対外的にとっている姿勢、または見せかけの姿として解釈するようにするようになりました。すると見違えるようにカードをクリアに読むことができるようになったのです。

つまり、⑦は相談者自身の言葉には出てこない、普段の姿を現していると見るわけです。また①と対比させ、表と裏の関係として読むこともできます。一方、⑧はその人物が対外的な姿勢を取っている場所（職場や特定のコミュニティ）、あるいはその人物の質問にとって最重要な人物の姿（姿勢や思い）として読みます。

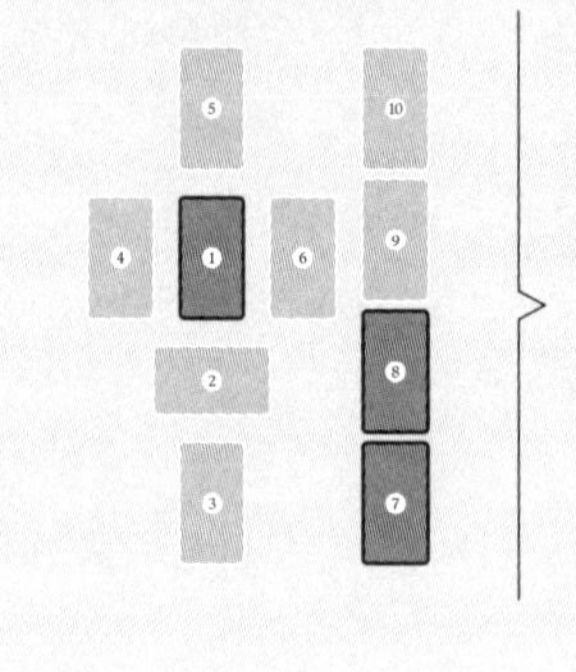

相手の気持ちを知りたい場合は、①から⑤の十字で相手そのものの姿、そして⑧は相手に映っているあなたの姿や印象となります。

分割方法 5　未来に思うこと、期待や不安

③と⑤は顕在的な事項と潜在的な事項です。これらの未来を示すのが⑨となります。これは実際に起こる事象や出来事ではなく、「相談者が将来的にこのような考えに至る可能性がある」といったことを読む場所です。つまり、現在の「意識（顕在）」と「深層意識（潜在）」が近い未来にどのように展開していくかを示しているため、未来における相談者の意識状態として読むわけです。ここにポジティブなカードが出た場合、状況はどうであれ明るい気持ちになっていくと見て良いでしょう。逆にあまり好ましくないカードの場合には客観的に悪くない状態でも、本人としては不満や悲観が生じてしまう可能性も考えられるわけです。さらに次の⑩のカード（半年後の状況）と対比することで、より深く読むことが可能となります。

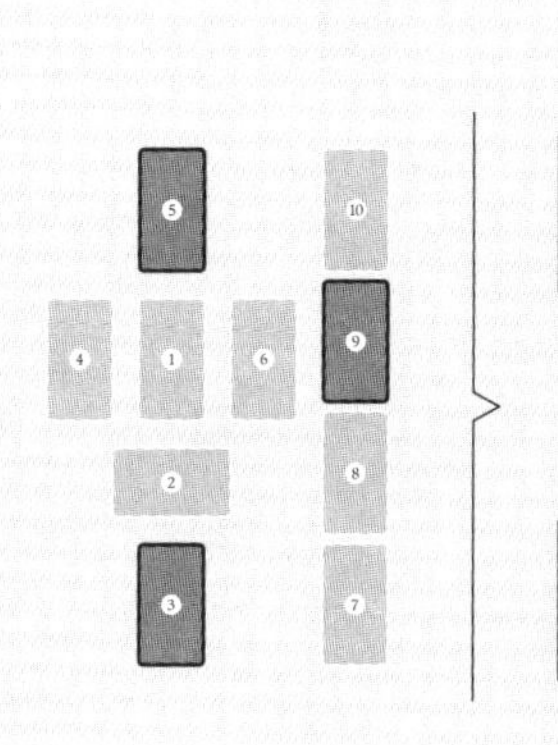

分割方法 6　現地点で予想できる未来

④⑥は「過去」「現在」「未来」を表しますが、⑩は⑥が示す「未来」の、さらにその先（今からおよそ半年先）として読むことができます。多くのテキストでは⑩を「最終結果」としていますが、実際問題として人生に「最終結果」などあるでしょうか。半年スパンで考える通常のタロットリーディングで人生の「最終」結果を断じることはできません。恋愛・仕事・相続・家庭問題など、どの悩みをとってもその展開や影響はこの先も続くのですから。したがって、私はこの⑩を現地点でわかる一番遠い未来という解釈をするようにしています。

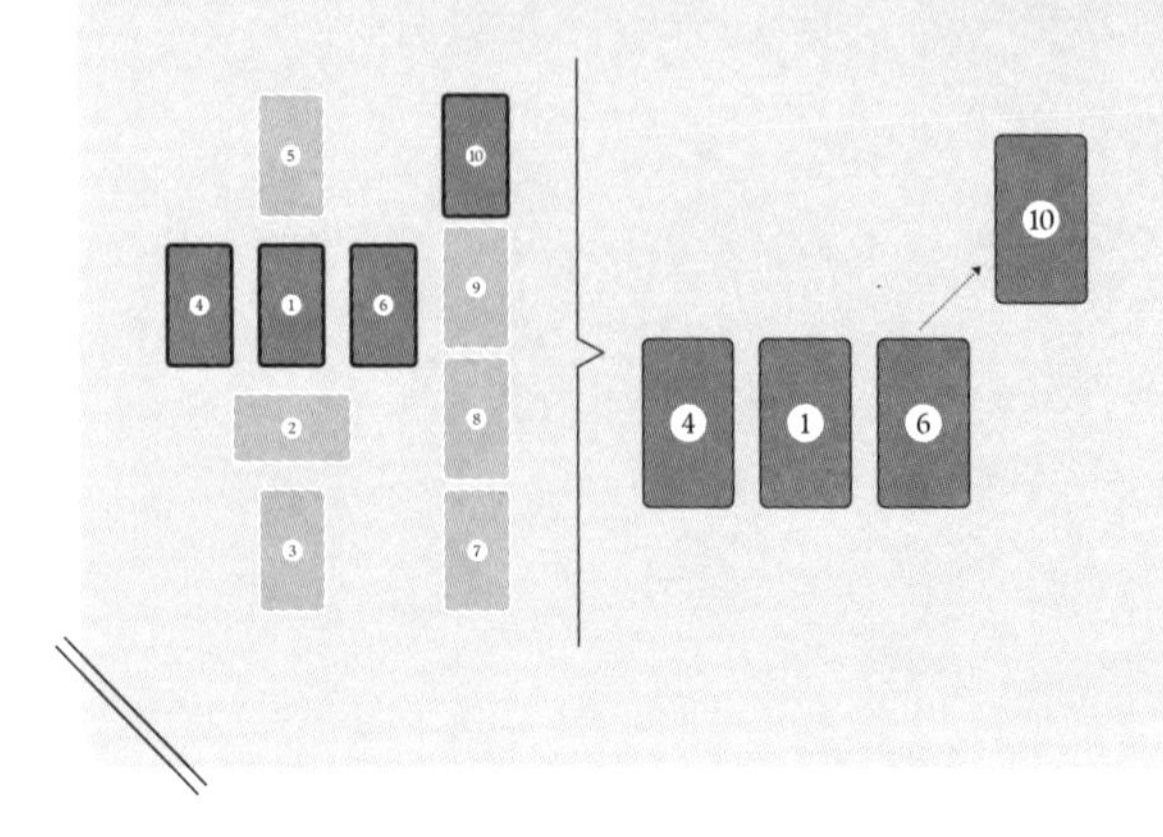

7 フィフティーンカード・メソッド

魔術研究家ロバート・ウォンが描いたタロットカード『ゴールデン・ドーン・タロット』に付属する冊子などで紹介されたスプレッドです。魔術結社「ゴールデン・ドーン（黄金の夜明け）」では、タロット占いでは逆位置を採用していませんでした。カードの意味を大きく左右するのは、カードの向きではなく、「品位」（ディグニティ）だとされていたのです。これは隣り合ったカードが主体となるカードと相性が良いかどうかを見ていくものです。ゴールデン・ドーンの流儀に忠実に従うなら、逆位置を採用すべきでな

〈フィフティーンカード・メソッド〉

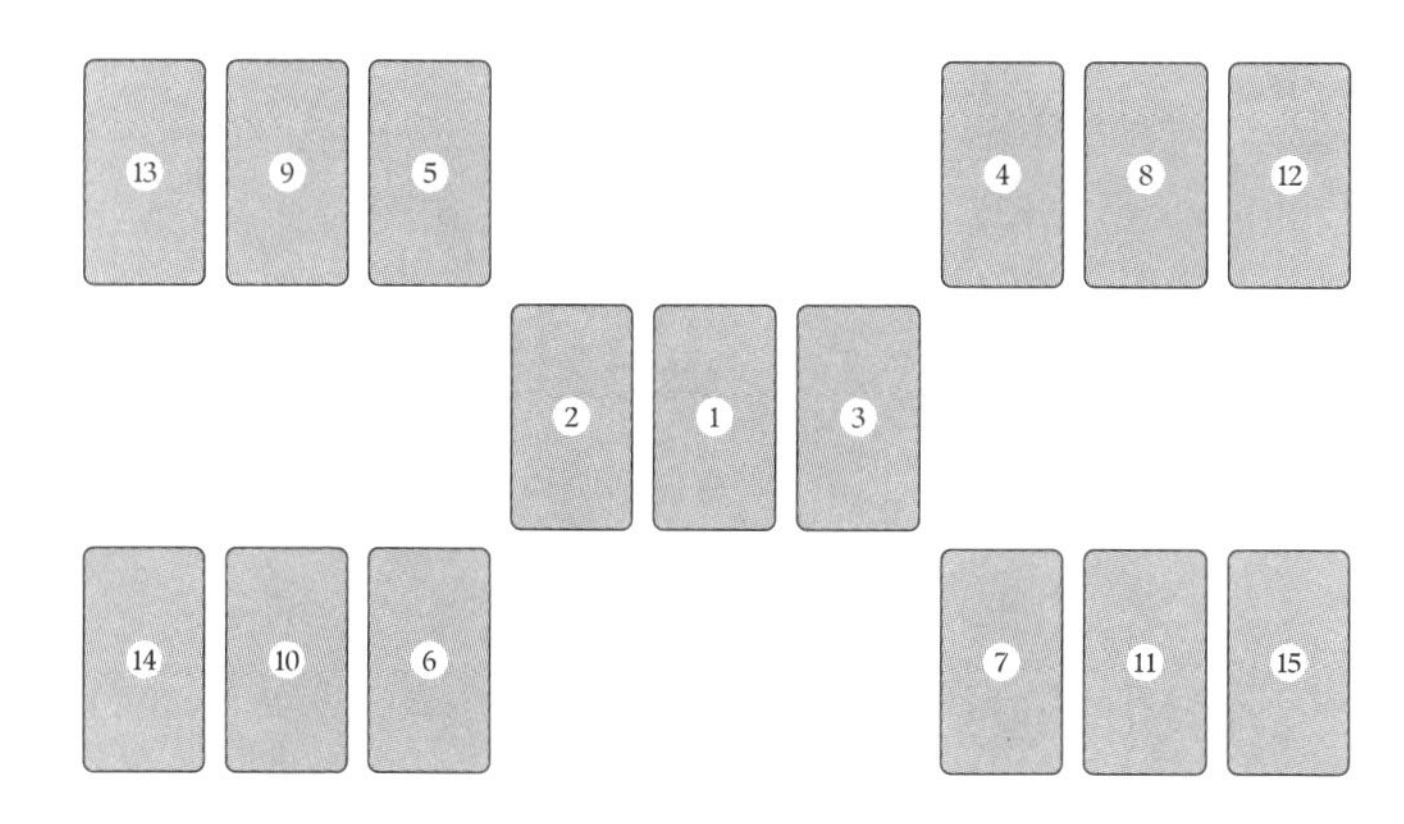

いのでしょうが、自分なりにカスタマイズするということで、もしあなたが逆位置を用いたいのであれば、取り入れることもアリだと思います。

このスプレッドでは、5カ所のブロックにそれぞれ3枚ずつ配置します。この3枚の中心をそれぞれのブロックの場の核、左右のカードはそれに対する周囲の影響として読むこともできるでしょう。あるいは左から「過去」「現在」「未来」として読むこともできます。私の場合は、中心の①〜③を今の状態と周囲の影響として読み、他のカードを中心から外へ向かうように現在から未来（④→⑧→⑫、⑤→⑨→⑬）と読むことが多いです。

①：相談者を表し、人物を取り巻く問題・現在の状況・主要な影響を示しています。ここにコートカードがある場合、それは相談者自身または重要な人物を意味することがあります。これをシグニフィケーターと呼び、質問者を象徴するカードとして解釈します。一方でコートカードが相談者と異なる性別である場合には、相談者以外の人物を示していると見ていました。また同じ性別のコートカードであっても、相談者のイメージとまったく異なる意味を持つ札である場合には、相談者に影響を及ぼしている周囲の人物を示すと解釈していたようです。

当時のそれぞれのコートカードの人物の描写をここに記しておきます。現代では差別的表現とみなされるかもしれませんが、ゴールデン・ドーンの時代には、このようなカード占いの解釈の伝統がありました。

ワンド……………**美しい容貌と非常に薄い色の髪か、赤毛の人物**
カップ……………**極端ではない色白の人物**
ソード……………**色黒の人物**
ペンタクル……………**とても色黒の人物**
キング……………**男性**
クイーン……………**女性**
プリンス（ナイト）……………**若い男性**
プリンセス（ペイジ）……………**若い女性**

私としては、現代においてはコートカードについてはより象徴的、柔軟に解釈する必要があると考えています。クイーンであったとしても、実際にはクイーンが持つ象徴的な意味を担う男性を示していることも十分に考えられるのです。

②③カード：これらは①カードと連動してスプレッドの鍵となるカードです。相談者の周囲の状況と性格に関する詳細な情報を示します。

④⑧⑫カード（右上）…………強い意志を持って未来を変えるための行動を取らない場合、質問者の人生が自然にたどるであろう方向を示しています。

⑬⑨⑤カード（左上）…………現在取ろうとしている選択肢（④⑧⑫カード）を選んだ場合に、相談者が進んでいくであろう未来を示しています。

⑭⑩⑥カード（左下）…………A案が良いのかB案が良いのかなど、必要な決断をする際に助けとなるカードです（なお、ロバート・ウォンの原著には「年配の人や中年を過ぎた人の場合、これらのカードは質問に関係する過去の活動や出来事。若い人の場合には未来を示す」とも解説にあります。人生経験を積んできた人には過去の経験が、若い人には未来のために描くヴィジョンが今の決断を導くヒントになるということでしょう）。

⑦⑪⑮カード（右下）…………これは相談者がコントロールできない力を示しており、変えることはできない要素を示します。ただし、その不可避の要素に対しても、せめてうまく対応、適応することはできるでしょう。

フィフティーンカード・メソッドを使いこなす読み方のヒント

2択のスプレッドとしても非常に完成度が高く使いやすいものです。ケルト十字以上に用いる枚数が多いこともあり、こちらも一度にすべてを読むもうとするのではなく、部分ごとに分けて読む方法が効果的。以下、一例として分割していく方法を紹介します。

分割方法 1　最初の3枚

相談者の現在の状況として読みます。①が現状で、②と③が現在抱えている問題です。周囲の状況として読んでも良いです。

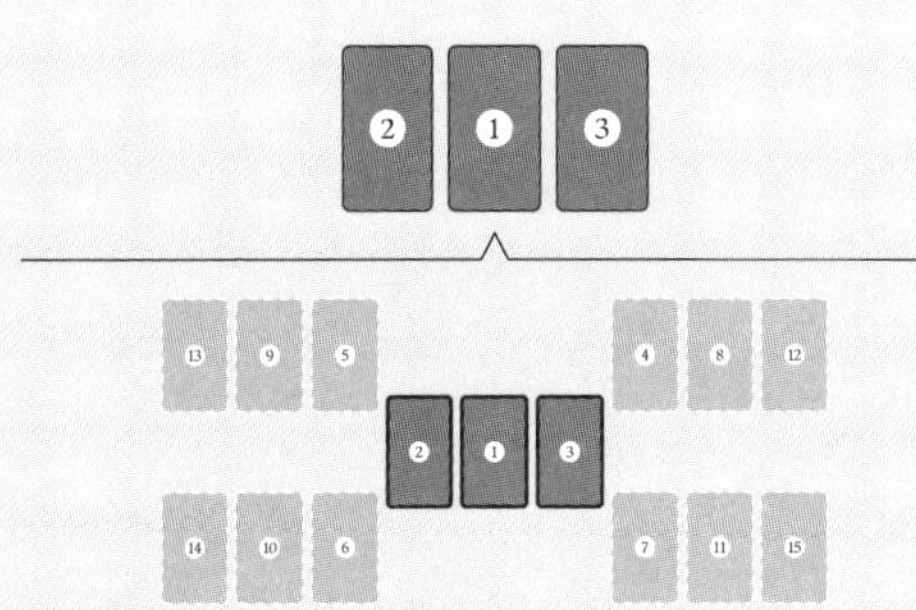

PART 01 | PART 02 | PART 03 | PART 04 | PART 05 | PART 06

分割方法２　④⑧⑫

右上に並ぶ３枚は、現状の①②③から現状のまま流れていく場合の未来を示します。また、相談者が現状を変えるためのＡ案とＢ案を持っている場合には、基本的に本人が先に言った選択肢を取った結果をこの３枚で見ます。この３カードも⑧が本人で④と⑫が周囲の状況としても良いのですが、私は時系列の３カードとして④が３カ月後、⑧が６カ月後、⑫を９カ月後以降として使うことが多いです。

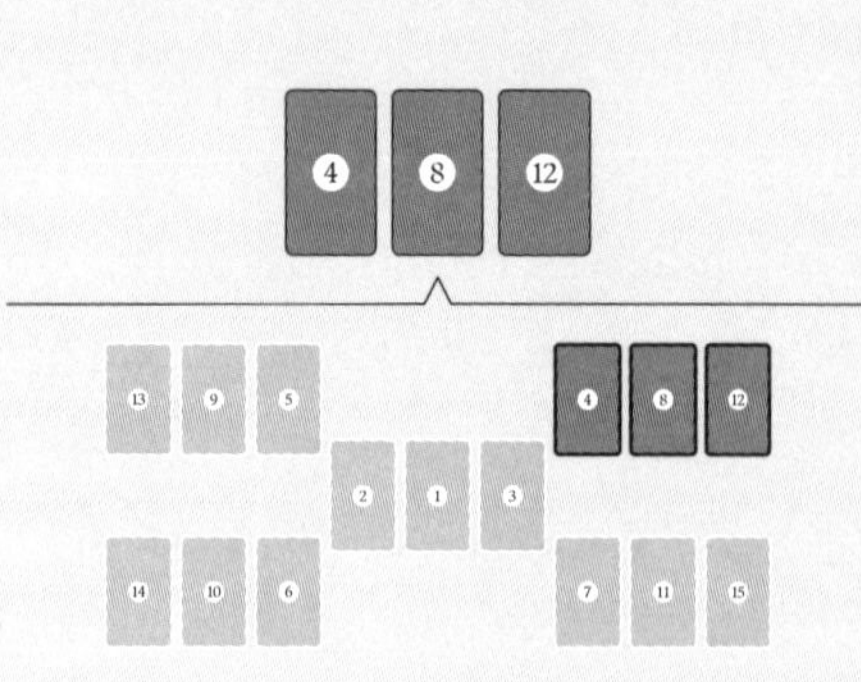

分割方法３　⑬⑨⑤

左上に並ぶ３枚は、先に挙げたＢ案となります。これも④⑧⑫と同様に私は

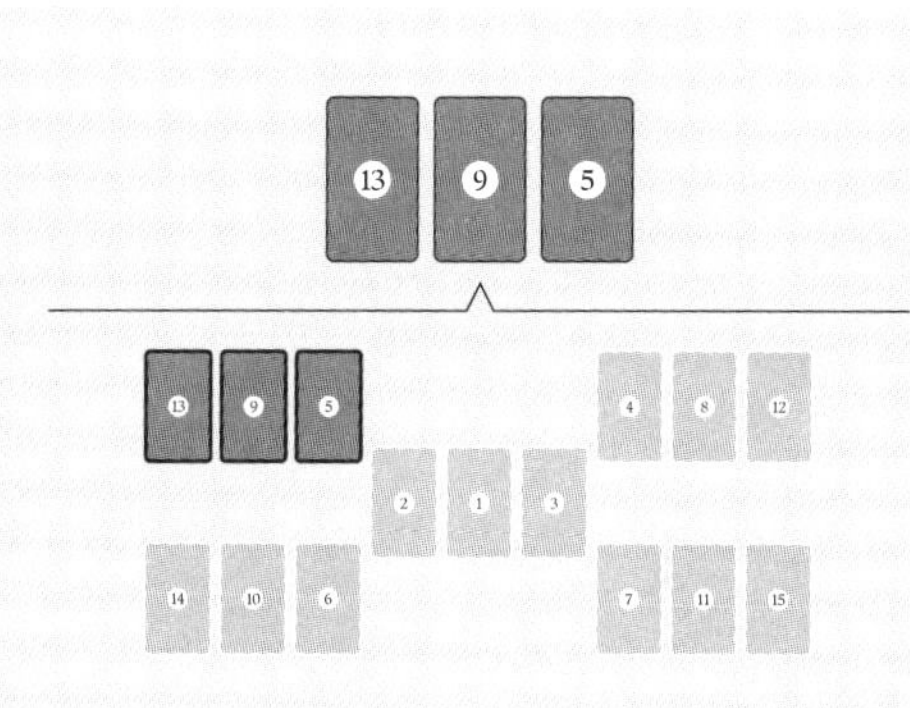

時系列に読むことが多いです。こちらは⑤が3カ月後、⑨が6カ月後、⑬を9カ月後以降として、内側から外側へ向かって読むのが私の流儀です。このように一見枚数が多いスプレッドでも、一つのパートを独立したスリーカード・スプレッドとみなして読むことによって、判断が容易になります。

二択の質問であれば、下図のように枚数を9枚のみのシンプルなものにしてしまっても良いと思います。こちらも①（現在）、②（A案）、③（B案）の3カード・スプレッドの拡張版として読むこともできます。

〈3カードスプレッドの拡張〉

⑨ ⑦ ⑤　④ ⑥ ⑧
② ① ③

分割方法 4　⑭⑩⑥

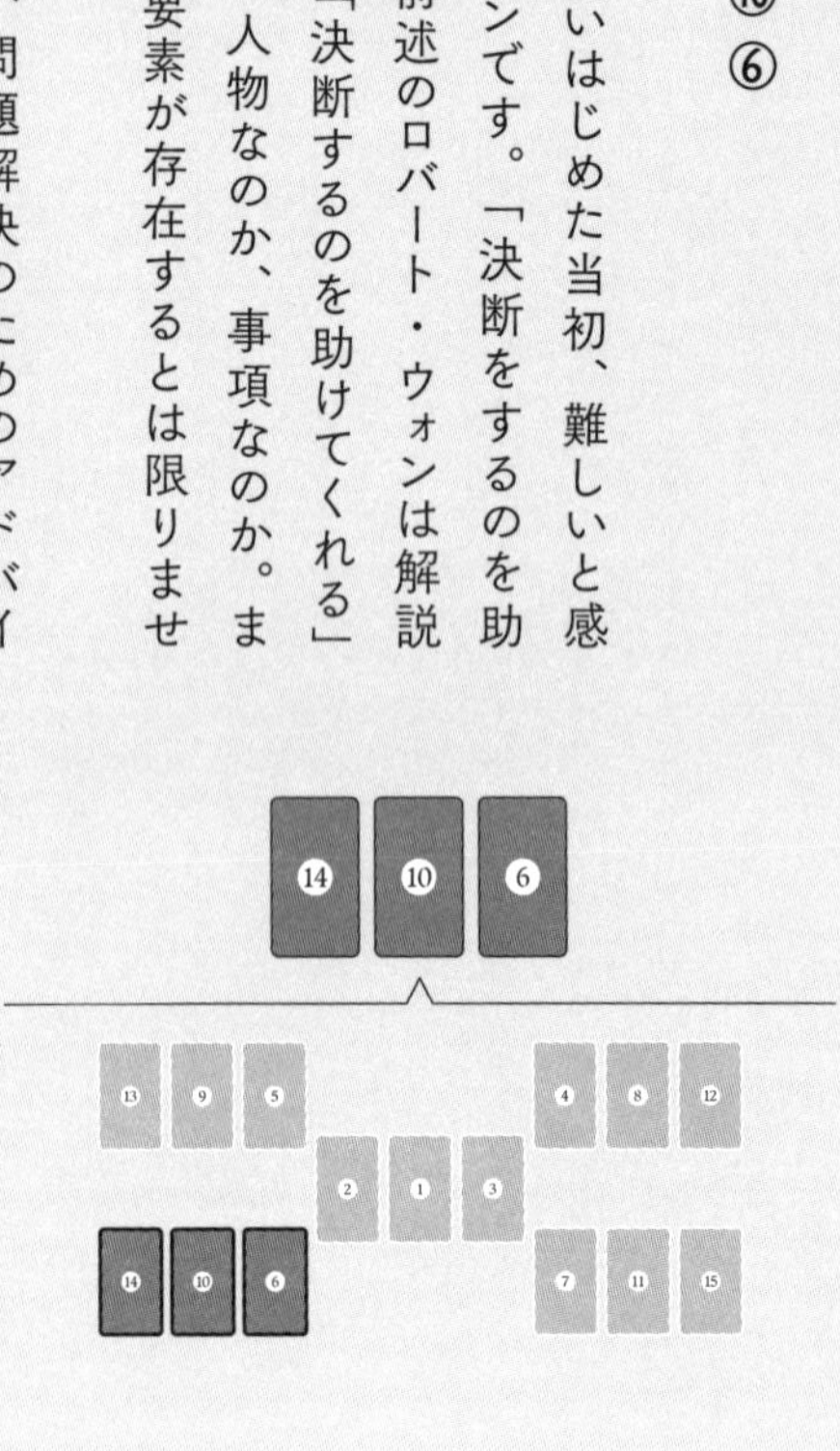

このスプレッドを使いはじめた当初、難しいと感じたのがこのセクションです。「決断をするのを助けてくれる」ものと前述のロバート・ウォンは解説しています。しかし、「決断するのを助けてくれる」ものとは何でしょう。人物なのか、事項なのか。また必ずしもそうした要素が存在するとは限りません。

ここではより広く、問題解決のためのアドバイスとしてシンプルに読むとすっきりしそうです。たとえば『**節制**』があれば二つの選択ではなく、両方をミックスしていく方法。または『**吊るされた男**』であれば、今このタイミングで選択するべきではないのかもしれない。『**皇帝**』や『**太陽**』であれば、自身のキャリアや収益を優先して、『**女帝**』であれば自分がもっともゆとりや豊かさを感じられる状態を求めていく。『**女教皇**』であれば、すでに質問者の内側にその答えがあるかもしれない。

ここに大アルカナやコートカードがなく、ヌーメラル・カード（数札）のみ出た場合には、私はさほどこのセクションを重要視しません。先の④⑧⑫と⑬⑨⑤だけで問題が解決するのであれば、特にこのブロックは読まなくても良いと思います。これはすべてのスプレッドに言えることですが、要は問題や悩みを解決に近づければ良いのです。出たカードを必ずしもすべて読む必要はありません。

分割方法 5　⑦⑪⑮

ロバート・ウォンによるオリジナルの解説によれば、「相談者自身がコントロールできない、または変えることができないが、利用して適応することはできる諸力」となっています。難しい表現ではありますが、これは相談者が容易には変えられない周囲からの影響と解釈することもできるでしょう。あるいは、深読みをすれば、相談者自身の天賦の能力や才能と見ることもできそうです。生まれ持ったギフトや欠点は変えることは難しいわけですから。

実際の解釈のパターンとしては『**世界**』のカードであれば、そもそも整った環境にあるので心配はすることはないと読むことができるでしょう。この問題は『**塔**』や『**死神**』のカードであれば、この問題は企画段階でなくなる、といった答えが考えられます。また、『**皇帝**』などが出れば「この問題によって、あなたの立場が変わることはありません」という答えもありでしょう。

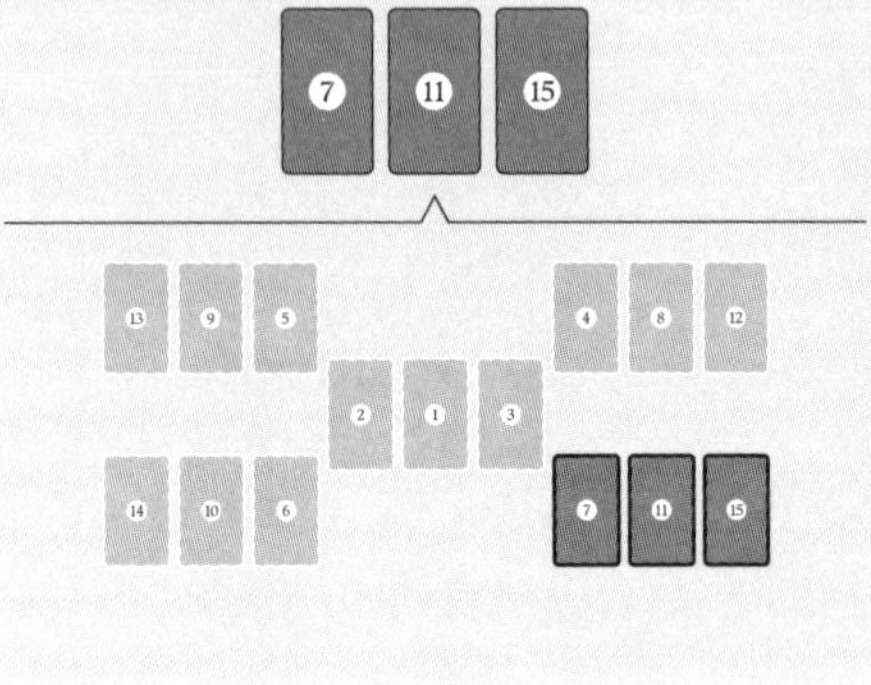

ここでも数札だけしか出ていない場合、あまり気にする必要はありません。あるいはすでに問題が解決しているのであれば、特に読まなくても大丈夫だと思います。

7 11 15

13 9 5 4 8 12
2 1 3
14 10 6 7 11 15

古典的なスプレッドをカスタマイズする方法

ケルト十字スプレッドは完成度も汎用性も高いため、世界中のタロティストが愛用しています。しかし、現実の人生は実に多様なもの。相談内容によっては既存のケルト十字だけでは対応しきれない、あるいは不便を感じることもあるでしょう。占いの現場ではそうしたニーズから、自然発生的にケルト十字法をアレンジしたり、あるいはまったく新しいスプレッドを考案したりすることも出てきました。必要は発明の母。即興的に新しいスプレッドが生まれてきたわけです。

ここではそのいくつかの例をご紹介します。皆さんもここで紹介する例のように独自のスプレッドを作り出すことができれば、実践の幅が大きく広がっていくと思います。

1 ワンドスプレッド

ケルト十字から、十字の部分の縦系列のみを切り出したのがこのスプレッドです。縦の棒だけ抜き取ったので、ワンド（棒）スプレッドと呼んでいます。鍔（つば）のある剣のようにも見えるの

〈ワンド・スプレッド〉

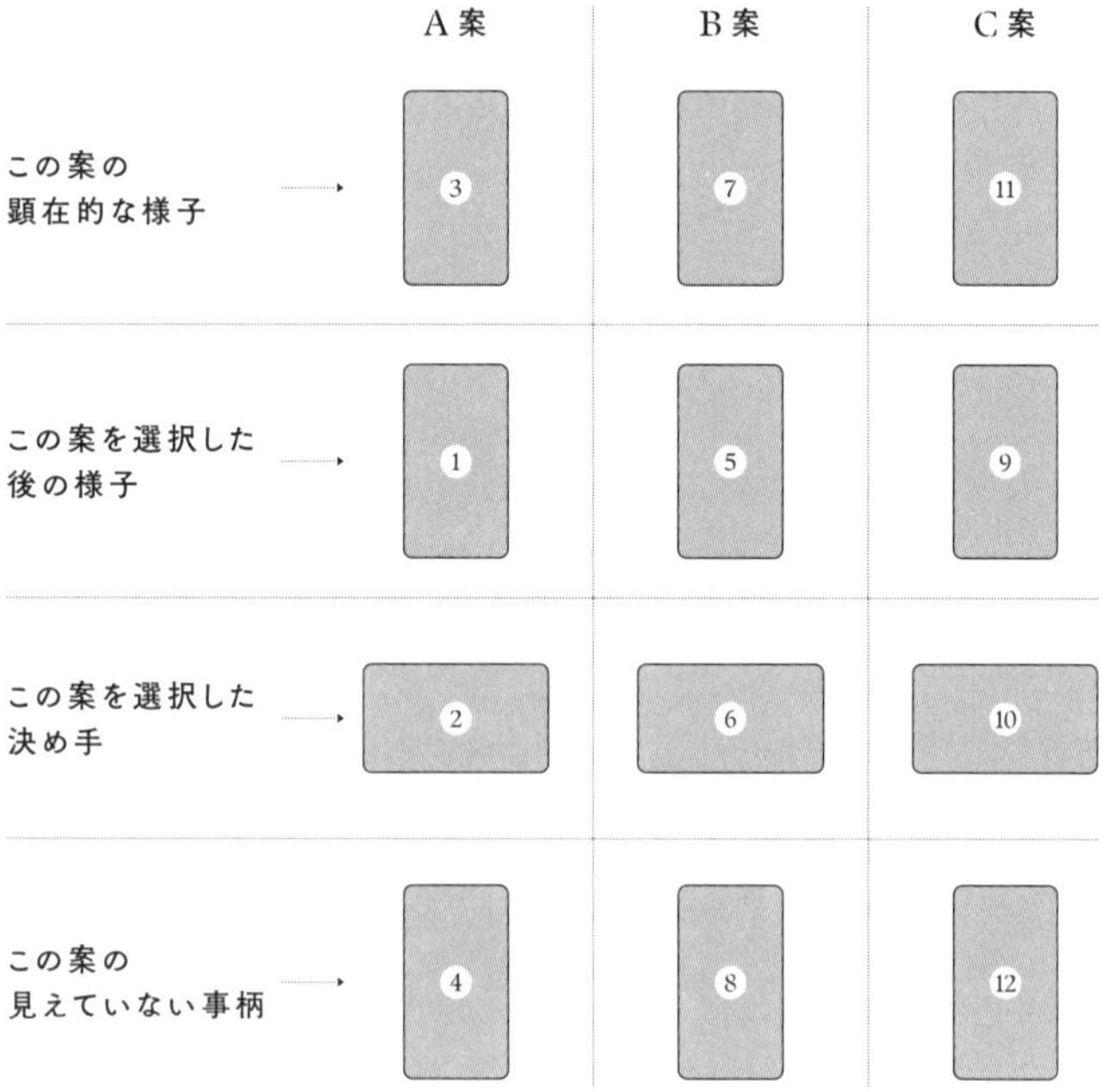

	A案	B案	C案
この案の顕在的な様子	3	7	11
この案を選択した後の様子	1	5	9
この案を選択した決め手	2	6	10
この案の見えていない事柄	4	8	12

で、ソードスプレッドでも良いかもしれませんね。

基本としてはシンプルに4枚のみからなるスプレッドで、ある行動を選択した場合の未来の展開を判断します。右に図示したのはその応用で、三つの選択肢がある場合です。この縦系列の4枚を、3列に展開しているわけです。こうするとたとえば「志望校が三つある場合、どの学校がベストか」といったことが占いやすくなります。右図では、①、⑤、⑨が入学後の相談者の姿です。②、⑥、⑩は、なぜそこを選んだのか、そのメリットや本来の動機や目的です。③、⑦、⑪は、本人ではなくその学校の今の状態。④、⑧、⑫は入学後にはじめてわかったりする事柄・過去の問題などです。④、⑧、⑫にネガティブなカードが出ると、公にされていない問題に後から気が付く、などということも考えられます。もっとも、ポジティブなカードの場合、後からうれしいサプライズがあるとも考えられます。

2 ダブルケルト十字スプレッド

こちらも鑑定現場から生まれたスプレッドです。ケルト十字は使い勝手の良いスプレッドですが、弱点もあります。たとえば二人の関係を見る場合、それぞれの人の気持ちや状況の変化を並行して見ることが難しいわけです。自分の気持ちが盛り上がっていくのに、相手はそうでもない。逆に自分は腰が引けているのに、相手のほうから強くアプローチされる。そんなタイミングや気持ちの熱量のアンバランスは、恋や結婚においては大きな問題となるのですから、二人の状況のシンクロ具合を計っていくことはとても大きなヒントとなるはずです。このスプレッドはその必要性に駆られて生み出されました。

通常は左側の十字と4枚で相手の様子などを見るのですが、右側にも相談者として十字に並べます。通常のケルト十字との違いは、縦に並べる4枚のみを二人の客観的な現状と今後の展開として読む点です。

二つの十字は、相性を見る二人それぞれの内的な状況や心象風景、つまり心に映っている状況を詳しく語っています。それを見比べて、関係の力学を推測していくおもしろさがこのスプレッドにはあります。一方で、最後に展開する4枚は、客観的な視点から見た二人の状況を表していると考えましょう。

ここに大アルカナが出た場合には二人の間に大きな出来事が起こることも予想されます。逆に小アルカナだけしか出ない場合には、この4枚は重視しなくても大丈夫でしょう。また

〈ダブルケルト十字スプレッド〉

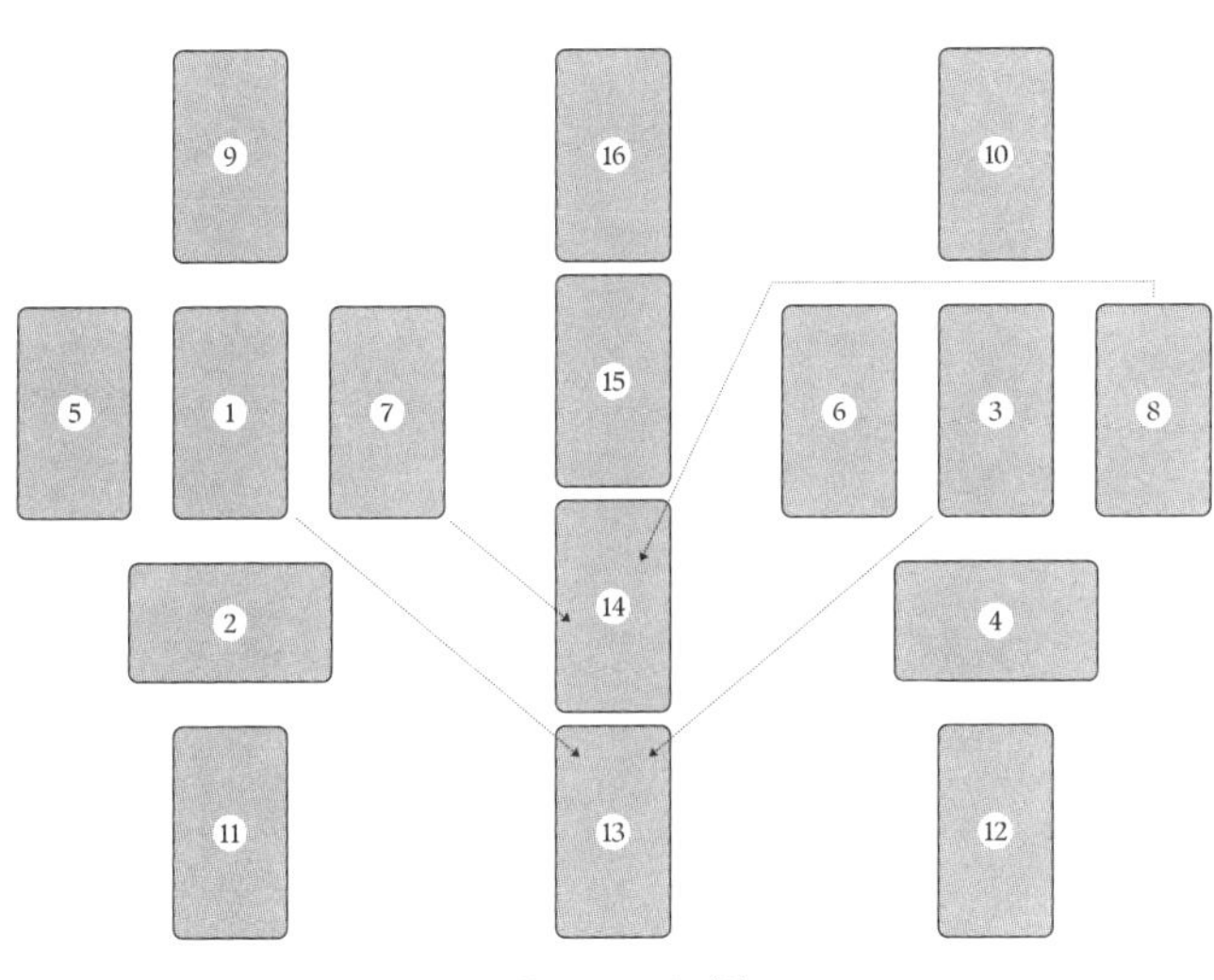

この4枚のみ2人称で読む

⑬ 現在の二人の様子、①と③に対応

⑭ 近未来（約3カ月後）の二人の様子、⑦と⑧に対応

⑮ 約6カ月後の二人の様子

⑯ 約9カ月〜1年後の二人の様子

コートカードであれば、両者に多大な影響を及ぼす人物がいるのかもしれません。

それぞれの人を見る場合、カードを切りなおして2回スプレッドすれば良い、あるいは2デッキを使ってそれぞれに展開すれば良いというアイデアもあります。しかし、私は一つのデッキをそれぞれの人に配当します。このことによって、使われるカードは1回につきどれも1枚だけ。「あの人に出たカードが、私にも出た！」といったことが起きません。1デッキ、78枚のカードというのは一つの宇宙のようなものです。その宇宙を構成している要素が二人にどんなふうにどのように配分されているのか、というイメージで二人のことを見ていくおもしろさがこの方法にはあると思います。

出会いの時期を読む方法

時期の読み方は、ＬＵＡさんの章（２０９ページ）で扱いますが、ここではスプレッドのアレンジ、創作という点から簡単にご紹介します。これは出会いの時期やそのシチュエーションを占う方法です。ここでのカード1枚1枚に、年・月・日を当てはめて、どの時期に何が起こるかを見るという方法自体はかなりポピュラーなものですが、このワンイヤースプレッドを紹介するのは、私の読み方が独自で有用だと思えるからです（120ページ参照）。スプレッドの形状がオリジナルでなくとも、読み方のルールが独自であればそれもまた立派なオリジナルのスプレッドと言えるのではないでしょうか。

まず使用するデッキは78枚です。これを1年間の出会いとして、12枚を並べます。並べ方自体はきわめてシンプルですが、左端を常に1月、もしくは7月にする点が特徴です。左端を占うのを開始する月にしてしまうと、並べ終わった後に何月を見ているのかわかりにくくなることがあるため、このように固定しました。またホロスコープ・スプレッドのように円形にするのも良いのですが、場所を取ってしまうために横並びにしています。

私がワンイヤースプレッドを読む場合のルールは以下のようなものです。

●コートカード

出会う人物、スートで人物のタイプ、ランク（キング、ナイト、ペイジ）で相談者より年上か、同世代か、年下かを判断します。この年齢は精神的な年齢も考慮していることを伝えましょう。また、キング、ナイト、ペイジは男性、クイーンが女性ですが、カード上での性別は文字通りに捉えなくてもよいです。たとえば優しい女性を『**ナイトのキング**』が象徴する、ということも十分にありえます。女性が好きな女性の場合には、キングやナイトであっても女性のパートナーの出現として読むことも、あり得ると考えます。

●**大アルカナ（メジャーカード）**

このような出会いの占いの場合、『**皇帝**』

〈ワンイヤースプレッド〉

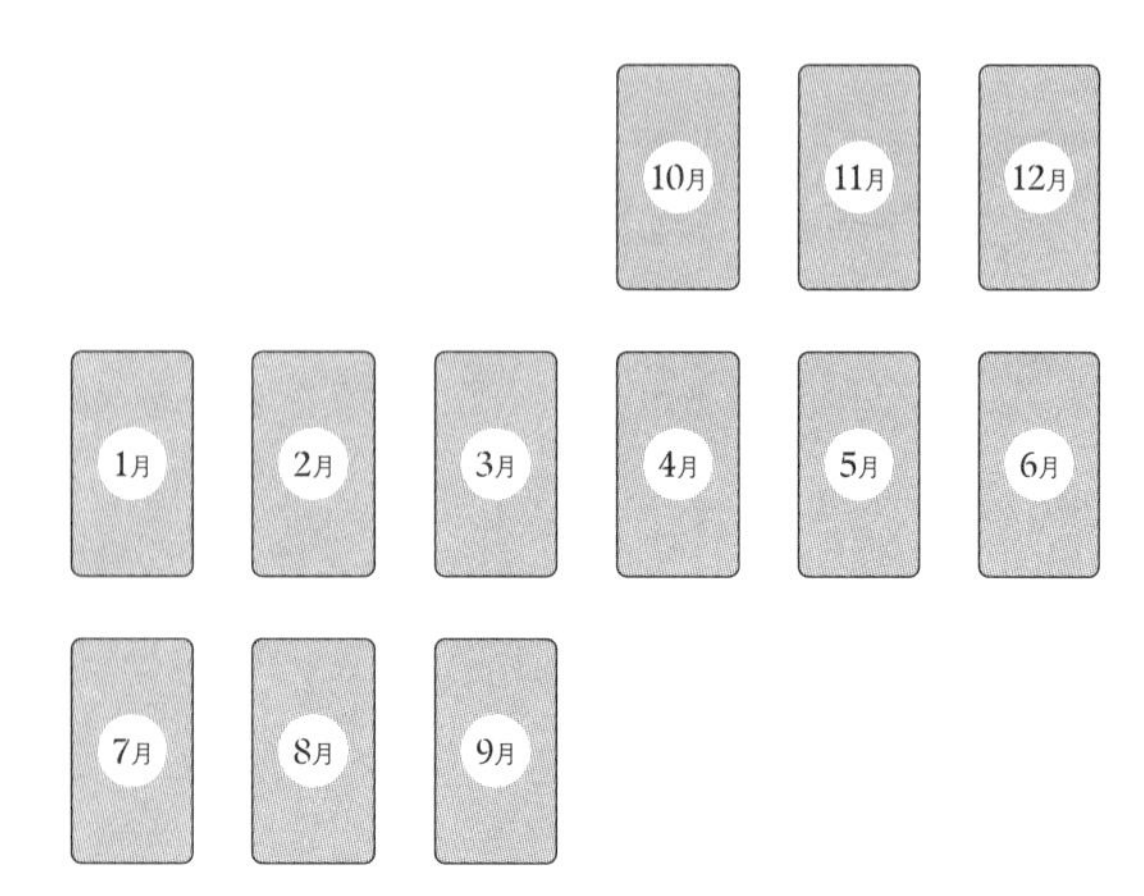

を社長タイプ、『**隠者**』を研究者、『**悪魔**』は相談者を詐欺にかけようとしている人物などステレオタイプに判断したくなるでしょう。しかし、大アルカナ22枚の中には人物ではないものもあります。そもそもメジャーカードは、それぞれある状況や概念を擬人化した図像や象徴なのです。従って私は、メジャーカードは出会う人物とは判断しません（人物として見るのはあくまでコートカードです）。メジャーカードは本人が体験するストーリーとして読みます。しかも、メジャーカードであるからには相談者にとって大きな出来事でしょう。たとえば、『**女帝**』であれば素敵な状態なので多くの人から声をかけられるモテ期のような状態、『**皇帝**』であれば肉食系や狩りのような感覚でいるとき、『**悪魔**』であればセクシャルな欲求が高まっているときなどです。また過去のパートナーを引きずっているときに『**死神**』が出れば、ようやく振り切ることができたときでしょう。

●数札（マイナーカード）

これは日々のささいな出来事として読んでいきます。ワンドであればモチベーションの高まり、ソードであれば出会いや恋愛について、頭で考えすぎている場合、カップは恋の始まりであったり、相手への想い、カードによってはマンネリなどであったりすることも。ペンタクル（コイン）は、出会いの場やチャンスをどれだけ本人が作っているのかなどです。

オリジナルスプレッドを作るためのヒント

自分だけのオリジナルスプレッドを編み出したい、他の人と差別化を図るためにも自分独自の方法を作りたいという方もいることでしょう。そこでここではオリジナルスプレッドを開発するためのヒントをいくつかご紹介します。

1 既存のスプレッドからのアレンジ

これまでにご紹介してきた「オリジナルスプレッド」は事実上、これに当てはまります。一般的によく知られているスプレッドに足し算あるいは引き算して改変、修正していくのです。既存の方法にカードを追加する、あるいは必要のない部分を省いて、新しいかたちにしていく方法です。

たとえば、省略版のケルト十字スプレッドを考えてみましょう。質問内容が「今のことだけわかれば良い」ということであれば、最後の2枚を並べずに終えることも多いです。「明日の商談はどうなる?」といったような短期の質問は、先のことを知る必要がないからです。それどころか、質問に対してははっきり良い結果が出ているのに、⑨、⑩で『**吊るされた男**』や『**死神**』など出てしまったらどうでしょう。「商談自体はうまくいく」の先を見ることとなり、余計なことまでも考えなくてはならなくなってしまいます。仮定の、「タラレバ」に答えること自体、リーディングする側にとって小さからぬリスクとなります。

〈省略版のケルト十字スプレッド〉

実際問題として、質問の結果を⑩のたった1枚で判断するのは避けたほうがいいでしょ

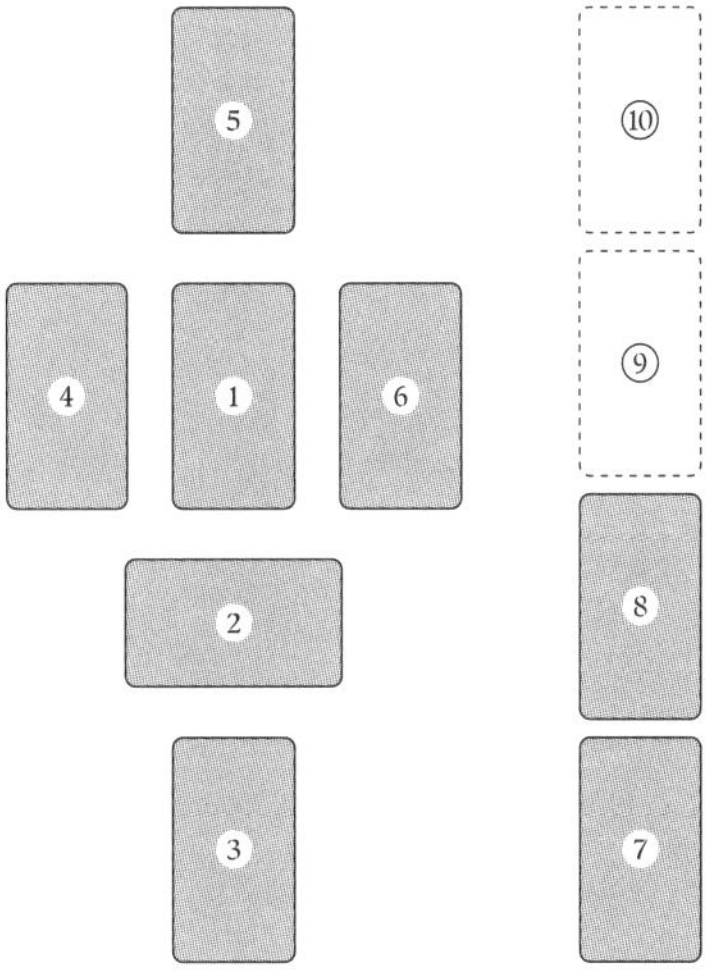

う。①と②、さらに、それらの上下の③と⑤も加えて縦の4枚で判断するほうが、ずっと丁寧で得るものも多いはずです。⑩のカードはあくまで十字の部分が映し出している近未来の先に出る、補足的な意味を持つと考えてもいいのではないでしょうか。「最終結果」と呼ばれるこのカードをあえて省略する理由がここにあります。

2 伝統的な象徴図形などを応用

ヘキサグラム・スプレッドを代表とする、伝統的な象徴・魔術的図形をスプレッドに応用する方法もあります。ヘキサグラム（六芒星）やペンタグラム（五芒星）スプレッド自体はすでに存在しますが、それぞれの場の意味を自分自身で創意工夫してオリジナルにしていくことは可能でしょう。かたち（並べ方）は同じでも、個々の配置の解釈を自分で考えても良いと思います。

たとえばペンタグラムといえば四大元素プラス第五元素。タロットの『**魔術師**』の卓上の4つの道具であるワンド、ソード、カップ、ペンタクルと、魔術師が天上界から下ろしているスピリットに相当します。これをヒントに5枚の場の意味を創案していくこともできるでしょう。

5カ所の置き場を、それぞれ創造性（火＝ワンド）、知性（風＝ソード）、感性（水＝カップ）、身体（地＝ペンタクル）、霊性（上なるものから下ろすもの＝スピリット）とします。「私の強みは？」、または「今の私に欠けているもの、強化する必要のあるもの」といった質問に有効でしょう。

このように、占いや魔術の図形や記号でおもしろそうなものは、他にもあります。卍（まんじ）や、陰陽の太極図、ルーン文字やオガム文字、ヘブライ文字などなど。私は詳しくありませんが、周易に慣れている占術家の方は八卦（はっけ）から作るのもおもしろいのではない

〈ペンタグラムを応用したスプレッド〉

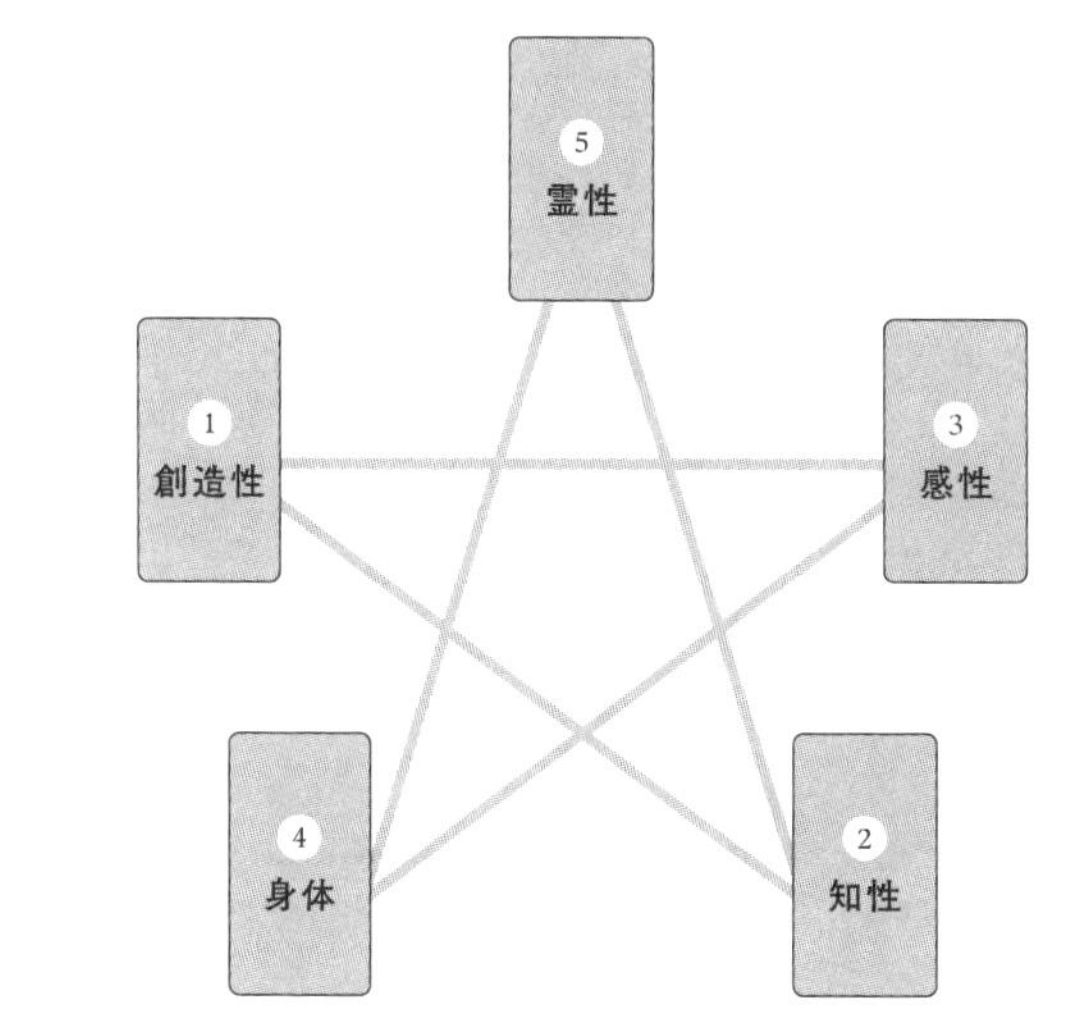

でしょうか。

たとえば、「黄金の夜明け」団の体系では『**愚者**』に対応しているヘブライ文字アレフ（א、Aleph）を、スプレッドにして『**愚者**』に関連する質問をしてみましょう。「『**愚者**』のように自由でありたい、どうすればよいか？」といった質問にアレフの文字のパワーを利用してみるわけです。

ルーン文字も、応用することができます。仲間や友情を表すアルジズ（ᛉ、algiz、またはエオロー：eolh）でも、オリジナルスプレッドを作ってみましょう。

または、ホロスコープ・スプレッドも同じように、ほかの占いですでにある定番の配置をスプレッドにしたものだと言えるでしょ

〈ヘブライ文字アレフを使ったスプレッド〉

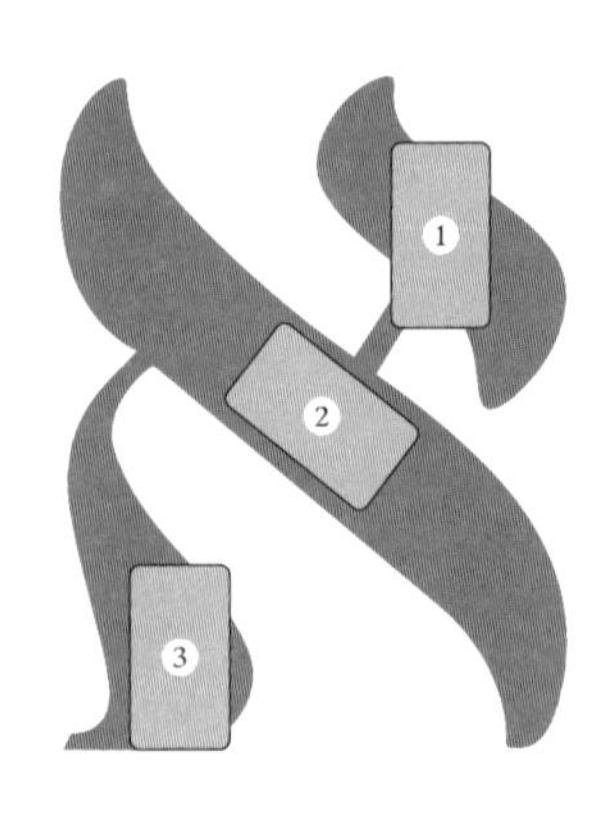

① 私が自由になること、その可能性は？

② 私が自分らしく自由になるべきなのはどんなとき？

③ 私の自由を阻害する要因は何？

う。たとえば、12枚すべてを並べなくとも、アングルと言われるアセンダント（東の地平線）は私、ディセンダント（西の地平線）は相手、MC（南中天）は公的な関係性、IC（北中天）はプライベートでの関係性として、4枚だけで占うこともできます。

3 「映える」かたちを工夫する

スプレッド好きには、これがタロットの一番の醍醐味かもしれません。数ある占いのなかでも、タロットほど、形式に囚われない自由な占術はないのではないでしょうか。まったくのオリジナルな占法を作ることさえ可能なのです。斬新な発想で、新しい「か

〈ルーン文字アルジズを使ったスプレッド〉

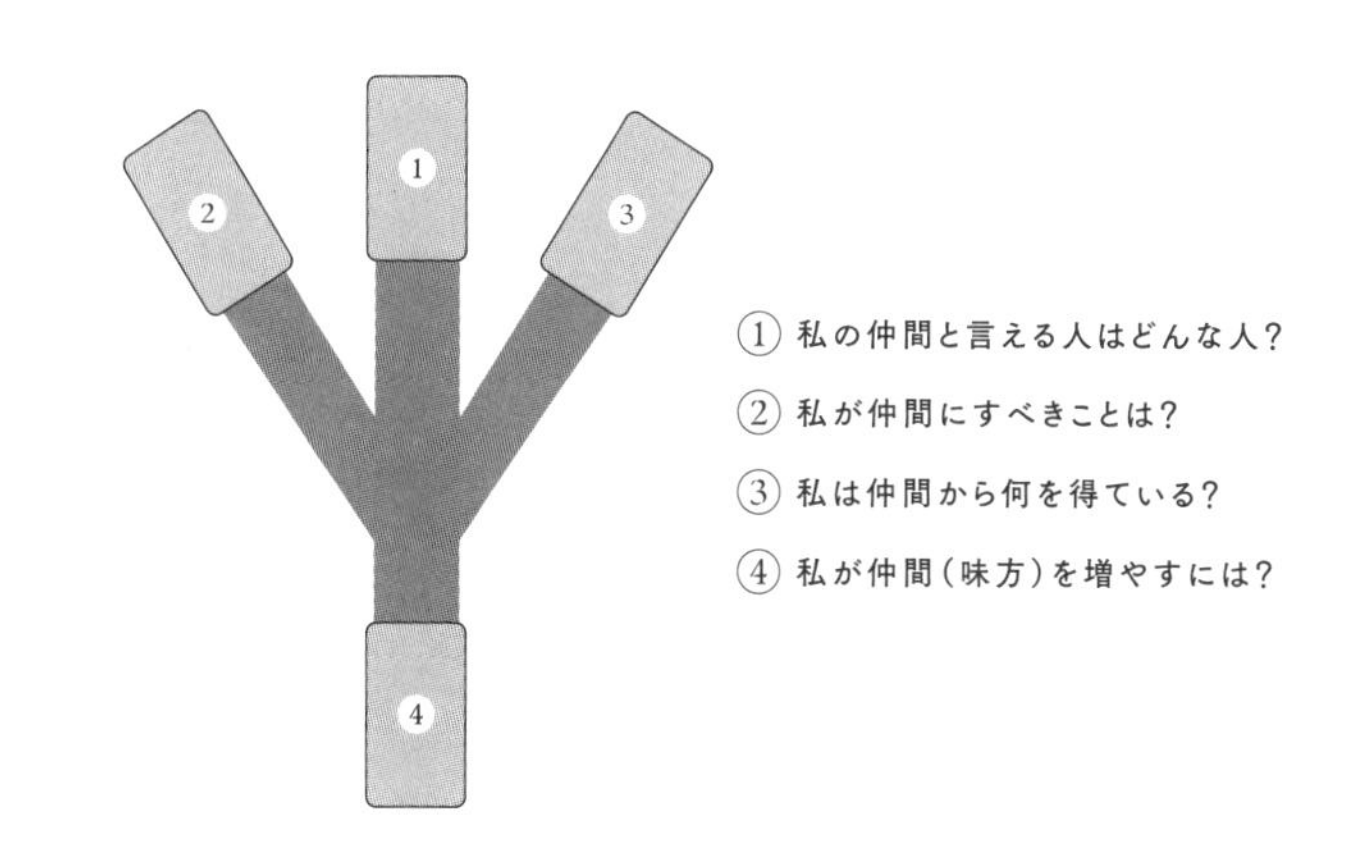

たち」を作り出してみるのもおもしろいのではないでしょうか。

たとえば下図のスプレッドは、私がこの原稿を書きながら考えたフェニックス・スプレッドです。ざっと検索しても似たようなものは出てきませんでした。ただこれだけでは、スプレッドとは言えません。ただカードをそれっぽく並べただけのことです。それぞれのカードの場に占うための意味を持たせる必要があります。

このスプレッドは形象からフェニックス（不死鳥）スプレッドと名付けました。そこで、「私が不死鳥のごとく復活するには？」と

〈オリジナルのフェニックス・スプレッド〉

いったような質問に使えそうです。このように、まずはどのような場面に使えそうか、ということを最初に考えたほうが良いでしょう。その次に各ポジションをどのように読むかを考えていくわけです。

中心の十字である①②③⑥は、ケルト十字スプレッドのように読んでも良いかもしれません。①現状の傷や状態、②過去の要因、③考えられる未来、⑥顕在的な意識、④根底的な要因、⑤は③よりさらに先の未来。そして⑦～⑩の4枚をすべて、復活のためのアドバイスであったり、そのヒントに使ったりするのはどうでしょう。ここだけあえて4枚の位置に、それぞれ意味を持たせずに自由に読む場所としています。

あるいはまったく別の発想で、⑦～⑩の4枚があなたの復活の足を引っ張る要因、②～⑤があなたを復活に導くヒント、①が今のあなたで、⑥がこれからのあなたです。このように作るとイメージも広がっていくのではないでしょうか。

オリジナルスプレッド実践

では実際に即席で作った、オリジナルのフェニックス・スプレッドを使ってみましょう。現在の私は復活を望むような落胆している状態ではありませんので、質問を「これからの仕事のやり方へのアドバイス」という質問にしてみます。

①現在の状態 …………『**ワンドの8**』

仕事の状況がかなり迅速に進んでいるのか。たしかに数年前よりも仕事量が増えてきている分、一つひとつに掛ける時間が短くなっているかもしれない。

②過去の要因 …………『**節制**』

仕事のやり方において、これまでの量から質へと徐々に変化をさせていきたいと意識的に考えはじめている。その結果もあり、質の向上へ向かっている。

③ 考えられる未来
……………『吊るされた男』

これが少し気になるところ。何か停滞してしまうのか、それとももう一度しっかりと、足場固めのようなことをするのか。

④ 顕在的な意識
……………『運命の輪』

『節制』から『吊るされた男』に向かう、真ん中でのこのカード。最初見たときは、長いものに巻かれるがごとく、何でも請け負う気持ちでやってきたことを表しているのかと思ったが、ステージが変

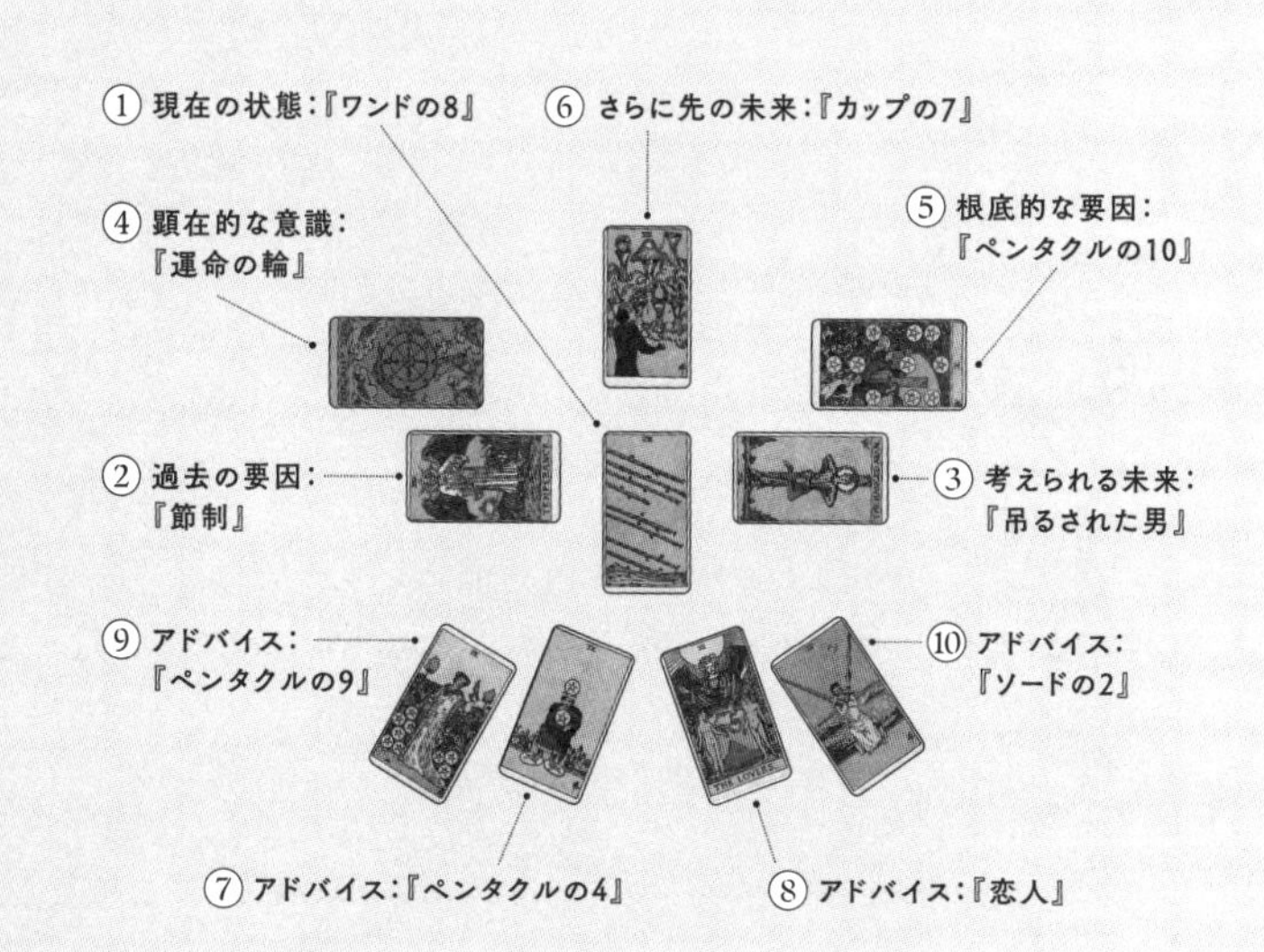

わることを表しているのかもしれない。ということは、これまでのやり方を変えていく、または変化に順応していくことが必要なのかもしれない。

⑤根底的な要因 …………『ペンタクルの10』
数年前まで続けていた占い館での対面鑑定は、お客さまに日々、常に多く鑑定にお越しいただくことに尽力していた。言い方は良くないが、昔は仕事の数が多ければ良いという意識だったのかもしれない。

⑥さらに先の未来 …………『カップの7』
このまま行くと、仕事をいくらやっても空虚な未来が待っているのか。

⑦アドバイス …………『ペンタクルの4』
大切なものはしっかりと離さず、譲らない姿勢。これが質を一定に保っていくために必要なこと。

⑧アドバイス……………『恋人』

メジャーカードなので私はこれを重視しますが、自身の仕事の理想を追い求め、なおかつ楽しんで行うことをモットーに。

⑨アドバイス……………『ペンタクルの9』

そのように進めれば、おのずと結果は豊かになっていく。

⑩アドバイス……………『ソードの2』

一定の仕事のクオリティを維持するためには、仕事との距離の取り方も必要なのではないか。

最初、カードの並びを見たときには、まったく共通点がないように思えたものが、最終的には、今後必要な考え方や選択が明確に見えてきたように思えます。

MESSAGE from Masato Kenryu

タロットで相談に乗っていると、後から「よく当たっていた」と驚いてご報告を受けることもしばしばあります。漠然としたことばかりではなく、相手との関係性の変化や、具体的な時期まで的中していたと言われて、こちらのほうが驚くこともしばしば。

タロットの啓示力には、いつも目を見張ることがあります。ただ、よくよく考えてみれば、この「的中」の秘密は、タロットの「魔力」による超常的な現象というより、暗示の効果も大きいのではないかと考えるようになりました。

たとえば私が恋愛で悩んでいる女性に「来年の3月に積極的であなたをぐいぐい引っ張っていくような同世代の男性が現れますよ」と占った結果を伝えたとします。相談者はそれを聞いた直後はワクワクした気分になることでしょう。しかし、翌日から日常に忙殺されて、そんなことはすっかり忘れてしまいます。ところが、実際に3月付近になると心の潜在的な部分から「呼びかけ」のようなものが起こることがあります。その結果、無意識にアンテナが立ち、出会いの視野が広がっていくのです。つまり、本人は自身の行動で出会いを見つけているわけです。占いはきっかけでこそあれ、絶対的な予言などではないのです。

私たち占い師は自分の発する言葉が、相談者の潜在意識下に杭を打ち込むように、非常に強いメッセージを残すこと（私はこれを「占い師が呪いをかける行為」と呼んでいます）を、もっと自覚するべきだと思います。未来予測に限っては悪いことを言うべきではなく、ポジティブなことだけで良いと思っています。それだけリスクもある行為だと自覚するべきでしょう。

もちろん、占いの効果は暗示による予言の自己成就にとどまりません。自己暗示だけではなく、タロット占いという営みはとても多様で複雑な要素をはらんでいるのです。カードを見ながら相談者と一緒に話し合って心の内を明らかにすること、カードから受けるインスピレーションや伝統的な意味をフックにこれからのことを探求する試み。そして偶然引き出されたカードが起こす共時性（シンクロニシティ）的な現象、それらが混然一体となってタロットリーディングという創造的な行為が成立します。カードをフルに使い、リアルで豊かな物語を作ることにより相談者が希望を持ち、良い未来を自らの行動で作れるように後押しをすることが、タロットの役割であり、スプレッドはタロットの力を最大化するためのメソッドであり ツールなのです。

これはタロット占いに限ったことではありませんが、占い師の言葉は相談者の心に種を蒔(ま)くようなものです。その種がやがて芽を出し、太い幹となり、美しい花を咲かせる。そのプロセスを相談者とともに思い描き、共有したいと、常に心がけています。

占い館で12年間在籍する中で、さまざまな方との出会いがありました。たとえば、失恋直後にふらっと占い館を訪れた方が、紆余曲折を経てパートナーと出会い、ついには結婚、そして出産のご報告にいらしてくださったこともありました。そのとき感じた喜びはとても大きなものでした。これはもしかしたら、占い師が相談者と一緒に蒔いた種が実ったのかなとも感じます。こうした瞬間に立ち会えることが占い師としての幸せであり、何事にも代えがたい占いのやりがいだと感じています。

参考文献

『完全版タロット事典』アンソニー・ルイス著、鏡リュウジ監訳、片桐晶訳（2018年、朝日新聞出版）
『タロット バイブル』レイチェル・ポラック著、鏡リュウジ監訳、現代タロット研究会訳（2012年、朝日新聞出版）
『タロットワークブック』メアリー・K・グリーア著、鏡リュウジ監訳、現代タロット研究会訳（2012年、朝日新聞出版）
『タロット』アルフレッド・ダグラス著、栂正行訳（2005年、河出書房新社）
『ホリスティック・タロット——個人的成長のための統合的アプローチ』ベネベル・ウェン著、伊泉龍一、水柿由香翻訳（2020年、株式会社フォーテュナ）
『タロット - 未来を告げる聖なるカード』A.T. マン著、矢羽野薫訳（1996年、河出書房新社）
『タロットの書 叡智の78の段階』レイチェル・ポラック著、伊泉龍一訳（2014年、株式会社フォーテュナ）
『ラーニング・ザ・タロット』ジョアン・バニング著、伊泉龍一訳（2007年、駒草出版）
『完全マスター タロット占術大全』伊泉龍一著（2007年、説話社）
『タロット：理論と実践のポケットガイドブック』アニー・ライオネット著、森泉亮子訳（2009年、ガイアブックス）
『中世絵師たちのタロット』オズヴァルド・ヴィルト著、今野喜和人訳（2019年、国書刊行会）
『黄金の夜明け魔術全書』イスラエル・リガディー著、江口之隆訳（1993年、国書刊行会）

Arthur Edward Waite *The Pictorial Key to the Tarot* U S Games Systems 1977
Rachel Pollack *The Complete Illustrated Guide to Tarot* Element Books Ltd. 1999

PART2 解説 by 鏡リュウジ

COMMENTARY #02

先人の知恵が結集されたスプレッドのルーツ

賢龍さんの丁寧な解説でおわかりのように「スプレッド」はタロットの1枚1枚の意味と場の意味を組み合わせ、まとまりのある解釈を引き出すための工夫です。たとえば『**愚者**』1枚をとってもそこには純粋な精神、若々しさ、冒険、常識からの逸脱、本能、子どもといった、ほとんど無限の意味があります。それだけではあまりにも茫漠として現実に当てはめにくい。そこで、「過去」「望んでいること」「妨害」など「場」の意味を加味することで文脈を与えられるのです。「過去」であれば相談者はきっとこれまで伸び伸びと生きてきた。「妨害」なら、おそらく当人の無邪気さ、素朴さがことを進める上での問題になっているというわけです。つまり「カードの意味」×「場の意味」がタロット占いの骨子をなしている。これは現在のタロット占いの「常識」でしょう。現在、定番になっているタロットのスプレッドについて、さらに詳しくは以下の書籍などをご覧になると良いでしょう。

- Pual Huson *The Devil's Picture Book* ABACUS 1971
- S.Konraad *Classic Tarot Spreads* Whitford Press 1985
- 伊泉龍一『完全マスタータロット占術大全』（２００７年、説話社）

ただし、歴史をさかのぼるとこのような「スプレッド」のイメージは案外新しいものだとわかります。そこで今のようなスプレッドが完成される以前の、古いカードの占い方を少しご紹介しましょう。

カード占いはダイス占いから

現存する最古の「カード占い」の記録の一つと目されるのは、1540年にヴェネチアで出版された、マルコリーノ・ダ・フォルリの運勢占い本です（*1）。そのページを見てみましょう。タロットの小アルカナにも似た2枚のカードの組み合わせがあり、その横になにやら託宣（たくせん）が書かれています。これを見ると2枚のカードの意味を組み合わせて読む「コンビネーションリーディング」の古い例と思い込みやすいですが、じつはさにあらず。占い手は頭に悩みごとを思い浮かべながら当時普及していた原トランプ（タロットではない）のコインの札をシャッフルし、2枚引く。その組み合わせに相当する箇所を見ると、おみくじのように結果がある、という仕掛けです。つまりカードは固有の象徴や意味ではなく、単にランダムな組み合わせを発生させるためだけに用いられています。

なんだ、こんなやり方ならなにもカードでなくていいじゃないか、と思われるかもしれませんね。まさにそうなのです。この本に先行する占い本では、カードではなく、ダイスが用いられていました！

そのページを見るとレイアウトもそっくり。つまりこのマルコリーノの占い本はダイスをカードに置き換えただけのものなのです。

「最古」のスプレッド？

ご存じの方も多いかと思いますが、15世紀半ばにイタリアで発明されたとき、タロットは占いには用いられていませんでした。基本的にはタロットは貴族の遊戯札だったのです。タロットが急速に「オカルト化」「秘教化」され、引いては大衆的な占いの道具に変容していくのは、18世紀後半にフランスでタロットは古代エジプト起源であるという説が打ち出されたのがきっかけでした。この説は現在ではまったくの誤りであることがわかっていますが、それでもこのロマンティックな起源譚が、現在のタロット普及の礎を築いたのです。

タロット＝エジプト起源説を提唱した人物としてクール・ド・ジェブランの名がよく知られていますが、そのジェブランとともにエジプト起源説を説いたのがド・メレという学者でした。ド・メレはエジプト神話と聖書の創世記を組み合わせた独自の解釈をタロットに当てはめユニークな解釈を与えました。そして、おそらく最古のタロットの「スプレッド」を百科全書『原始世界』の中で紹介しています。その概略は以下の通り（*2）。

二人一組で占いは行われます。小アルカナと大アルカナをあらかじめ分けておき、一人が小アルカナ（*3）の、もう一人が大アルカナの束を持ち、それぞれよくシャッフルします。小アルカナの束を手にしている人物が、「1、2、3、4……」と数を数えながら、1枚ずつ、小アルカナを引いて表に向けていきます。もう一人も、その数を数える声に合わせながら、大アルカナの束から1枚ずつめくっていきます。

小アルカナはそれぞれのスートに1から10そしてペイジ、ナイト、クイーン、キングと4枚のコートカードからなっていますから、1から14までの数字に対応します。声に出した数と、小アルカナの数価が合致したとき、その小アルカナの札と、同時に出た大アルカナを表にしてテーブルに置きます。小アルカナの下に大アルカナを置けば良いでしょう。さらに数を数え続け、声に出した数と小アルカナの数価が合致すればその小アルカナと大アルカナを取り出し、先に並べた2枚のカードの右隣に置きます。14まで数を数え終わると、

トランプ（プレイング・カード）の歴史に関する先駆的かつ古典的な研究書にしてカタログ。タロットに関する内容も包含する。カラー図版も多い。本文で紹介したマルコリーノによる、最初期の「カード占い」を解説したページ。Catherine Perry Hargrave "a History of Playing Cards and a Bibliography of Cards and Gaming" Houghton Mifflin Company 1930　初版。鏡リュウジ蔵

再度、それぞれの束をシャッフルし、同じ作業を都合4回繰り返します（14×4で小アルカナの束をすべて数え終わったことになります）。

こうして並んだカードを読んでいくのです。詳しい読み方についてメレは解説していませんが、この「スプレッド」がユニークな点は、行うたびに使える枚数が変わっていくという点です。場合によってはまったくカードが出ない、ということもあるでしょうし、たくさんのカードが並ぶということもあるでしょう。

メレは、旧来のトランプ占いの意味をベースに小アルカナのカードに意味を与えており、大アルカナの解釈も現在のものと異なり、理解に難しい数秘術的な解釈をこの占いに与えているので、メレの技法に忠実に従うのは現実的には難しいのですが、上記のやり方でカードを展開し、現代的なカードの象意を用いて占うことは十分に可能でしょう。

エテイヤや黄金の夜明けの方法

メレのメソッドを見ると、今のスプレッドより手間のかかる面倒な手続きを経てカードを展開していることがわかります。史上初のタロット占い師と目されるエテイヤに帰されるメソッドの一つもかなり手が込んでいます（*4）。まずシャッフルした78枚の中から42枚を無作為に抜き出し、それを7枚ずつの六つの束にします。その後、それぞれの束を再度個別にシャッフル、1枚ずつ横に配してこれを七つの束に

20世紀初頭の日英トランプ占い書。右はProfessor P.R.S.Foli "Forune Telling bu Cards" C.Arthur Pearson, Ltd.1904。左は上殿重次郎著『トランプの占ひ』（田中商会、昭和14年）。ともにトランプ占い書の古典。表紙は酷似しているが翻訳書ではないのがおもしろい。タロットの「スプレッド」は先行するトランプ占いの方法に着想を得ている面もあるので古いトランプ占い書も見逃せない

します。さらに、それぞれの束の一番上のカードを取って、ふたたびシャッフル、その7枚を右から左に表を向けて1列に並べるのです。次に2枚目のカードをシャッフルして1列に並べ、さらに3枚目のを……と6回繰り返し、横7枚縦6列の「スプレッド」がようやく完成します。

まず最上段の列に注目します。それが質問者の状況をうまく表示し、さらに良いアドバイスを示していればそこで占いは終了。しかし、最上段が的外れだった場合、2段目に目を移します。それでもだめなら、次の段へ……と進んでいくというのがこのメソッドのおもしろいところです。

19世紀末から20世紀初頭に英国を中心に活動した「ゴールデン・ドーン（黄金の

夜明け団）」での「公式」のメソッド『オープニング・ザ・キー』もきわめて複雑なものでした。きちんと手順を踏んですべてを行おうとすると数時間かかってしまうかもしれません。相談者は質問内容を口にせず、配されたカードが質問内容に合致しているかどうかのチェックからスタート。そして何段階もカードをまとめたり、混ぜたりしてはさまざまなかたちに配し直して、人物札の視線まで考慮しながら解読を進めていくのです（*5）。

こうした方法は、重みはありますが、ちょっと日常使いはできませんね。「黄金の夜明け団」の中でもおそらくはもっとシンプルな方法をということで、今でいうケルト十字法の原形が生まれたのでしょう（*6）。

今のタロットのスプレッドは平易でしかも読みやすいものが多いのですが、それは多くのタロティストらが先人たちの混み入ったメソッドに工夫を凝らして平易にし、練り上げていった結果だと言えるでしょう。本章にあるようにオリジナルのスプレッド制作や伝統的なスプレッドのカスタマイズも日々行われていますから、将来には今のぼくたちには想像もつかない占法が生まれるかもしれませんね。

脚注●＊1／C.P.Hargrave *A History of Playng Cards and Bibliography of cards and gaming*, p242-3' Houghton Mifflin Company 1930.＊2／メレのエッセイはEd.and annotated by D.Tyson *Essential Tarot Writings* Llewellyn 2020参照。ここでのやり方はR.M.Place *The First Occult Tarot* Hermes Publication 2023を参考にした。＊3／当時はまだ「小アルカナ」という用語は用いられていなかった。Placeの前掲書では「スートカード」と英訳されている。＊4／Trans.and Ed.by Marius Hognessen *The Grand Ettella* 2021によった。＊5／イスラエル・リガルディー著　江口之隆訳『黄金の魔術全書2』国書刊行会1993＊6／マーカス・カッツ　松田和也訳「ケルト十字展開の解明」（鏡リュウジ責任編集『タロットの世界』青土社2021所収）

PART

03 Reverse

逆位置

タロットにおける難問の一つが、逆位置です。逆位置を取るのか取らないのか……これほどタロティストや解説書によって意見が分かれるテーマはないのではないでしょうか。そんな逆位置に対する理解を深めるために重要なのは、「正解」を求めるのではなく、さまざまな視点や手法を客観的に観測すること。第3章では第1章に続き、逆位置について古今東西のさまざまな文献に精通した千田歌秋が解説します。

千田歌秋 Khaki Senda

東京麻布十番の占いカフェ&バー燦伍（さんご）のオーナー、占い師およびバーテンダー。タロットカクテルや各星座の食事コースを監修するなど、占いと飲食の融合をテーマとした場を提供している。店舗の運営、対面鑑定のほか、原稿の執筆、講座やセミナー、メディア出演、イベントの企画や監修、占い師のマネジメントや育成など、活動は多岐にわたり、ビブリオマンシー（書物占い）の普及にも努める。著書『はじめてでも、いちばん深く占える タロット READING BOOK』（学研）、『ビブリオマンシー　読むタロット占い』（日本文芸社）、監修『タロットの鍵』（サラ・バートレット著、ガイアブックス）、執筆協力に『タロットの美術史』（鏡リュウジ著、創元社）など。

逆位置とは、タロットカードが逆向きに配置されることで、リバース、リヴァーサルとも呼ばれます。絵柄が正しい向きに出るのが正位置で、逆さに出るのが逆位置というわけです。カードの天地がランダムになるようなシャッフルやカットをすることで、正位置と逆位置ができます。

タロット占いのトピックの中でも、もっとも議論を呼びそうなのが、この「逆位置」です。10人いたら10通りの解釈があり、それゆえに意見が衝突しそうなこの禁断のテーマを、勇気を出して取り上げてみましょう。

タロットをあまり知らないという人から受ける三大質問は、「タロットは何枚あるのですか」と「カードの絵は全部違うのですか」、それに「逆さに出ると何か違うんですか」です。また、プロのタロット占い師が集まった時の三大質問は、「どうやってタロットを習得しましたか」と「どんなデッキを使っていますか」、そして「逆位置をどう考えますか」でしょう。逆位置とは、タロット占いを代表する特徴として一般にも認知されている一方で、プロにとっても見解の一致を見ない複雑で興味深いテーマなのです。

本章では、逆位置の起源、歴史、解釈をまとめ、逆位置について先人たちの見解と実例を見ていきます。逆位置をどのように考えるのか、正解を決めるのはあなたです。皆さんが、自分なりの逆位置のスタンスに確信を持つことができるような、さまざまな情報とヒントを提供しようと思います。

なお、参考文献についてですが、本文中の著者名に付された数字（メイザース1など）と、参考文献リストの著書およびその著者が対応しています。

逆位置を取るか、取らないか

タロット占いにおいて、リーディングに逆位置を採用することを「逆位置を取る」、採用しないことを「逆位置を取らない」と言います。

一般的に「逆位置を取る」とは、「正位置と逆位置とでカードの意味を変える」ことです。この「意味を変える」は、シンプルなようであいまいな言い方です。ほんの少しだけ意味を変えても、まったく別の意味を持たせても、同じ「変える」だからです。

「正位置の意味と逆位置の意味を完全に分けている」すなわち78枚の正逆156通りの意味を別々にして覚えるという人は、むしろ少数派です。もっとも多いのは、「正位置の意味を基本として、逆位置の場合、それを少し変える」というやり方でしょう。これを「逆位置をあまり取らない」などと言う人がいますが、「意味を変えている」わけですから、「逆位置を取る」と言うべきです。両者を区別するために、正逆の意味を完全に別にしている場合は「逆位置を完全に取る」、正位置の意味を変形して逆位置の意味にする場合は単に「逆位置を取る」、そう呼び分けるといいかもしれません。

そして「逆位置を取らない」とは、「正位置と逆位置とでカードの意味を変えない」ことです。ただ、これもそう単純ではなく、「正位置と逆位置とで意味を変えないが、逆位置は考慮する」場合もあるのです。カード単体では正逆が同じでも、スプレッド全体を見た場合に、正逆のバランスや傾向などの違いが出てくるという考え方です。これは後ほど例示します。このやり方だと「逆位置を取らない」わけですが、正確を期して「逆位置の意味は取らないが逆位置の配置は取る」と言うべきでしょう。ゆえに、「逆位置を取らない」というのは、「逆位置が出ても正位置に直す」場合のみということになります。

以下にまとめました。皆さんはどのタイプでしょうか。

- **「逆位置を完全に取る」**
  正位置と逆位置の意味を完全に区別する
- **「逆位置を取る」**
  正位置の意味を基本に、逆位置の意味はその変形と考える
- **「逆位置の意味は取らずに配置は取る」**
  正位置と逆位置の意味を区別せず、逆さに出た事実やその配置などを考慮する
- **「逆位置を取らない」**
  正位置と逆位置の意味を区別せず、逆さに出ても正位置の状態とみなす

リーディングスタイル別の逆位置

カードの意味の「読み方」によっても、逆位置の捉え方は変わってきます。「キーワード占い」「スート＆ナンバー占い」「絵画占い」の三つのリーディングスタイルに大別し、先に挙げた、「逆位置を完全に取る」「逆位置を取る」「意味は取らず配置は取る」「逆位置を取らない」それぞれのタイプが、それらのリーディングスタイルとどう組み合わさるのか、まとめてみま

しょう。

まずは、三つのリーディングスタイルを解説します。

一つめは、カードの意味を記憶する「キーワード占い」です。

日本語の書籍やウェブ上の情報を見ると、カードの意味をキーワードでリストアップするものが圧倒的に多いので、日本ではこのリーディングスタイルが一般的です。このスタイルの人は、78枚の一般的なものであれば、どんなデッキでも同じようにリーディングすることができます。

「キーワード占い」の長所は、リーディングの答えがぶれないことです。短所は、ぶれないぶん柔軟性に欠けることと、意味を覚えるのがたいへんなことでしょう。また、カードの意味が解説書によっても異なりますから、どのキーワードに固定するのか混乱しますよね。後ほど意味選びのヒントも見ていきましょう。

二つめのスタイルは、要素と数字の意味で読み解く「スート＆ナンバー占い」です。

この読み方は、小アルカナの数札のリーディング法なので、大アルカナや人物札は「キーワード占い」か「絵画占い」で読む必要があります。この方法は、カードの意味を記憶する「キーワード占い」と異なり、スート（ワンド、カップなど。火や水などエレメントと対応）と数字というシンボルを組み合わせるスタイルで、『**カップの2**』なら、カップや水が表す受容や感情といった要素と、2が表す調和や対立といった事柄を掛け合わせて読んでいきます。たとえば「相思相愛」「情があるからこその葛藤」「やりたいことが二つある」などと読み解くわけです。このスタイルは、古典的なタロットのピップカード（絵札ではない数札）に向いていますが、数札が絵札のデッキだと余計な情報が入り、むしろ読みにくくなる人がいるかもしれません。逆に、「絵画占い」と併用することで深くリーディングできるという人もいるでしょう。

「スート&ナンバー占い」の長所は、絵のない数札を読みやすいことと、スプレッド全体を見たときに、スートと数字のバランスを分析する手法と相性がいいことです。短所は、その都度どういった組み合わせで意味を作るのかが難しいことです。いずれにせよ、数札以外の大アルカナや人物札の読み方は、「キーワード占い」か「絵画占い」になるのですから、「キーワード占い」のように意味を固定する、「絵画占い」を併用して絵柄からも読むなど、方針を決めてください。

また、大アルカナや人物札の意味に数字の意味を当てはめることもできます。大アルカナの1、11、21を数字で関連付けたり、奇数と偶数を意識したり、人物札に大アルカナの1（『**魔術師**』）から4（『**皇帝**』）を重ねたり、数札に大アルカナの1から10を投影したり、さまざまな応用ができます。

ただし、意味を決める際に気を付けなければならないことがあります。それは意味付けのための体系はさまざまであること。スートとエレメントの照応、数のシンボリズムも依拠する体系によってかなりの異同があります。これらはどれが正解であるというわけでもなく、視点の違いだと理解するのが良いでしょう。あなたがどの象徴体系を基盤にするかによってカードに与えられる意味は変わってきます。重要なのは、ピュタゴラス学派に由来するとされるものだとかユング心理学をベースにしたものであるとか、自分がどのシステムを選んでいるのかをしっかり認識し、ロジックを構築していくことです。

三つめのスタイルは、カードの絵柄を読み解く「絵画占い」です。

これは文字通り、絵からリーディングするスタイルです。カードに描かれたすべてのシンボルに注目し、絵を解釈するようにその意味を解読していきます。絵やシンボルからは、多種多様な意味を引き出すことができます。多くの人にとって共通の普遍的な意味、デッキが制作された時代や国によって変わる文化的な意味、監修者がそこに込めた個別的な意味、読む人にとっての、あるいは相談者にとっての個人的な意味などです。その中から相談内容がリンクするようなものを、カードの意味として取り上げる方法です。つまりキーワードとして意味を覚えるのではなく、あるシンボルに古今東西どのような意味が与えられてきたのかを覚えることになります。

「絵画占い」の長所は、絵の中に当事者を投影してストーリーを作っていくので、相談者の状況や悩みに具体性を持って近づくことができることです。自分事としてイメージしてもらいやすいのです。短所は、絵画解釈と同じで、シンボルを豊かに捉える知識と類推力がないと、浅いリーディングになってしまうことでしょう。また、絵札ではないピップカードを読むことができないので、数札は「キーワード占い」か「スート＆ナンバー占い」で読む必要があります。

以上のリーディングスタイル3種類と、正逆を取るか取らないかの4タイプを組み合わせると、以下の逆位置の読み方12の手法にまとめることができます。

大アルカナだけで占う人は、**1**、**4**、**7**、**10**のキーワード占いのいずれか、あるいは**3**、**6**、

9、12の絵画占いのいずれか、逆位置の取り方で変わります。フルデッキで占う人は、数札がピップカードか絵札かどうかで、大アルカナと人物札をどの方法で読むか、数札をどの方法で読むか、違ってくるかもしれません。さまざまな組み合わせがありますから、あなたがやりやすい方法を検討してみてください。

　すべての札を1で読む（正逆を完全に分けるキーワード占い）とか、大アルカナと人物札を4、数札を5で読む（逆位置を取り、絵札はキーワード占い、絵札でない数札はスート＆ナンバー占い）とか、すべての札を9で読むが、数札に8の方法も併用する（逆位置の意味は取らず配置は取る絵画占い、数札はスートと数字からも読む）とか、すべての札を10で読むが、大アルカナと人物札に12、数札に11の要素を混ぜる（逆位置を取らないキーワード占いで、キーワードを絵柄やスートと数字から引き出す）とか、使用デッキや自分のスタイルに応じて選んでみましょう。

1　逆位置を完全に取る「キーワード占い」

　正逆の意味を完全に分けるタイプは、基本的に「キーワード占い」です。古典的なタロットの小アルカナの数札は、絵札になっていないピップカードなので、多くの人がトランプ占いの要領でキーワードを暗記することになります。これを絵札も含めたフルデッキでも行うのがこの手法です。とはいえ、78枚の暗記が難しいからと、大アルカナ22枚だけで占う人もいるようです。小アルカナも絵札になっている現代のデッキだと、せっかくの絵を無視することになってしまうのがもったいないところです。

2 逆位置を完全に取る「スート&ナンバー占い」

数札の読み方です。正逆の意味を完全に分けることを、スートや数字でやるのは困難でしょう。何を逆位置とするべきか、その根拠が判然としないからです。もしこのスタイルにするなら、一般的な意味を正位置に、特殊な意味を逆位置にするのがいいかもしれません。大アルカナのみを1の手法で占っている人は、大アルカナと人物札を1で、数札をこのやり方にすると、フルデッキでも多少覚えやすくなるかもしれません。また、3との組み合わせもおすすめです。

3 逆位置を完全に取る「絵画占い」

すべてが絵札のデッキに採用できます。正逆の意味を完全に分けるときに、たとえば正位置はカード前景に描かれたシンボルから意味を読み取り、逆位置は背景のシンボルから読み取るなど、きちんと設定するのがいいでしょう。主役と脇役、上部のシンボルと下部のシンボル、人間とそれ以外、などさまざまなルールが考えられます。特殊な手法としては、数札に限り、正位置は絵柄から読み、逆位置はスートと数字から読む**2**を併用するというのもあります。

4 逆位置を取る「キーワード占い」

正位置の意味をキーワードで覚えて、逆位置はそれを少し変えるというやり方です。正逆の意味を完全に分けて実質156枚分覚える**1**に比して、78枚とそのバリエーションということでフルデッキでも覚えやすく、多くの占い師がこの手法を採用していると思われます。逆位置の意味を、正位置の反対にする、ネガティブ面として捉える、まだ潜在的な状態など、さまざまな考え方があります。これについては後ほど詳述します。

5 逆位置を取る「スート&ナンバー占い」

数札の読み方です。正位置を基本にして逆位置の意味を考えるわけですが、正反対の意味にするのは違和感があります。「感情が満ちる」「調和」などのポジティブな意味、逆位置を「感情が引く」「対立」などネガティブな意味、として読み分けるといいでしょう。スートと数字を組み合わせた意味をリストアップして、ポジティブ(正)とネガティブ(逆)で分類しておくといいですね。大アルカナのみを4の手法で占っている人は、数札をこの手法で占うと、フルデッキでも読みやすくなります。また、6との組み合わせもおすすめです。

6 逆位置を取る「絵画占い」

すべてが絵札のデッキに採用できます。正逆ともに、絵画そのものが表すことは同じです。ただ、逆さから見るので絵が判別しにくい、つまりカードの主題がはっきりしないと考えることができます。その結果、逆位置は少し違う意味合いが出てきます。正位置はカードの主人公の物語がわかりやすく表れていて、逆位置は背景も重視した総合的な物語としてリーディングするといいでしょう。前面や上部にあるシンボルや主役の解釈を正位置の意味として、背景や下部にあるシンボルや脇役を加味した解釈が逆位置の意味となります。また、数札を5と併用して読むのもいいでしょう。

7 逆位置の意味は取らず配置は取る「キーワード占い」

逆位置の意味は変えないタイプなので、フルデッキでも覚えやすいでしょう。枚数の多いスプレッドを活用する場合に向いています。たとえば、スプレッドの中で「正位置のカードを未来、逆位置のカードを過去とする」とか、「正位置を自分、逆位置を相手のカードとみなして思いの強さを計る」とか、「スプレッド上の逆位置の割合で、相談者の願望の実現度を見きわめる」とか、「カードの中の人物が向いている方向の、隣のカードも一緒に読む」など、さまざまな方法が考えられます。

8 逆位置の意味は取らず配置は取る「スート&ナンバー占い」

数札の読み方です。こちらもフルデッキかつ枚数の多いスプレッドを使用する場合におすすめです。スプレッドにおける逆位置、スート、数字のバランスで読んでいくのに適しています。それぞれの割合を計算しただけで、カードの意味を見る前に占断できることもしばしばあります（例：起業の相談で、カップの逆位置ばかり出てソードとペンタクルがほぼなく、大きい数字が多く出ている展開なら、人に誘われ断れずに戦略も資金もないまま起業、重い負担がのしかかる、など）。大アルカナのみを7の手法で占っている人は、数札をこの手法で占うと、フルデッキでも読みやすくなります。また、9との組み合わせもおすすめです。

9 逆位置の意味は取らず配置は取る「絵画占い」

すべてが絵札のデッキに採用できます。正逆ともに、絵画が表すことは同じだけれど、逆さ吊りの絵が混じっていることになります。正位置が正常な状態だとすると、カードの人物たちが逆さになっている逆位置は、違和感のある状態、いつもとは違う環境、という観点から読み解くことができます。ひっくり返す必要がある状態なのです。正位置の状態から見たら、時が経つ、場所が変わる、相手の視点から見る、逆の方法を試す、立場を逆転させる、逃げずに対峙(たいじ)するなどで、正位置の状態にすることができると考えられます。問題の原因や核心となっているカードをひっくり返すと、すべての逆位置が連動して正常化すると捉えることも可能です。また、数札を**8**と併用してもいいでしょう。

10 逆位置を取らない「キーワード占い」

逆位置の意味が不要なので、フルデッキでも覚えやすいでしょう。通常逆位置のないデッキに使いますが、逆位置を取るよう推奨しているデッキでも、正位置のみで占っても問題ありません。ただその場合、解説書の逆位置の意味をすべて割愛すると偏ってしまいますから、正逆両方の意味の中からキーワードをバランスよく選択するといいでしょう。

11 逆位置を取らない「スート＆ナンバー占い」

数札の読み方です。非常にシンプルで合理的なリーディングで、ピップカードになっている数札を読むのに適しています。10の数札のキーワードがしっくりこない人は、この手法で読むといいでしょう。絵札になっている数札を読むときは、絵を無視するか、12と組み合わせて読むか、どちらかになります。

12 逆位置を取らない「絵画占い」

すべてが絵札のデッキに採用できます。絵は逆さから見ず、正位置で眺めるという、もっともシンプルな絵画解釈の手法になります。相談者に絵を見てもらい、それを自分の姿だと思ってもらい、何を感じるか答えてもらうなど、インタラクティブなセッションをするのに向いています。11と併用することも可能です。

デッキ別の逆位置

次に、デッキ別の逆位置についてみていきましょう。ウェイト＝スミス版のように解説書に正逆の意味が載っているデッキでも「逆位置を取らない」選択肢もありです。逆に、トート版のように逆位置を取らないデッキで「逆位置を取る」選択をしてもいいでしょう。もっとも重要なのは、迷いがないこと、一貫した設定のもとリーディングが行われることです。多くの例を見てきて確信に変わりつつあるのが、初心者がウェイト＝スミス版を正位置のみで占っても、トート版を読む際に逆位置を取っても、自信を持って実践に臨めば「占いが当たる」ことです。逆位置が苦手だけど読まなきゃと思いながら占うほうがよほど当てにならないリーディングになります。自分の逆位置ルールを思い切って決めてしまいましょう。以下はあくまでも提案の一つに過ぎないので、あなたの思うベストの設定を決める参考にしてください。

●ヴィスコンティ版

15世紀のイタリアを起源とする、現存する最古のタロットであるヴィスコンティ版。豪華な手描きの大判カードで、復刻版のサイズもかなりの大きさです。占いに使うとしたら少ない枚数でのスプレッドになるでしょう。せっかくの美しい絵なので「キーワード占い」や「逆位置」は採用せず、大アルカナと人物札の絵札は12「逆位置を取らない」「絵画占い」、数札は11「逆位置を取らない」「スート＆ナンバー占い」にするといいでしょう。

●マルセイユ版

17世紀のフランスで発生し、ゲーム用の木版タロットとして広まったマルセイユ版。いくつもの種類がありますが、数札が絵札でないのが特徴で、シンプルな構図は枚数の多いスプレッドに向いています。占いや逆位置とは縁がない時代に生まれたので、基本は大アルカナと人物札は10「逆位置を取らない」「キーワード占い」、数札は11「逆位置を取らない」「スート＆ナンバー占い」になります。もし、正逆が明確なデッキで逆位置を取って占うなら、大アルカナと人物札は4「逆位置を取る」「キーワード占い」か7「逆位置の意味は取らず配置は取る」「キーワード占い」、数札は5「逆位置を取る」「スート＆ナンバー占い」か8「逆位置の意味は取らず配置は取る」「スート＆ナンバー占い」がおすすめです。

●エテイヤ版

18世紀のフランスにおいて、はじめて占い目的で制作されたタロットであるエテイヤ版。カードに正位置と逆位置の意味が書かれています。逆位置は正位置の変形ではなく、別の意味（同じ意味もある）が割り当てられているので、❶「逆位置を完全に取る」「キーワード占い」の代表です。数札がピップカードになっていたり、不思議な絵が描かれていたりするので、ピップカードを❷「逆位置を完全に取る」「スート＆ナンバー占い」、絵札を❸「逆位置を完全に取る」「絵画占い」にするのもありですね。

●ウェイト＝スミス版

20世紀初頭に制作され、圧倒的なシェアを誇るスタンダードになったライダー版。監修したウェイト（③）の解説書には、逆位置を完全に分けたものと正位置を基本にしているものが混在しています。数札まですべてのカードが洗練された絵札になっているので、「キーワード占い」や「スート＆ナンバー占い」ではなく、「絵画占い」が適しています。少ないスプレッドの場合は6「逆位置を取る」「絵画占い」、枚数の多いスプレッドの場合は9「逆位置の意味は取らず配置は取る」「絵画占い」がおすすめです。

●トート版

20世紀後半に完成した、稀代の魔術師アレイスター・クロウリー（5）によるトート版。「逆位置を取らない」デッキで、クロウリーの思想だけでなく、ハリスによる個性的な絵柄も魅力です。10「逆位置を取らない」「キーワード占い」、11「逆位置を取らない」「スート＆ナンバー占い」、12「逆位置を取らない」「絵画占い」がいいでしょう。隣接するカードのエレメントによって解釈が変わるので、「逆位置の意味は取らず配置は取る」と考えることもできます。

●そのほかの全絵札系デッキ

現代では数多くのデッキが出ています。気に入ったデザインのもので占うのがベストです。フルデッキのものは、たいてい数札まで絵札になっていますが、ウェイト系のものか、解説書があるものでないと、占うことができないと嘆いている人もいるのではないでしょうか。解説書がない、あるいは解説書がピンと来ないケースで、すべてが絵札のデッキ（大アルカナのみ22枚のデッキも含む）の場合、「絵画占い」をしてみましょう。もし逆位置を取るなら3「逆位置を完全に取る」「絵画占い」か6「逆位置を取る」「絵画占い」で、逆位置を取らないなら9「逆位置の意味は取らず配置は取る」「絵画占い」か12「逆位置を取らない」「絵画占い」で、それぞれ占ってみてください。

●そのほかのピップカード系デッキ

解説書がないか、ピンと来ないケースで、数札が絵札ではないデッキの場合はどうすればいいでしょうか。これは「絵画占い」と「スート＆ナンバー占い」が使えます。逆位置を取らない場合は、大アルカナと人物札は9「逆位置の意味は取らず配置は取る」「絵画占い」か12「逆位置を取らない」「絵画占い」、数札は8「逆位置の意味は取らず配置は取る」「スート＆ナンバー占い」か11「逆位置を取らない」「スート＆ナンバー占い」がいいでしょう。逆位置を取るなら、大アルカナと人物札は3「逆位置を完全に取る」「絵画占い」か6「逆位置を取る」

「絵画占い」、数札は**2**「逆位置を完全に取る」「スート&ナンバー占い」か**5**「逆位置を取る」「スート&ナンバー占い」にしましょう。

●円形カードのデッキ

マザーピース版やサークルオブライフ版などの円形カードは、正位置も逆位置もないと考え、「逆位置を取らない」選択をすることができます。一方で、正位置と逆位置の上下のみならず、左右も、斜めも含めれば「逆位置を八方向の向きで取る」とも考えられます。ただしその場合は、上向き（正位置）、右上向き、右向き、右下向き、下向き（逆位置）などでどのように意味合いが変わってくるのか、とても複雑になってきます。これについては、いくつかのやり方が考えられますが、ここでは三つ挙げておきます。

一つめは、月の満ち欠けを参考にする方法です。ジョアン・バニング（㉓）の提唱する、正位置のエネルギーの盛衰のイメージはこれに近く、正位置が完全な状態のいわば満月だとしたら、そのエネルギーが衰退していく下弦の月のフェーズ、エネルギーが枯渇する新月のフェーズ、徐々に満ちていく上弦の月のフェーズを逆位置に当てはめることができるでしょう。バニング

PART 01 | PART 02 | PART 03 | PART 04 | PART 05 | PART 06

の考えを円形カードに援用すると、もっと細密にエネルギーの変化をつかむことができます。下向き（逆位置）を新月だと仮定すると、右下向きが三日月、右向きは上弦の半月、右上向きが十三夜の前あたり、上向き（正位置）が満月、左上向きは居待ち月頃、左向きは下弦の半月、左下向きは新月前の有明の月となります。正位置のエネルギーの増減や、これからどう変化するかなどが明確なので、エネルギーが減っているのか増えているのかを読み解きやすいでしょう。

なお、上に挙げた例は月の公転を北から見る視点での設定になるので、南半球でタロット占いをやる場合は、右向きと左向きを逆にしたほうがいいですね。

二つめは、右と左に分ける方法です。正位置及び右側に傾いている計四方向は、「右」に対応する能動性、男性性、理性的、論理的、顕在的、秩序、などの意味合いを加味し、逆位置および左側に傾いている計四方向は、「左」に対応する受動性、女性性、感情的、直観的、潜在的、変動、などの意味合いを加味するわけです。正位置が能動性や秩序のピークで、右回りに進むほど徐々に失われていき、受動的要素を帯びてくると考えることができます。逆位置が受動性や変動のピークになるわけです。

三つめは、上と下に分ける方法です。正位置と前後の三方向は表面に出ている状態を、逆位置と前後の三方向は深層に眠っている状態を、それぞれ意味します。これは一般的な逆位置の捉え方の一例ですね。横になった2枚は、地平線にいる太陽に似ていて、占星術のホロスコープをモデルにするならば、右向きは沈んでいく夕日のように深層に消えていく状態、左向きは昇ってくる朝日のように表層に浮かび上がってくる状態です。事業を立ち上げたらどうなるかを占った場合、右向きなら準備がまったく足りていない状況、左向きならスタートには最適だということになります。

特殊なポジションのカードの正逆

タロット占いをするにあたり、相談者を表すシグニフィケーター、質問内容を表すテーマカードといった、いわゆる象徴カードを選ぶときには、基本的にはそのカードを正位置として扱います。象徴カードをデッキに戻してシャッフルする場合や、デッキから無作為に選ぶ場合は、逆位置を取るケースと取らないケースがあります。

それ以外にも、あるポジションのカードに関しては正逆を採用しないというケースもあります。たとえば、横に倒して重ねる「障害カード」、問題となるカードの対処法として引く

「解決カード」、最後に引く「アドバイスカード」などです。なお、横に倒した場合、伝統的には左側が天になりますが、右を天にする、それから今言及しているように正逆を取らないパターンもあります。

仮にあなたが、逆位置は正位置がネガティブになったものと捉えているとします。「障害」や「問題」を示すカードは、もともとネガティブな意味ですから、それが逆位置で出たらネガティブな意味のさらにネガティブを考えることになってしまい、混乱しますよね。この場合、「障害カード」は必ず逆位置で読むと決めたほうがいいのかもしれません。

一方、「アドバイスカード」はポジティブなメッセージのために引きますから、逆位置が出ると混乱することになります。これも「解決カード」や「アドバイスカード」は必ず正位置で読むと決めたほうがいいでしょう。賢龍（45）は「アドバイスを求める質問の場合も逆位置は取りません」と述べています。

実際のところ、鑑定の現場ではそのようにリーディングしている人も多いはずです。現状に覆いかぶさっている障害のカードが正位置でも、逆位置のようにネガティブな解釈をしますし、アドバイスカードが逆位置でも、正位置であるかのようなポジティブな言葉を伝えていたりするのです。おそらくは無意識に、あるいは相談者を気遣って。

ただし、ポジティブとネガティブはカードによって変わります。「障害カード」にポジティブなカードが出たら逆位置で、ネガティブなカードが出たら正位置で読む、「アドバイスカード」にポジティブなカードが出たら正位置で、ネガティブなカードが出たら逆位置にして読む、あるいはシンプルに正逆を考えず、「障害カード」はカードの意味の中から障害に近いものを選び、「アドバイスカード」にはアドバイスになりそうな意味を選ぶ、という方法が良さそうです。「障害のカード」が悪くないカードだから障害はなさそうとか、「アドバイスカード」にふさわしくない「塔」のカードが出たからもう1枚引き直すなど、一貫性のないリーディングをしないようにしましょう。

人によっては、シャッフル中に飛び出してしまうジャンピングカード（56ページ参照）に関しても、逆位置を採用することがあります。ジャンピングカードがなんらかの意味を持つと考えるなら、正逆を取ってもいいでしょう。ただし、横や斜めに落ちることも多く、あまり現実的とはいえないかもしれません。横位置や斜め位置でもリーディングしたいという人は、先述の円形カードの項を参考にしてください。

逆位置の伝統

タロット占いやトランプ占いの歴史、およびその逆位置について、伊泉(32)の『タロット大全』を参考に、いつ逆位置という考え方が広まり、変遷していったのか、まとめてみましょう。

現存する最古のタロットといえば、15世紀にイタリアで制作された「ピアポント・モルガン・ベルガモ版」や「キャリー・イェール版」で、この時代の豪華な手描きのカードおよびデッキは、ヴィスコンティ版と総称されています。その後17世紀以降は、ゲーム用のデッキとして木版のタロットがフランスを中心に普及していくのですが、これがいわゆるマルセイユ版と後に呼ばれることになります。これらは贈答用やゲーム用のもので、占いには使われなかったこともあり、そもそも逆位置という概念が存在しないのです。

18世紀前半になると、ようやくタロットを占いに使用した例が出てきますが、現在確認できる最古のタロット占いの記録では、逆位置は採用されていません。また、18世紀後半のフランスで、タロットに古代エジプトの神秘的なイメージを付与し、オカルト化の端緒を開いたクール・ド・ジェブランおよびド・メレも、逆位置は取っていません。

タロットカードに逆位置がはじめて採用されたのは、18世紀後半にエテイヤが刊行した『タロットと呼ばれるカードのパックで楽しむ方法』においてでした。これはおそらく初となるタロット占いの実践本で、その後のフランスでのカード占いブームに火をつけ、現代まで続くタロット占いの礎を築きました。ジェブランらが古代エジプト（実際の古代エジプトではなく当時イメージされたエジプト）とタロットを結び付け、それに影響を受けたエテイヤも独自のタロットを発表します。このエテイヤ版タロットは「逆位置を完全に取る」スタイルで、タロット占いに逆位置をもたらしたのです。この後、実際の古代エジプトをモチーフに取り入れた、いわゆるエジプトタロットが考案されていきます。

19世紀から20世紀にかけては、逆位置を採用するエジプシャン系の流れと別に、パピュス（2）やヴィルト（4）ら、逆位置を採用しない流れも同居していきます。黄金の夜明け団の関係者たちの中でも、メイザース（1）やウェイト（3）ら逆位置を採用するパターンと、クロウリー（5）やリガルディー（14）ら逆位置を採用しないパターンに分かれています。

1960年代以降のタロットブームにおいては、ウェイト＝スミス版の普及によって、ウェイト側の逆位置を採用する流れが支配的になります。それ以外のマルセイユ版を使うホドロフスキー（36）や澁澤（35）ら、クロウリーのトート版を使う中村（42）らは、もちろん逆位置を採用しませんが、近年ではウェイト＝スミス版を使う場合でも、アンバーストーン（30）やバートレット（33）のように逆位置を採用しない例や、ポラック（22）やバニング（23）のように採用しなくても良いという例が増えています。

ところで、逆位置という考え方は、そもそもどこから出てきたのでしょうか。

エテイヤがタロット占いの本を出す際に、何を参考に占い上の意味を決めたかといえば、16世紀には行われていた形跡があり、18世紀にはすでに普及していたトランプ占いの意味でした。トランプの枚数といえば52枚だと思う人が多いでしょうが、当時のヨーロッパでは人物札と数札の一部（エースと7〜10など）のみ使う32枚や36枚のデッキが一般的で、トランプ占いも少ない枚数で行われています。先述した最古のタロット占いの記録も、欠損はあるもののおそらく大アルカナの一部と人物札と数札のエースと10のみでの占いだったようです。

このトランプ占いもタロット占いも、それぞれのカードに一つの意味を割り当てる「キーワード占い」で、占いの意味が30パターンほどあったわけです。これでは少ないと感じてもおかしくありません。16ないし24個のシンボルでも、それぞれにいくつかの意味が付与されていればいいのですが、1枚につき一つの意味だと物足りなく感じます。おそらくそんな理由から、逆位置が作られていったのでしょう。誰が最初に逆位置を採用したのかはわかりませんが、エテイヤもそれに従っています。

彼は、タロットの本を出す前にカード占いの本を出版しており、正位置と逆位置の意味を完全に分けて書いています。現在のように上下の区別のないダブルヘッドのトランプが本格的に普及するのは19世紀になってからで、当時のトランプには正逆があったのです。エテイヤはこの正逆のある32枚（64個の意味）のトランプ占いを、78枚のタロット占いに拡張しました。その際に、カード占いに正逆があるのは当然と考え、正逆のある78枚（156個の意味）を考案したと推測できます。もし彼が、トランプ占いの本より先に78枚のタロット占いの本を出していたら、正位置のみ78個の意味で充分と考えたかもしれません。そうだったら、タロットの逆位置の伝統は生まれなかったことでしょう。

エテイヤは、伝統的なマルセイユ版の大アルカナの順番を大胆に入れ替え、独自の解釈を取り入れました。大アルカナはトランプにはない切札で、タロット占いの大きな特徴となりました。一方で、小アルカナに関しては、トランプ占いの意味を多数そのまま転用するなど、あまり重視していなかったようです。トランプ占いになかった2〜5には、トランプ占いの7〜10の逆位置の意味をそのまま当てはめたり、新たに加わったナイト（騎士）には安直に移動に関する意味を付けたり、正逆あまり変わらないものもあったり、正位置とは脈絡のない逆位置の意味が割り当てられたりしています。彼独自の数字やカバラの研究などから残りの意味を考案した可能性はありますが、大アルカナ44個の意味はともかく、小アルカナ112個の意味をゼロから考えるのは現実的ではなかったのでしょう。

タロット占いの小アルカナの意味が、きちんと練られたものではないことに衝撃を受けた人もいるのではないでしょうか。さらに私たちを困惑させるのが、タロット占いの意味の教科書のように思われているウェイト（3）の解説書も、大アルカナこそ相当な力を入れているものの、小アルカナの意味の多くはエテイヤのキーワードから引き写していることです。ウェイト＝スミス版は、小アルカナも絵札にしたという画期的なデッキですが、占い上の意味は絵とは関係ないエテイヤの意味になっているのです。もちろん、作画したパメラ・コールマン・スミスの絵を見てから追加された意味もあります。ウェイトの解説書と、それを参考にしている多くのタロット実践本は、いわばエテイヤの「キーワード占い」とスミスの絵の「絵画占い」の折衷案になっていると言えるでしょう。

あなたがもし「キーワード占い」を選択するなら、エテイヤあるいはトランプ占いの伝統に戻って、その意味を捉え直すといいでしょう。もし「絵画占い」を選択するなら、解説書にある意味からエテイヤやトランプ占い由来の意味を除外して、さらに絵から引き出せる意味を加えてみることをおすすめします。

逆位置の意味の変遷

では実際に、カードの意味がどう変遷していったのか、184ページからの表を見ていただきましょう。大アルカナの『**愚者**』、人物札の『**ワンドのペイジ**』、数札の『**カップの2**』を例に挙げますが、すべて見ていく紙幅はないので、『愚者』のみ追っていきましょう。

エテイヤは『**愚者**』を正逆共通で「愚行」、正位置に「放浪」、逆位置に「狼狽」という意味を与えていて、19世紀以降も正逆ともにネガティブな「愚行」のイメージが基本となります。逆位置に関しては、エテイヤの影響を受けたタロット占いでは「正逆を完全に取る」、それ以外は「逆位置を取らない」のが一般的でした。

19世紀末から20世紀前半には、著者たちはさらに占星術やカバラなどオカルト哲学の解釈をも占いの意味に持ち込むようになります。メイザース(1)は正位置に「贖罪(しょくざい)」、逆位置に「不安定」を、パピュス（2）は「狂気」や「本能」、ウェイト（3）は正位置に「浪費」や「暴露」、逆位置に「怠慢」や「無関心」を、ヴィルト（4）は「深淵」や「原初の物質」、クロウリー（5）は「沈黙」「歓喜」「精神性」、ケース（6）は「独創性」や「奇抜さ」を加え、最後の2人ではようやく少しポジティブなイメージが現れます。なお、同じ黄金の夜明け団と関係のあった者でも、メイザースやウェイトは「逆位置を完全に取る」方法で正逆の意味を解説書に載せましたが、クロウリー、ケース、リガルディー（14）は「逆位置の意味を取らず配置のみ取る」方法を紹介しています。

この後20世紀の後半になると、ウェイト＝スミス版を使う著者が増えるので、ウェイト（3）の意味が基準となっていきます。彼が自著で、占い上の意味として残したものだけでなく、絵のイメージを綴った部分からも、後続のタロット占い師たちはインスピレーションを受けていきます。これによってポジティブな意味が正位置に与えられるようになったのです。スミスの絵の颯爽たる『**愚者**』が、ウェイトやほかの占い師たちの『**愚者**』観を変容させたと言えるでしょう。

その代表たるグレイ（7）は、正位置を「人生の選択」「自由」「冒険」というポジティブな表現に、逆位置を「誤った選択」「愚行」といったネガティブな表現に集約します。彼女の影響力は絶大で、その後の木星王（10）のように、正位置を「愚行」、逆位置を「希望」にするなどの例はありますが、正位置に肯定的な意味、逆位置に否定的な意味を持ってくるというグレイの考え方が、現在まで踏襲されています。また、絵柄からの意味はその後も増えていき、正位置では白い太陽などから「無垢」「解放」、逆位置では足元の崖などから「リスク」「無謀さ」といった意味と結び付けられるようになります。また、数字のゼロからも「始まり」「可能性」という意味が与えられています。

一方で、マルセイユ系の古い『**愚者**』像を引き続き守る者たちは、逆位置を採用しないケースが多く、その意味も「愚行」のネガティブな側面から外れませんでした。ただし、グレイらの新しい『**愚者**』像やユング心理学などの影響を受けて、「旅」「叡智」といった意味合いを加える例も出てきています。

次第に絵柄から読むケースが増えていくのですが、時代や国が変われば、絵が表す意味もまた変わります。ウェイト゠スミス版の『**愚者**』の服は、アジア風の羽織だった可能性がありますが、当時意味していたであろう「奇抜さ」「身軽さ」が、今の日本では「ボロボロ」「無頓着」と捉えられたり、海外では「エキゾチック」「海外旅行」と考えられたりしているかもしれません。また数字の持つ意味も、当時のキリスト教やオカルティズムの伝統と、現代広まっている意味合いは違いますから、どんな意味が付けられるのかは個人的な思想によって変わります。『**愚者**』が肩に置く黒い棒は「どす黒い暴力性を持て余している」とも「人知れず抱き続けてきた情熱」とも読み取れますし、掲げた鞄と組み合わせることで、また相談内容と照らし合わせることで、さらに多くの意味が出てくるでしょう。現在に至る解説書の意味は、タロット占い師たちの長きにわたる経験も加えられてできあがってきたのです。

あなたも、伝統的なキーワード、絵柄からの意味、スートと数字の意味、実践で当たっていた意味などを織り交ぜながら、納得できる正逆両方の意味を整理してみてください。著者たちが残した逆位置の意味の考え方については、次の項（190ページ）で紹介していきます。

※ここで、154ページから161ページで取り上げた、正逆を取るか取らないかの4タイプに、3つのリーディングスタイル（キーワード占い、スート＆ナンバー占い、絵画占い）を合わせた12種の手法別に、ウェイト＝スミス版の『**カップの2**』のカードの意味の解釈を例示していきます。あくまで一例ですから、これにあなたなりのキーワードや数、絵画解釈を追加してみてください。

			正	逆
1	逆位置を完全に取る	キーワード占い	愛	欲望
2		スート&ナンバー占い	相思相愛	満足できる選択
3		絵画占い	男女関係	同棲
4	逆位置を取る	キーワード占い	愛	偽りの愛
5		スート&ナンバー占い	相思相愛	共依存の愛
6		絵画占い	男女関係	不倫
7	逆位置の意味は取らず配置は取る	キーワード占い	愛	受け身の愛
8		スート&ナンバー占い	相思相愛	今は相思相愛
9		絵画占い	男女関係	オープンな男女関係
10	逆位置を取らない	キーワード占い	愛	愛
11		スート&ナンバー占い	相思相愛	相思相愛
12		絵画占い	男女関係	男女関係

●ウェイト＝スミス版『カップの2』12の手法別のカード解釈例

・「キーワード占い」なら、エテイヤなどの伝統的なキーワードを拾います。正位置は「愛」、逆位置は「欲望」です。**1**「逆位置を完全に取る」場合の逆位置はそのまま「欲望」、**4**「逆位置を取る」場合の逆位置は、「愛」を変形させて「偽りの愛」にします。「憎しみ」や「片思い」に設定することもできます。**7**「逆位置の意味は取らずに配置を取る」場合は、逆位置の意味も「愛」ですが、受動的と判断して「受け身の愛」にするといいでしょう。「愛に気付いていない」や「秘めた愛」などと考えることもできます。

ワンドのペイジ

愚者

カップの2

・「スート&ナンバー占い」なら、「カップ」と「2」の表す意味を組み合わせます。「気持ち」が「両方」満たされるので、恋愛相談だと正位置は「相思相愛」でしょう。2「逆位置を完全に取る」場合は、正位置と異なる逆位置の意味が必要なので、たとえば「満足」できる「選択」にします。「不満足」や「倦怠期」でもいいでしょう。5「逆位置を取る」場合の逆位置は、「相思相愛」を変形させて「共依存の愛」にします。8「逆位置の意味は取らずに配置を取る」場合は、逆位置の意味も「相思相愛」ですが、限定的と判断して「今は相思相愛」、あるいは「両思いでも交際はまだ」や「情でつながる」と読むこともできます。

・「絵画占い」なら、絵をよく見て、主役となる前景の二人の男女や二匹の蛇と獅子、背景となる遠くの丘にある家、から読み解きます。恋愛相談だと正位置は、男女が見つめ合い、二匹の絡みあう蛇の官能的な様子から「男女関係」でしょう。3「逆位置を完全に取る」場合は、逆位置は背景の家を主役にして「同棲」と考えます。6「逆位置を取る」場合は、逆位置は主役の男女に背景の家の意味も加味します。家庭から外に出る男女関係と考えると「不倫」ですね。「遠距離恋愛」や「駆け落ち」かもしれません。9「逆位置の意味は取らずに配置を取る」場合は、逆位置の意味も「男女関係」で、家の外で見つめ合う「オープンな男女関係」か、「子どもを預けて水入らず」「親から認められないカップル」がいいでしょう。

THE FOOL 愚者

名前(参考デッキ)	正位置	逆位置
エテイヤ(①)	愚行、愚考、職を捨てる、恵まれた家から出る、無謀な計画、さまよう	愚行、うろたえる
メイザース(②)	愚かな男、愚行、贖罪、揺れる心	躊躇、不安定、それらから起きるトラブル
パピュス(③④)	愚行、狂気、人を打ち負かす、肉欲、自己主張、本能、物質的進化、動物界	なし
ウェイト(⑤)	愚行、偏執狂、浪費、夢中、精神錯乱、熱狂、暴露	怠慢、分配、軽率さ、無関心、無価値、虚栄心
ヴィルト(④)	深淵、無限、原初の物質、無責任、狂気、自由意志の喪失、無意識、無気力	なし
クロウリー(⑥)	沈黙が歓喜に、放浪、思考、精神性、突然の衝動	(悪品位)愚行、奇行、躁病
ケース(⑦)	独創性、大胆さ、冒険的な探求、愚かさ、奇抜さ、無分別な行動	なし
グレイ(⑤)	人生の選択、自由、自己表現、夢想家、創造的行為の始まり、冒険の喜び	誤った選択、愚行、無分別な行動、思慮が浅い、軽率さ
ダグラス(⑧)	予期せぬ影響、新たなサイクル、創造的夢想家、賢明な選択か誤り(まわり次第)	向こう見ずな衝動的行動に発する大問題
中井(⑧)	思いがけぬ大きな力、急転直下、重要な決定か選択、新しいサイクル、空想家	すべて凶になる
木星王(⑤ほか)	愚行、未熟、間違った道、旅、精神病、無目的、無職、失業、放浪、家出	希望、再生、精神的な目覚め、留学、海外旅行、就職、心の安定、解放
キャプラン(⑤ほか)	冒険、熱意、可能性、喜び、情熱、狂気、愚かさ、放浪、未熟さ、妄想、浪費	誤った選択や決断、優柔不断、無関心、ためらい、機会を無視すること
アビーネ(⑤③)	賢い選択、夢見る人、陶酔、無邪気、無知、おそれ知らず、可能性	愚行、無分別、誤った判断と選択、怠慢、不注意、無効
ウォーカー(⑧)	愚かな男、狂気、無知、万物の卵、精神的探求	なし
リガルディー(②)	沈黙と喜び、叡智、無邪気さ、無垢、思索、不安定さと理想、愚行、奇癖	なし
フェントン(⑤)	出発、旅、挑戦、新たな状況、才能や能力の発見、出会い、始まりと終わり	未熟な行動、愚考、浪費、盲目的な恋、予期せぬ出来事
マシーノ(⑤)	重要な選択、決断、可能性、笑い物、冒険心、若さ、インスピレーション	選択を誤る、愚かな決心、自己中心的な行動、気の向くまま行動して後悔、愚行
Silvestre-Haëberlē(③)	衝動、独創性、軽率、愚行、優柔不断、不安定さ、天才の狂気、自由と独立	なし
シェラザード(⑧)	冒険、自由、天真爛漫、風変わり、思いがけぬ強い力、重要な決定が必要、出発	軽率、自分勝手、ノイローゼ、無計画、不規則な生活、落ち着きがない、孤立
斉藤(⑧)	真実が見えてくる、愚かさを悟る、解放、自由、転居、旅、探求心、超俗	真実を見抜けない、愚行、翻弄される、腐れ縁、家出、無職、低俗な楽しみ
グリーン&シャーマン=バーク(⑧)	未知の世界への衝動、旅の始まり、破壊的で創造的	なし

【参考デッキ】 ①=エテイヤ、②=ゴールデンドーン、③=マルセイユ、④=ヴィルト、⑤=ウェイト、⑥=トート、⑦=BOTA、⑧=オリジナル、⑨=ミンキアーテ、⑩=クラシック、⑪=ユニバーサル、⑫=エジプト⑬=ゴールデンライダー

名前(参考デッキ)	正位置	逆位置
栄(⑤ほか)	公平、潔白、義務も憂いもない、自由、放浪、新しい始まり、旅	無責任、不注意、落ち着きのなさ、浪費、愚行、予期せぬ出来事
ポラック(⑤ほか)	冒険、勇気、喜び、トリックスター、自由、身軽さ	直観に従えない状態、おそれ、向こう見ず、無謀さ
バニング(⑤)	始まり、旅、自然体、思いがけぬこと、愚かさを認める、自分自身に正直になる	なし
ウィリアムズ(⑨)	自発性、無邪気さ、自由、始まり、可能性、衝動、勇敢さ、わがまま、愚かさ	なし
井上(⑤ほか)	冒険、未熟、行き当たりばったり、自由奔放、エキセントリック	行動力不足、無気力、現実逃避、不活発、ものぐさ太郎、人の世話になる
グリーア(⑤)	可能性、出発点、愚かさ、無頓着、気まぐれ、道を間違える、歓喜、夢中	自由の制限、愚かさ、漂流、落ち着かない、怠慢、無能、無関心、空虚、後悔
鏡(⑤ほか)	自由、無邪気、愚か、可能性、リスク、常識に囚われない、始まり、若気の至り	なし
三田(⑬)	決心と決断、始まり、旅、自由、放浪、ユニーク、束縛嫌い、やっと定職に就く	なし
藤森(⑤)	無邪気さ、自由に生きる、思い切った行動、出発	無思慮、無計画、愚かさ、衝動的な行動、優柔不断
ローレライ(⑩)	旅の始まり、勇気、決意、無謀さ、我が道を行く、愚かな選択、驚くべき結果	スタートが阻まれる、実現できぬアイデア、注目を得るための愚行、危険を冒す
バートレット(⑪)	冒険、自発性、衝動、夢中、真実が見えぬ、楽天主義、盲目的な愛、自己探求	なし
伊泉(⑤)	冒険精神、自発性、予感に従う、探求の始まり、危険を冒す、変化への衝動	なし
パーマー(⑤)	始まり、新たな可能性と機会、リスクある行動、正しい選択	衝動的な行動、無謀、性急な決断、誤った選択
澁澤(③)	秩序やルールの適用を免れた存在、はみだし者、離れた視点、どうでもいい	なし
浜田(⑤)	常識から放たれる、大きな変化、自由に、急展開	無謀、大きな変化、責任を投げ出す、深く考えない
森村(⑤ほか)	新たな始まり、自由、解放感、旅に出る	混乱、自信がない、無頓着、向こう見ずな冒険
ルイス(①⑤ほか)	未知の探求、初心に返る、妄信、冒険、旅の始まり	無計画、愚直さ、無責任、未成熟、早まる、リスク
ウェン(⑤)	始まり、純真、潔白な心	うぬぼれ、愚かさ、軽率、空虚
LUA(⑤)	新しい出会い、自然体、軽いノリ、ひらめき、自由	無計画、いい加減、現実逃避、無責任、翻弄される
中村(⑥)	誰とでも仲良くなれる、予期せぬ引き立て、現実を素直に受け入れる、精神性	(悪品位)妬み、予期せぬダメージ、無計画、危険なカルト思想に惹かれる
吉田(⑤)	自由、未経験、非凡、見えない可能性に気づく	無知、無計画、平凡、現実の愚かさを知る
かげした(⑤)	自由、無限の可能性、大胆な行動、冒険心と好奇心	無謀、周囲を振り回す、行き当たりばったり
賢龍(⑤)	自由、好奇心旺盛、チャレンジ精神、解放、独立、フリーランス、マイペース	いいかげん、孤独、不安、無計画、逃避、その日暮らし、はみ出し者、器用貧乏
黒田(⑫)	自由、物質的悩みからの離脱、奇行、軽快さ、心身の休日、不可解な言動	不確実、主体性の欠如、現実逃避、世間との断絶、衝動性、愚かさ

PAGE of WAND ワンドのペイジ

名前(参考デッキ)	正位置	逆位置
エテイヤ(①) 棒の従者	異邦人、外国人、目新しさ、不思議、不意打ち、独創性、類まれなもの	知らせ、助言、通知、物語、告知、警告、忠告、教育、指示
メイザース(②)	善良な異邦人、良い知らせ、喜び、満足	悪い知らせ、不快感、無念、不安
パピュス(③④) セプターのネイヴ	黒い子ども、友である。また、近親からのメッセージも表している	なし
ウェイト(⑤)	浅黒い若者、誠実、恋人、使者、郵便配達人、家族の秘密	逸話、告知、悪い知らせ、 またそれらによる出来事や不安定さ
ヴィルト(④)	なし	なし
クロウリー(⑥) 棒の王女	才気煥発、大胆、活気、精力、突然の激しい怒りと愛、野心、向上心、熱狂	(悪品位)芝居がかった行動、浅はか、間違っている、癇癪、残酷、不誠実
ケース(⑦)	色黒の若い男性、メッセンジャー、輝き、勇気	なし
グレイ(⑤)	忠実な恋人、熱狂、使者、郵便、メッセンジャー、勇気、美、力への欲望	冷酷、ためらい、悪い知らせ、横柄、不安定、表面的な事、わざとらしさ
ダグラス(⑧)	野心と計略に富む、熱狂的、適応能力、刺激的なニュース、信頼に足る人物	誤った情報、抽象的なゴシップ、スキャンダルを煽る、信頼を裏切る、浅薄
中井(⑧) バトンのジャック	野心家、物知り、情熱的、ニュースやゴシップをもたらす、誠実、信頼できる	悪い知らせ、誤報、スキャンダル、口が軽く秘密を守れない、友人を裏切る
木星王(⑤ほか)	宣言、メッセンジャー、電話、連絡、使者、誠実、信頼、親友、恋人、勤労少年	悪い知らせ、秘密、悩み、スキャンダル、噂、デマ、中傷、気の弱い少年
キャプラン(⑤ほか) ステイブのペイジ	忠誠心、使者、信頼できる友人、善意ある見知らぬ人、重要ニュースの伝達者	優柔不断、消極的、気が進まない、不安定、噂好き、悪いニュースの伝達者
アビーネ(⑤③)	活気ある熱心な若者、忠実な恋人、求婚者、便りを持ってくる人、信頼できる人	浅はかな人間、不安定、悪いニュース、秘密の暴露、信用できぬ情報、ゴシップ
ウォーカー(⑧) ワンドの王女	男性を支配する女性の力、神秘、危険をはらんだ強制力、友達にも敵にもなる	なし
リガルディー(②) ワンドのネイヴ、 プリンセス	才気、勇気、美、フォース、突然の立腹か愛、パワーの欲求、熱心、復讐	(悪品位)皮相、芝居じみた、残酷な、不安定な、傲慢な
フェントン(⑤)	お喋りで魅力的な若者、旅行、訪問者、メールや電話、友情や恋愛の始まり	問題の多い若者、契約や旅行に関する問題や延期、交渉は今は進展しない
マシーノ(⑤)	魅力的な個性、野心と勇気、思いやりのある人、突然のグッドニュース	目立ちたがり、気性の激しさ、芝居じみた行動、がっかりするニュース
Silvestre-Haēberlē (③)	行動力、実現のためのエネルギー、息子、男友達、兄弟、知らせを告げる者	なし
シェラザード(⑧)	コミュニケーションをよくすると幸福に、情報を集めると吉、親切心を大切に	思わぬ問題が起こる、連絡ミスに注意、誰にも相談できず苦労しそう
斉藤(⑧)	優等生、兄弟、転校生、無邪気な少年、好奇旺盛、争いが収まる、自立する	非行少年、軽率で不安定、嘘、飽きっぽい、誠意がない、状況の停滞、依存
グリーン&シャーマン ＝バーク(⑧)	創造的なアイデア、口火を切る、若さ、苛立ち、落ち着きのなさ、無垢、将来性	なし
栄(⑤ほか)	ロマンチックな冒険を夢見る若者、活発で賢い、重要な連絡、友情や恋の始まり	時宜にかなった行動ができない、失われた機会、落ち着きのない少年
ポラック(⑤ほか)	告知、メッセンジャー、情報、人生の新たな局面への準備、誠実な友人や恋人	優柔不断、不安定、弱さ、始められない、意見を表明できない

名前(参考デッキ)	正位置	逆位置
バニング(⑤)	クリエイティブ、新たな方向、熱中、自信を持つ、めざすべき道を知る	なし
ウィリアムズ(⑨) ステーブのペイジ	良い友達、嬉しい知らせを運ぶメッセンジャー	なし
井上(⑤ほか)	実直、着実な前進、使者、配達人、頼りになる部下、運用能力のある人物	意固地、我欲、隠蔽工作、弱者、小回りが利かない若者、意志薄弱なタイプ
グリーア(⑤)	熱意、自由な精神、若さ、未熟、メッセンジャー、郵便配達人、野心、異邦人	悪いニュース、癇癪、性急、わがまま、強がり、無謀、熱意を失う、無力
鏡(⑤ほか)	好奇心、新しい知らせ、まぶしいエネルギー	なし
三田(⑬)	忠実、誠実で信頼のおける人、新しいニュース、求婚者、仕事を得るチャンス	なし
藤森(⑤)	良い知らせ、郵便、信頼できる友人、忠実な人	悪い知らせ、噂話、信頼できぬ人、当てにならない情報
ローレライ(⑩)	賢明な意思、信仰、世間知らず、事の重大さを分かっていない、疑いやおそれ	信仰が揺らぐ、信頼と経験の基盤に基づいていない、燃え尽きる、意志が弱まる
バートレット(⑪)	独創的なアイデア、新鮮な洞察、情熱的な人、魅力的な人、子どものような元気さ	なし
伊泉(⑤)	潜在的な可能性、新しいアイデア、誠実な人物、未知の事柄の知らせ	なし
パーマー(⑤)	良いニュース、独立心、野心、熱意、忠実、寛大、メッセンジャー、探求の成功	悪いニュース、利己的、横暴、信用できない人物、恋愛での失敗、探求の失敗
澁澤(③)	なし	なし
浜田(⑤)	親し気な若者、人懐こく目立つ存在、おそれ知らず、飽きるのも早い	軽薄な若者、目立ちたがり屋、せっかちで先走る、やりっ放し
森村(⑤ほか)	進路を決める、希望にあふれる、楽天的、若さと可能性	周囲からの妨害、不安定な立場、優柔不断、意志薄弱
ルイス(①⑤ほか)	メッセージ、旅、教育、刺激的な冒険、野心、異邦人	悪報、メッセージの遅延、軌道に乗らない、無鉄砲、衝動的、野心的すぎる
ウェン(⑤)	意欲、精力的、プロジェクトを受け入れる	消極性、歯切れの悪さ
LUA(⑤)	未来を見つめる、願望に忠実で素直、熱意を燃やす、夢に向かって歩み出す	いい気になる、うそぶく、気まぐれ、反抗心、移り気、から元気、未熟
中村(⑥) ワンドのプリンセス	野心家、危険を顧みず大胆な変革や投資を行う、縄張り意識、個性を発揮する	(悪品位)浅はか、間違いを認めない、言動が信用できない人物、過剰な敵対心
吉田(⑤)	メッセンジャー、活発な子、素直さ、人気者	衝動的発想、目立ちたがり、反抗的な子、未熟
かげした(⑤)	目標へ前進、うれしい知らせ、向上心、忠実な部下	未熟、移ろいやすい、試行錯誤、目的を見失う
賢龍(⑤)	潜在的な可能性、新しいアイデア、新たな目標、向上心、うれしい知らせ、やる気	怖いもの知らず、身体が先に動く、未熟さ、わがまま、嫌な知らせ
黒田(⑫)	良い知らせ、善良な他人、喜び、満足、達成	悪い知らせ、不愉快、悔しさ、心配、失敗、徒労

【参考デッキ】 ①=エテイヤ、②=ゴールデンドーン、③=マルセイユ、④=ヴィルト、⑤=ウェイト、⑥=トート、⑦=BOTA、⑧=オリジナル、⑨=ミンキアーテ、⑩=クラシック、⑪=ユニバーサル、⑫=エジプト
⑬=ゴールデンライダー

TWO of CUP カップの2

名前(参考デッキ)	正位置	逆位置
エテイヤ(①)	愛、好意、魅了、友情	欲望、情熱、官能、嫉妬
メイザース(②)	愛、愛着、友情、誠実さ、好意	妨げられた望み、障害、対立、妨害
パピュス(③④)	愛の始まりへの対立、恋人の片方から起きるささいな障害	なし
ウェイト(⑤)	愛、友情、親近感、結合、一致、共感、男女の関係	愛、情熱、富、名誉だけでなく、喜び、ビジネス、愛に関することの明るい見通し
ヴィルト(④)	なし	なし
クロウリー(⑥)	愛、分割から統一を取り戻す、男女の調和、喜び、恍惚	なし
ケース(⑦)	相互関係、投影	なし
グレイ(⑤)	恋愛、友情、協力、共同、男性面と女性面の調和、相互関係、均衡の取れた人格	偽りの愛、誤解、計画の頓挫、分かれ道、激し過ぎる情熱、放蕩、狂気、分裂
ダグラス(⑧)	愛、感情的共感、友情、理解、同情、喜びに満ちた調和、条約の締結	異議、別離、離婚、欺瞞または不信、贈り物の投棄、嫉妬、復讐、暴露
中井(⑧)	愛、情熱、友情、思いやり、婚姻、和合、同情、性交、人間関係	不満足、離婚、偽瞞、貴重な贈り物の放棄、裏切り、嫉妬、復讐心、秘密の暴露
木星王(⑤ほか)	愛、友愛、情熱、結婚、セックス、同盟、共同、協力、一致、約束、結合	気まずい仲、好まない友人、虚しいセックス、欠点が目立つ恋愛
キャプラン(⑤ほか)	愛、友情の始まり、情熱、結合、婚約、結婚、理解、パートナーシップ、協力	不満足な愛、偽りの友情、問題ある関係、離婚、別離、反対、不和、誤解
アビーネ(⑤③)	恋愛、友情、同情、協力関係、相互作用、調和	二人の関係は壊れる、離婚、偽りの恋、不品行
ウォーカー(⑧)	信頼、思いやり、希望の達成、誓約、婚約、結婚、親密、セックス、ロマンス	なし
リガルディー(②)	結婚、愛、快楽、温かい友情	なし
フェントン(⑤)	恋愛、ロマンス、友情や共同事業の始まり、玉の輿、良い仲間、子どもの誕生	恋愛というより好意、相手の気持ちが冷める、愛より友情、愛の終わりや下降
マシーノ(⑤)	思いやり、友達、家族、愛情、情熱と精神性の均衡、ギブ&テイク、相思相愛	口論、決裂、熱が冷める、不安定な心、不調和、わがまま、ALLギブor ALLテイク
Silvestre-Haēberlē(③)	恋愛関係の対立、矛盾、誤解、議論、不和、優柔不断、虚偽、裏切り、欺瞞	なし
シェラザード(⑧)	満ちてくるエネルギー、学力増進、友達ができる、はじめてのキス、愛の進展	軽はずみ、むだな努力、まちがったやり方、学習は行き詰まる、静かな別離
斉藤(⑧)	調和、恋の芽生え、結婚、友人や恋人、交流、再会、育てる、休息、趣味に熱中	不調和、争い、失恋、片想い、離婚、不和、マンネリ、過保護、放任、怠惰
グリーン&シャーマン=バーク(⑧)	関係の始まり、関係の終焉、出会い、契約、別離、相手への投影、誘惑の力	なし
栄(⑤ほか)	最高の関係、調和、共有、愛ある関係、結婚、良い同僚、よい職場の雰囲気	他を犠牲にして一つの考えや予想に取りつかれている、別れ
ポラック(⑤ほか)	恋愛関係の始まり、友情、長期的な結びつき、異なる性質の統合	関係の終わり、信頼の喪失、嫉妬、恋愛でのぼせ上った状態、愛情のあるふり

名前(参考デッキ)	正位置	逆位置
バニング(⑤)	結婚、パートナーシップ、和解、同意、自分の魅力を知る、関係が進展する	なし
ウィリアムズ(⑨)	新しいロマンス、初恋、魅力の開花、満たされる	なし
井上(⑤ほか)	心で結ばれる、愛、友情、心情的な一致、深い共感、誓約、結婚	愛を伝えられない、愛が冷める、不適切な関係、過度の依存、不和、破談
グリーア(⑤)	愛と癒し、情熱、思いやり、親近感、調和、結婚、パートナーシップ、友情	報われない愛、空虚な情熱、口論、願い、羨望、嫉妬、別れ、虐待、不倫
鏡(⑤ほか)	パートナーシップ、相思相愛、関係の進展	なし
三田(⑬)	愛、共感、理解、同情、調和、友情、協力、新しい仕事、援助、和解、喜び	異議、別れ、不一致な点ばかり目立つ、解決法がなく不安、離婚、不信、嫉妬
藤森(⑤)	恋愛、ロマンス、パートナーシップ、友情	不一致、分離、離縁、不十分な愛
ローレライ(⑩)	調和の取れた関係、恋愛、結婚、友情、明確なコミュニケーション、契約、忠誠	忠実さや愛は実現せず、努力次第、完璧な関係が第三者によって崩れる
バートレット(⑪)	絆、魅力、引き寄せ、和解、過去は忘れる、ロマンス、将来を誓い合う、依存	なし
伊泉(⑤)	二人の人間の結合、人間関係におけるバランス、和解、喜び、愛、共感	なし
パーマー(⑤)	ロマンス、関係が長続きする、調和、協力関係、喜び	偽りの愛、関係をごまかして続ける、不信、欺瞞
澁澤(③)	なし	なし
浜田(⑤)	惹かれ合う、求め合う、親密な関係、相思相愛	気持ちが通じない、冷める、仲違い、心が離れる
森村(⑤ほか)	すばらしい出会い、関係の進展、満たされる、今この瞬間の幸福	意思疎通がはかれない、気まずい関係、期待外れ、気持ちがかみ合わない
ルイス(①⑤ほか)	建設的な関係、友情、恋人、和解、創造的自己表現、ロマンス、性的快楽	友人か恋人とのトラブル、疎遠、関係解消、愛や尊敬のないセックス
ウェン(⑤)	友好、親近感、協力	不安定、不知、誤解
LUA(⑤)	信頼関係、本音を共有、協力、つながり、パートナーシップ、恋の成就、和解	心を閉ざす、不信感、執着、孤立、愛が冷める、一方的な仲、見せかけの恋
中村(⑥) ワンドのプリンセス	完璧で穏やかな調和、結婚、温かい友情、芸術的才能を活用	(悪品位)消失、結婚詐欺、相手に利用される、人を信じすぎて損をする
吉田(⑤)	通じ合う、誓いの契約、友好関係、統合する、プロポーズ	受容し難い、契約不成立、不和、感情の相違、関係に溝が入る
かげした(⑤)	精神的な結びつき、絆を育てる、相思相愛、親友	かたちだけの付き合い、愛情の不一致、愛が伝わらない
賢龍(⑤)	愛、友情、調和、共感、同情、交際開始、心が通じ合う、相思相愛、意気投合	情だけの愛、心に新鮮さが失われる、馴れ合い、妥協的な姿勢、条件が合わない
黒田(⑫)	愛、愛情、友情、誠意、誠実	交差する欲望、障害物、反対、対立、邪魔者

【参考デッキ】 ①＝エテイヤ、②＝ゴールデンドーン、③＝マルセイユ、④＝ヴィルト、⑤＝ウェイト、⑥＝トート、⑦＝BOTA、⑧＝オリジナル、⑨＝ミンキアーテ、⑩＝クラシック、⑪＝ユニバーサル、⑫＝エジプト
⑬＝ゴールデンライダー

逆位置の考え方の相違

逆位置の意味については、解説書の著者それぞれが異なる考え方を述べています。１９２ページの表は、逆位置を取るか取らないかの一覧です。

ただし、「逆位置を取る」としている木星王（10）、ローレライ（31）、ＬＵＡ（41）も、「逆位置を取らない」としているウォーカー（13）、鏡（27）、アンバーストーン（30）も、「必ずしもそうする必要はない」「そうしない人もいる」という柔軟なスタンスを見せています。また、ポラック（22）やルイス（39）のように、最初は逆位置を取っていたけれど、次第に取らなくなった、という例もあります。逆位置を取らない姿勢を明確に打ち出しているのは、古いパピュス（2）やヴィルト（4）を除けば、マルセイユ版使用者のSilvestre-Haëberlé（17）、澁澤（35）、ホドロフスキー（36）の３人のみで、ほとんどの著者が逆位置を取ることを認めています。

●逆位置を完全に取る

エテイヤがルーツではありますが、先に見た通り、ことに小アルカナに関しては、正位置と逆位置の意味が完璧に構築されているわけではありません。それを受けたメイザース（1）は、逆位置の意味をいくぶん整理しています。ウェイト（3）は、彼らの意味に多くを負っていますが、スミスの絵のイメージも記しています。

●逆位置を取る

まずグレイ（7）が、ウェイトの意味と絵のイメージを取り入れ、正逆を「正反対の意味」とし、マシーノ（16）は単に「意味が異なってくる」と述べています。

日本初のデッキの解説書で中井（9）は「正反対とまでは行かなくても大はばに異なっている」とし、アビーネ（12）は「意味がまったく変わってくる」、斉藤（19）は「意味が異なり一般に良くない暗示」、井上（25）は「カードの本質とは反対の意味、または否定的側面が出る」、LUA（41）は「正位置の意味の正反対か、ネガティブな意味か、意味に到達していない状態」と時代とともに幅が広がっています。

現在の日本では、むしろ「反対」や「否定的側面」以外だと主張する例も増えています。浜田（37）は「反対の意味や否定的な側面とは限らない、度合いの大小で考える」、かげした

(44)は「正位置のエネルギー（個性）が薄まっている、過剰になっている、ゆがんでいる」を挙げ、さらに「正位置がネガティブならポジティブに」なると述べています。

逆位置の意味には多くの可能性があると言う者もいます。森村(38)は「正位置の意味を別の角度から見る、遅延する、誤用、勢いがない、過剰、逆転している、潜在的、一歩抜け出した状態」の8種類、ルイス(39)は「正位置の意味の正反対、遅延、妨害、評価にてこずっている、調整の必要、弱まる、影響からの解放、その前に読んだカードに戻る、秘密や無意識の要素が潜んでいる」の9種類、ローレライ(31)は「正位置の意味の正反対、問題点、障害、弱い、不足、警告、相談者による

〈逆位置の意味を取るかどうか〉

▶ **逆位置を完全に取る** …… 3人
エテイヤ、メイザース、ウェイト

▶ **逆位置を取る** …… 17人
グレイ、ダグラス、中井、木星王、キャプラン、アビーネ、マシーノ、栄、シェラザード、斉藤、井上、グリーア、ローレライ、浜田、森村、LUA、かげした

▶ **逆位置の意味は取らず配置は取る** …… 3人
クロウリー、ケース、リガルディー

▶ **逆位置を取らない** …… 10人
パピュス、ヴィルト、ウォーカー、Silvestre-Haeberlé、グリーン&シャーマンバーク、鏡、アンバーストーン、澁澤、ホドロフスキー、中村

▶ **どちらでも可** …… 14人
フェントン、ポラック、バニング、ウィリアムズ、三田、藤森、バートレット、伊泉、パーマー、ルイス、ウェン、吉田、賢龍、黒田

否定、遅延、衰退、一時的な制御」の10種類、グリーア（26）にいたっては「正位置のエネルギーの障害、他人への投影、遅延、無意識、新月あるいは暗い相、拒絶、欠如、過剰、誤用、再考、治癒過程、型破り」の12種類を挙げています。

珍しいのは、ダグラス（8）の「パーソナリティの進化前の諸相」と「落とし穴の警告」という捉え方でしょう。

●どちらでも可

この柔軟なタイプが「逆位置を取る」場合の考え方を列記していきます。ポラック（22）は「正位置の性質が妨害され、ゆがめられ、別の方向へと導かれてしまっている」、バニング（23）は「正位置のエネルギーが不在か意識できていない状態、始まったばかりか強まっている、すでに過去のものか衰退する」の3種類を挙げています。藤森（29）は「正位置の性質がねじ曲がったり弱まったりしてネガティブな面が強調されます」、ウェン（40）「正位置のエネルギーが弱められている、反対の意味になる、ネガティブな影響、実現の遅れかいまだ機が熟していない」、吉田（43）は「正位置の意味が過剰か不足、時間的な停滞、視点が変わって好転、躊躇する心理状態や行動ができずにいる状態」、賢龍（45）は「正位置がネガティブに表れるか本来正しく向かうはずのエネルギーが滞っている」と解釈しています。

また、ウィリアムズ（24）は「反対または対照的な意味を与える」としながらも「ネガティブな意味を持つカードのほとんどは、ポジティブな側面も持っている」と述べ、パーマー（34）は「正位置が良い、逆位置が悪い」ではなく「カードに内在する意味の二つの極性を反映しているだけ」だと言います。三田（28）は「逆位置を無視」「正逆で数が多いほうで読む」「逆位置は正位置の三割引き」という、「逆位置を取らない」「意味は取らずに配置は取る」「逆位置を取る」のいずれかを提案しています。

ウェン（40）は、「逆位置を取る」人は「左脳タイプ」で、「論理的な分析」「分類する」「変数が増える」といった特徴があり、「カード自体の閉じた世界の中に答えを求めようとする傾向」があると、また「逆位置を取らない」人は「右脳タイプ」で、「空間認識」「直観」「印象からリーディング」といった特徴があり、「カードの絵は直観や想像を膨らませるきっかけに過ぎない」と、それぞれタイプ分けしています。

●逆位置の意味は取らず配置は取る

リガルディー（14）は、「正・逆どちらの位置であっても同じ意味とフォースを持っている」が「向きを直したりしたらそのカードの向いている方向が変わってしまう」ので正位置に戻さないよう指示しています。そしてクロウリー（5）、ケース（6）と同様に、相談者を表す象徴カードの人物の顔の向きを見て、そちらの進行方向に規定の数字の分だけ進ませる、という黄金の夜明け団に由来するリーディングメソッドを紹介しています。

また、正逆で意味は変えないものの、スプレッド全体や隣接するカードで意味は変化すると考える者もいます。ウォーカー（13）はすべてのカードは正逆ともに「それ自身の位置やすぐ近くのカードから影響を受け変化する」、グリーン＆シャーマンバーク（20）は「カードの意味はどれも両義的」で「肯定的な面も否定的な面も示唆」し「良し悪しの程度は、スプレッド全体のコンテクストを見るとより分かりやすい」と述べています。これらはスプレッド全体から見てカードの意味を変化させているので、「逆位置を取る」と考えてもいいでしょう。「正位置を基本に」「逆位置で出たから変える」のではなく、「正逆とも同じが基本」で「周囲によって変える」スタイルです。逆位置を取るケースでも、井上（25）のように「1枚のカードは隣接するすべてのカードの影響を受ける」ので、「周囲に出ているカードとのバランスで」意味を変える手法を取るパターンもあります。

逆位置のカードは単に注目する程度と考える者もいます。鏡(27)は「直感的にカードの向きが重要だと感じたとき」のみピックアップし、バートレット(33)も逆位置を取るなら「そのカードが表している性質に注目すべきと考える」に留めています。これは「逆位置の意味は取らず配置は取る」に近いのかもしれません。

●逆位置を取らない

「カードの逆位置を利用することにより、リーディングの中に否定的な可能性を組み入れることになるから」正逆のできるシャッフルさえも禁止するホドロフスキー(36)や、逆位置が出ても正位置の状態にするSilvestre-Haëberlé(17)と澁澤(35)が、これに該当します。

発想としておもしろいのは、前のカードを見るメソッドです。「前のカードが表すテーマへと戻る」あるいは「前のカードの意味が内包される」というアイデアを、グリーア(26)、伊泉

（32）、ルイス（39）が挙げています。逆位置で出た場合、相談者はそのテーマをクリアできないか、前のカードへの執着のため新しいエネルギーが完全には現れないという状態なので、戻って振り返るか、再検討するか、その教訓を生かすべきだとみなします。グリーアによればエースは10に戻りますが、『**愚者**』やペイジの前のカードをどうするかは自分で定義するよう促しています。なお、ルイスはこれをオーストラリアの心霊科学協会会長ポール・フェントン‐スミスの意見として紹介しています。

展開されたカードの半数以上が逆位置の場合、その対処法について言及する者もいます。木星王（10）によれば、「心理的障害が」「逆位置」につながると言い、「心理負担の強いときにリバースが多く出たなら、日を変えて再度占ってみるように」、「もしそうした原因が見当たらないなら、逆を正に、正を逆にカードを置き換えてから」占うことをすすめています。マシーノ（16）は、ほとんど逆位置の場合は「質問者の気持ちが混乱しているか、質問そのものが苦しみから生じていることを示します」とし、すべてのカードが逆位置なら「シャッフルのところからやり直し」を指示しています。森村（38）も、「出たカードの半分以上が逆位置だった」ら、それは「カードとあなたの心が調和していないサイン」なので、「質問を変えるか、日を改めて占い直し」するようすすめています。グリーア（㉖）も、逆位置をネガティブに解釈する人は、「大部分のカードが逆位置の場合」「新しいスプレッドでやり直す」のも良いとしています。

アンバーストーン（㉚）は、「すべて逆位置だった場合、すべて正位置のように」読むと述べています。「カードは注意を引くのに必死になって逆立ちしている」と考え、「時間をかけて真剣に考えたほうが良い」と言います。ＬＵＡ（㊶）は、「逆位置が多いと」「質問者がその問題に対して前向きにかかわろうとしていない」と読み解くことができるとしています。

グリーアは、逆位置メソッドなるものも提唱しています。逆位置を不安や困難、自分自身の中で否定して他人に投影しているもの、根本的な原因と考えるならば、それらを深掘りするために、すべてのカードを「逆位置」にして展開する「全反転スプレッド」も有効だとしています。ルイス（㊴）もまた、「逆位置のスプレッド」に言及しています。これは「正位置のカードは無視して逆位置のカードだけ読んで」いき、それが「あなたがもっとも注意を払う必要がある重要な課題に光を当てている」とみなすリーディング法です。

逆位置を正位置にひっくり返すという発想もあります。森村（38）は「一つのカードが正位置に変われば、その他のカードも正位置に変わる」、ＬＵＡ（41）も「核心となっているカードが逆位置から正位置の意味に戻れば」「ほかのカードも正位置になり、おのずと未来や最終結果がかわって問題は解決する」、吉田（43）は「意識の変化で正位置に変わる」という見解を述べています。グリーア（26）は、「望むエネルギーを行動で表現する」「言葉にして対話する」「視覚化することで反転させる」「過去にさかのぼる」など、逆位置の状態を修正するための方法をいくつか挙げています。

逆位置の場合、絵を逆さまから見る提案もありました。森村（38）は「カードを逆さまにしたまま眺めてみる」と「パッと目に入ってくるポイントが変わる」ので「そこから意味を広げて」いくこと、逆さにすることで「同じモチーフ」に「別の意味」を見出すことをすすめています。ルイス（39）は、「カードを正位置で見てから逆さまにしてみて」「向きを変えただけでカードに対する認識がどう変わったか、ノートに記録」することを促しています。これらはまさに「絵画占い」のリーディングです。

逆位置のルール設定

逆位置に対する考え方は、これほどまでに多種多様です。逆位置を取るか取らないか、どのリーディングスタイルにどのように組み合わせるか、逆位置の意味をどう考えるのか、先人の試行錯誤とアイデアを取捨選択しながら、あなたなりの逆位置のスタイルを作ってみてください。

もっともシンプルなのは、正位置の意味さえ覚えればいい「逆位置を取らない」「キーワード占い」で、次にシンプルなのは「逆位置の意味は取らず配置は取る」「キーワード占い」です。もっとも複雑なのが「逆位置を完全に取る」あるいは「逆位置を取る」「キーワード占い」でしょう。こちらも意味を当てはめるだけですが、逆位置を取る場合、正位置の意味からどう変えるかの候補がありすぎるからです。先人の例から一番しっくりくる考え方を選び、自分のルールを作りましょう。西洋占星術になじんでいる人なら、天体の逆行を参考にすると、感覚がつかみやすいかもしれません。ちなみに、逆位置（リヴァーサル）を略してRとxを合わせたような記号を使うことがありますが、天体の逆行も同じように記されます。

その点、「スート＆ナンバー占い」は、数のシンボリズムさえ決めてしまえば、逆位置をどうするにせよ合理的ですし、「絵画占い」も逆位置を取る場合でも、シンボル選択を調整するだけですから、そこまで混乱しないはずです。

先述のように、半数以上は逆位置を取らなくても良いとしていますし、木星王（10）によるとジャック・ハーリィも、伊泉（32）によるとジョン・オプソパウス、エリザベス・ヘイゼル、イレーヌ・ギャド、アンジェラ・アライン、ロバート・M・プレイスといった影響力のある占術家も、逆位置を取らないそうです。逆位置を取らない人はこれからも増えるでしょう。

ただしこれは、すべて正位置に戻す「逆位置を取らない」タイプよりも、「逆位置の意味は取らずに配置は取る」タイプが多いと思います。その中には、「逆位置を取る」もののカードの出方やポジション次第で「正位置」にも「逆位置」にもする、あるいは「カードには正逆両方の意味が込められていて」周囲のカードや質問内容で意味が決まる、といった見解の実践家もいます。前者には井上（25）やバートレット（33）が、後者にはウォーカー（13）やグリーン＆シャーマンバーク（20）が含まれます。これらのスタイルは「逆位置を取る」と「逆位置の意味は取らないが配置は取る」との中間と言えるかもしれません。基本的には逆位置の意味を取らないけれど、配置によっては逆位置の意味を取るのです。

ちなみに筆者は、この「逆位置を取る」と「逆位置の意味は取らないが配置は取る」の中間タイプの「絵画占い」および「スート&ナンバー占い」というスタイルです。1枚の絵には正逆両方の意味が込められていると考え、逆位置なら絵を逆さから見て、目立ってくるシンボルおよび相談内容と関係があるシンボルを拾い、そこを重視する、さらにスプレッド全体のバランスや隣接するカードを見て強弱をつける、そんなスタイルです。

研究、講義、執筆を中心としている著述家と、鑑定を中心としている実践家の意見や傾向は異なります。ぜひ皆さんの意見をうかがってみたいものです。

MESSAGE from Khaki Senda

タロット占いの技法で、もっとも議論を呼びそうなトピックである、逆位置。10人いたら10通りの解釈があり、意見が衝突しそうなこの禁断のテーマを、勇気を出して取り上げてみました。いかがだったでしょうか。

タロットをあまり知らない人から受けた「逆さに出るとどう変わるのですか」という質問

に、また、プロのタロット占い師の集まりで聞かれた「逆位置をどう考えますか」という問いかけに、どのように答えるのか、その回答のためのヒントを提示したつもりです。また、正位置と逆位置の意味を追究する過程で、そもそもタロットカードの意味をどう規定するべきか、逆位置とは何か、逆位置を取る（取らない）理由は何か、能動的に考えるきっかけになったなら、本章での私の役目は果たせたのではないかと思います。

さて皆さん、あなたなりの逆位置のルールは決まりましたか。どんな見解を持つにせよ、自信を持ってリーディングに臨んでくださいね。そして、皆さんはこの後、ＬＵＡさんによる時期読みの技法について、学んでいくことになります。

23 ジョアン・バニング
1998年、2007年訳『ラーニング・ザ・タロット』伊泉龍一訳　駒草出版
24 ブライアン・ウィリアムズ
1999年、2023年訳『ミンキアーテ・タロット』鏡リュウジ監訳　美修かおり訳　原書房
25 井上教子
2000年『タロット解釈実践事典』国書刊行会
2009年『タロット象徴事典』国書刊行会
26 Mary K.Greer（メアリー・K・グリーア）
2002年『The Complete Book of Tarot Reversals』Llewellyn Worldwide Ltd
27 鏡リュウジ
2002年『タロット　こころの図像学』河出書房新社
28 アリサ三田
2003年『大アルカナ　タロット練習帳』星雲社
2005年『小アルカナ　タロット練習帳』星雲社
29 藤森緑
2004年『タロットリーディング』魔女の家BOOKS
2008年『はじめての人のためのらくらくタロット入門』説話社
2019年『基礎とリーディングが身につくタロットLESSON BOOK』池田書店
30 Ruth Ann Anmerstone & Wald Amberstone（ルース・アン・アンバーストーン＆ウォルド・アンバーストーン）
2004年『Tarot Tips : 78 Practical Techniques to Enhance Your Tarot Reading』Llewellyn Publications
31 Lady Lorelei（レディ・ローレライ）
2004年『The Tarot Life Planner』Octopus Publishing Group Ltd.
32 伊泉龍一
2004年『タロット大全　歴史から図案まで』紀伊國屋書店
2007年『完全マスター　タロット占術大全』説話社
2009年『リーディング・ザ・タロット』駒草出版
33 サラ・バートレット
2006年、2011年訳『タロットバイブル』乙須敏紀訳　ガイアブックス
2015年、2024年訳『タロットの鍵』千田歌秋監修　福山良広訳　ガイアブックス
34 Richard Palmer（リチャード・パーマー）
2008年『Tarot : Voice of the Inner Light』Custom Book Publishing
35 ジューン澁澤
2009年『リーディング・ザ・タロット』駒草出版
36 アレハンドロ・ホドロフスキー
2010年、2016年訳『タロットの宇宙』マリアンヌ・コスタ共著、伊泉龍一監修、黒岩卓訳、国書刊行会
37 浜田優子
2011年『すべてのカードで占う一番やさしいタロット』日本文芸社
38 森村あこ
2012年『はじめてでもよくわかるタロット占い入門』実業之日本社
39 アンソニー・ルイス
2014年、2018年訳『完全版　タロット事典』鏡リュウジ監訳、片桐晶訳、朝日新聞出版
40 ベネベル・ウェン
2015年、2020年訳『ホリスティック・タロット』伊泉龍一、水柿由香訳　フォーテュナ
41 LUA
2017年『78枚のカードで占う、いちばんていねいなタロット』日本文芸社
2019年『リーディングがもっと楽しくなる78枚で占うタロット読み解きBOOK』日本文芸社
42 ヘイズ中村
2018年『決定版　トート・タロット入門』学研
43 吉田ルナ
2020年『この一冊で本格的にできる！タロット占いの基本』メイツユニバーサルコンテンツ
44 かげした真由子
2022年『はじめてのタロットBOOK』永岡書店
45 賢龍雅人
2023年『新ウェイト版フルデッキ78枚つき　タロット占いの教科書』新星出版社
46 黒田聖光
2023年『エジプトタロットの世界』東洋書院

『ユングとタロット　元型の旅』サリー・ニコルズ　秋山さと子、若山隆良訳　新思索社　2001年
『数の原理で読むタロットカード』松村潔　星和書店　2003年
『シークレット・オブ・ザ・タロット』マーカス・カッツ、タリ・グッドウィン　伊泉龍一訳　フォーテュナ　2016年
『ウェイト＝スミス・タロット物語』K・フランク・イェンセン　江口之隆訳・解説　ヒカルランド　2019年

参考文献

1 S.L. MacGregor Mathers（マグレガー・メイザース）
1888年『The Tarot, its occult signification, Use in Fortune-Telling and Method of Play, etc.』George Redway

2 Papus（パピュス）
1889年、1896年 英 訳『The Tarot of the Bohemians』translated by A.P.Morton George Redway

3 Arthur Edward Waite（アーサー・エドワード・ウェイト）
1911年『The Pictorial Key to the Tarot』William Rider & Son Ltd.

4 オズヴァルド・ヴィルト
1927年、2019年訳『中世絵師たちのタロット』今野喜和人訳　国書刊行会

5 アレイスター・クロウリー
1944年、1991年訳『トートの書』（アレイスター・クロウリー著作集2）榊原宗秀訳　国書刊行会

6 Paul Foster Case（ポール・フォスター・ケース）
1947年『The Tarot : A Key to the Wisdom of the Ages』Macoy Publishing Company

7 イーデン・グレイ
1960年『啓示タロット』
1970年『皆伝タロット』
1971年『自在タロット』
2002～2007年訳
すべて星みわーる訳、幸月シモン監修　郁朋社

8 アルフレッド・ダグラス
1972年、1995年訳『タロット　その歴史、意味、読解法』栂正行訳　河出書房新社

9 中井勲
1973年『タロット』（カード付書籍）with 松村雅一　継書房

10 アレキサンドリア木星王
1975年『タロット　入門と占い』（カード付書籍）with 中島靖侃　大陸書房
1994年『上級タロット占術』魔女の家BOOKS
1996年『あたるタロット占い』魔女の家BOOKS

11 Stuart R. Kaplan（スチュアート・キャプラン）
1977年『The Encyclopedia of Tarot Vol.1』US Games Systems

12 アビーネ藍
1978年『カードの神秘を解きあかす　タロット占い』日東書院

13 バーバラ・ウォーカー
1984年、1992年訳『タロットの秘密　その神秘な歴史と大秘儀・小秘儀』寺沢明美訳　魔女の家BOOKS

14 イスラエル・リガルディー
1984年、1990年訳『ザ・コンプリート・ゴールデン・ドーン・システム・オブ・マジック』ヘイズ中村、竜野アイン訳　ニック

15 サーシャ・フェントン
1985年、1997年訳『もっと当るタロット』浦風マリア訳　アレキサンドリア木星王監修魔女の家BOOKS
※『英国流タロット占い』正木まや訳（大陸書房）で初訳、『英国流タロット教室』松田アフラによる改訳、本書は浦風マリア訳による再改訳
1998年訳『タロット教科書第3巻』浦風マリア訳　魔女の家BOOKS
※『英国流正しいタロット占い』の改定改題版

16 マルシア・マシーノ
1987年、1997年訳『タロット教科書　第1巻』栄チャンドラー訳　魔女の家BOOKS

17 Colette Silvestre-Haēberlē
1987年、2010年訳『マルセイユ版タロットのABC』星みわーる訳　幸月シモン監修　郁朋社

18 エミール・シェラザード
1991年『幸せをつかむタロット占い』（カード付書籍）with 天野喜孝　成美堂出版

19 斉藤啓一
1992年『正統カバラ・タロット占術』（カード付書籍）学習研究社

20 リズ・グリーン&ジュリエット・シャーマン＝バーク
1992年、2014年訳『神託のタロット』鏡リュウジ監訳　原書房

21 栄チャンドラー
1997年『タロット教科書　第2巻』アレキサンドリア木星王監修　魔女の家BOOKS

22 レイチェル・ポラック
1997年、2014年訳『タロットの書　叡智の78の段階』伊泉龍一訳　フォーテュナ

PART3 解説 by 鏡リュウジ

COMMENTARY #03

タロットを豊かにする逆位置という発想

タロットが話題に出ると、占いに詳しくない方からもしばしばこう言われます。「タロットって難しいんでしょ。逆向きに出ると意味が変わるんだとか」

タロット本についてのネットレビューにも「この本は逆位置を扱っていないから初心者向き。本格的ではない」などという記述を散見します。タロットと言えば「逆位置」がすぐ想起されるなど、逆位置のイメージは強烈なのでしょう。しかし、実際にどのように逆位置を使うかは、タロティストによって千差万別。大きく意見が分かれるところなのです。

本書は「技法事典」的な性質を持ちますから、ニュートラルなスタンスを基本としています。自由なタロットの世界でも、とりわけ「十人十色」の逆位置解釈の章を担当するのは、かなりの重責だとは思うのですが、千田さんはここでもすばらしいリサーチ力と整理のスキルを使って、現代のタロットにおける逆位置のさまざまな使用法、考え方を提示してくださいました。「タロット占いの祖」である18世紀のエテイヤの時代にさかのぼり、逆位置のルーツをたどったうえで、現代のタロティストたちのさまざまなスタンスを網羅してくださっています。皆さんはこれを足がかりに、自分のスタイルを創っていただきたいのです。

千田さんの網羅的な逆位置解説に付け加えることはほとんどないのですが、197ページで少し触れられている、ポール・フェントン - スミス(＊1)のユニークな逆位置の解釈法をここでも補足しておきましょう。フェントン - スミスは、小アルカナの逆位置のカードは、その一つ前の段階にさかのぼって考えるべき未解決の問題が残っていることを示すというのです。ちょうど、テストに落ちて追試を受けている、というような状況をイメージするとわかりやすいかもしれません。小アルカナの数札を1から10まで順次、自体が成熟していく流れを示すと考えると、あるカードの逆位置はまだそのカードが正位置で示す段階に達していないと考えるわけです。

たとえば、『**ワンドの10**』が逆に出た場合、その一つ前の『**ワンドの9**』の段階での課題が未解決であると考えます。『**ワンドの10**』が示すような今の責任を負うためには、『**ワンドの9**』が象徴するように、じっくりと事態を注意深く(ときに疑い深く)見て、優先順位を決めなければいけないというわけです。

エースの場合には、一周回って10を考えます。大アルカナの場合にも、一つ前のカードを参考にするわけです。たとえば2の『**女教皇**』の逆の場合には、1の『**魔術師**』になり、自分や誰かの心の内奥に迫ったり、直観をいかして決断をくだしたりしていくためには、より明快で言語化されたコミュニケーション、合理的、論理的な思考で基礎を固めていくことが先決だ、ということになります。この方法がユニークなのは、その場に出ていないカードをイマジナルなかたちで想定して、解釈していくことでしょう。

少し脱線しますが、ぼくは、実際のタロットリーディングにおいては「出ていない」カードに注目することがしばしばあります。ケルト十字法で棒のカードが1枚も出ていない、などということがあれば、その人にとって情熱や生きるための強いエネルギーが抑圧されているのではないか、それが荒々しいかたちで暴発する可能性があるのではないかという見方をするのです。タロットの体系が一つの「全体（ホールネス）」だというイメージを持ったときに、フェントン‐スミスの逆位置や、ぼくの「ミッシング・カード」（出ていないカード）の解釈が可能になってくるというわけです。

逆位置に話を戻しましょう。冒頭にも述べたように、「逆位置」というカード占いでのアイデアは人々に強い印象を与えます。タロットの『**吊るされた男**』が見る者に強い印象を与えるように、それ自体が一つの元型的なイメージなのでしょう。

何かがひっくり返り、反転する。それは破局なのか、あるいは何かからの解放なのか、もしくはその両方なのか。採用するにしてもしないにしても「逆位置」というアイデアがタロットの世界を豊かにしたのは間違いありません。

脚注●＊1／Anthony Louis *Tarot beyond the Basics* Llewellyn 2014で紹介されている内容を参照した。

PART

04

Read the time
with Tarot

タロットで時期を読む

未来に何が起こるのかは、誰もが知りたいテーマです。カウンセリング的な趣が強い現代の占い現場においても、「時期読み」は、古くからの占いの要素を残すもの。しかし、「時期読み」はタロットでは不向きとされています。それはなぜなのでしょうか——第4章ではそんな「時期読み」について実践的かつわかりやすい方法を、数々のベストセラー書籍を手掛けるLUAが解説、新しいタロットの世界を提示します。

LUA

2004年、CGデザイナーから占い師に転身。東京・六本木のLUA's BAR（占いバー）を閉店後、執筆に専念。占い、呪い、開運と、ジャンルを超えて活動するユニークな占術家。2017年発売の著書『78枚で占う、いちばんていねいなタロット』（日本文芸社）は大ヒットベストセラーとなり、『オリジナルカード78枚ではじめる いちばんたのしい、タロット占い』などがシリーズ展開され、どれも大人気に。近著は、『78枚ではじめる つまずかない、あなたにぴったりの答えを導けるタロット』（日本文芸社）、『自分で自分の運命をひらくタロットBook』（三笠書房）など。著書多数。占い、おまじない、心理テスト、コラムや児童向けの怖い話などを執筆・監修している。

何も知らない相手の気持ちや、ことの顚末(てんまつ)を占える便利なツール、それがタロットです。しかし、正確な時期を読んだり、長期的な未来の流れを占ったりすることには不向きと言われています。それはどうしてなのでしょうか？　まずはその理由を見て、タロット占いの特徴を振り返りましょう。

占いの種類と特徴

俗に占いには、大きく分けて三つのタイプがあると言われます。一つは、西洋占星術や四柱推命、九星気学などのように、生年月日で占う「命術」と呼ばれるもの。もう一つは、手相や人相、姓名判断、風水などのように、相を見て占う「相術」と呼ばれるもの。そして最後の一つは、タロットやルーン、易などのように、出た目で占う「卜術(ぼくじゅつ)」と呼ばれるものです。

これら3タイプの占いにはそれぞれの特徴があります。その人の性格や適性、長期的な期間や時期などを占うには「命術」が、開運には「相術」が向いており、「卜術」は人の気持ちや近い未来を知りたいときに用いられるのが一般的です。タロットでは時期を見ず、時期を知りたいときは「命術」を使うという占い師が多い理由でしょう。

私自身も長期にわたる運勢を見たり、時期やタイミングを占ったりする際には命術を使うことがほとんどでした。タロットで占うときは、1カ月から3カ月程度、長くても半年までの未来と、期間を限定することがほとんどでした。とはいえ、新年を迎えるタイミングでは、「ホロスコープスプレッド」(89ページ参照)などを用いた、その年の12カ月を占うタロット占いが人気でもありました。また、「いつ恋人ができますか?」「出会いがあるのはいつですか?」といった質問も多く、3カ月先までを読めればいいわけでもないのが占い現場の実情です。私のように複数の占術を使い分ける占い師も多く、タロットだけですべてを占わない人もたくさん存在しました。

時期を読むことにタロットが適さない理由

現在と未来のカードを引いて占うタロットの手法では、はじめに設定したタイミングで、どのような状況になるかを予測することはできても、具体的な時期や日時を導くことはできません。

一般的なタロットの使い方では、はじめに設定したタイミングでの結果しか読み取れず、目的を達成するまでにどれくらいの期間が必要になるかはわかりません。「それがいつ起きるか」という時期をダイレクトに知ることは難しいのです。タロットは時期読みには適さないと言われるのは、ここから来ているのでしょう。

また、タロットなどの卜術は、「占う瞬間の状況からしたら、このような未来になる」という観点から占います。これまでの行いが現状を招いたという視点から、「このままの流れで動いていくと、こんな未来になるでしょう」という読み解き方をするわけです。タロットでの恋愛占いが人気の秘密もここにあるのでしょう。今この瞬間で、相手が自分をどう思い、どのようなアクションを

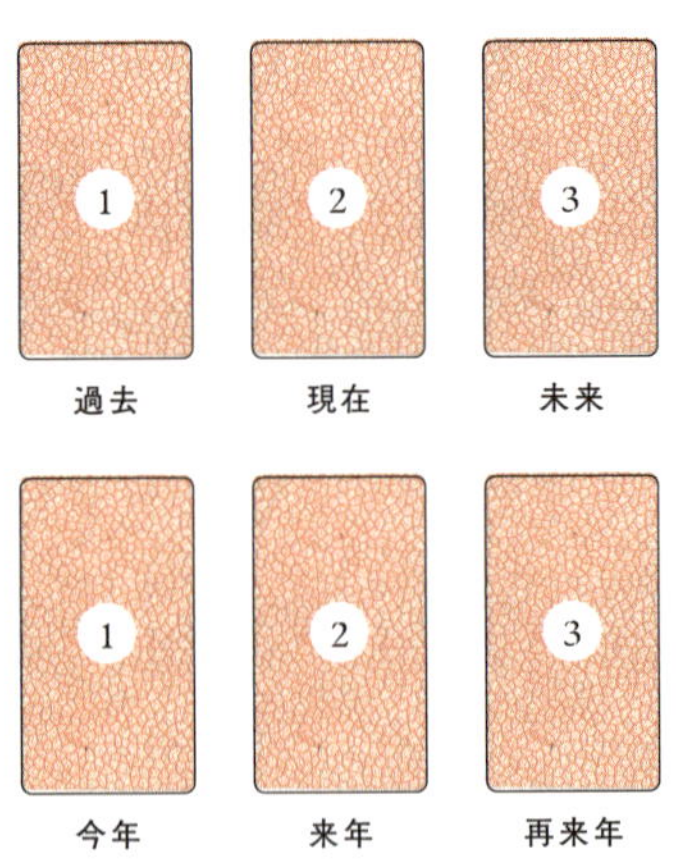

過去、現在、未来といった漠然とした期間や、今年、来年、再来年はどんな感じになるかを読み解く時期の占い方がタロットの主流です

してくるのかという占い方ができるからです。感情や考え方にともなった行動を読み解くのがタロットの得意とするところなのです。占ったときは、そのようになる可能性が高かったとしても、本人の気が変わったり、まったく異なる状況が生まれてしまったりした場合は、占いが外れやすくなるかもしれません。こういった特性があるため、あまりに長期的な未来を卜術で見ても、仕方がないと言われるのです。

一方で、タロットが当たると言われる理由もここにあるでしょう。その瞬間の当人の思いや状況から結果を導けることと、その人の考えや気持ちを占えてしまうからです。

生きている人間は、毎日たくさんの選択を積み重ねていきます。今すぐ起きるか、あと5分寝るか、食事で何を食べるか、電車で行くか、歩いて行くかなど、他愛ない小さな選択を繰り返しながら、自らの生き様で未来を形作っていきます。とはいえ、ささいな決断と言えど、その選択で命拾いをしたり、大きなチャンスをつかんだりすることもあります。人間という存在もまた卜術的で、タロットのようなものであると言えるのかもしれません。

では、どのようにタロットを使えば時期を占えるのかをこれから紹介していきましょう。

2種類の時期読みタロット

時期読みタロットには二つの方法があります。時期をどのように占いたいかで、占い方を選びます。

1 特定のタイミングを定義し、それに合わせてカードを展開する方法（215ページ参照）

2 カードそれぞれに時期を関連付ける方法（237ページ参照）

「相手の気持ち」などのように、「今日」「明日」「明後日」、「今月」「来月」「再来月」、「今年」「来年」「再来年」「それ以降」と、あらかじめ定義付けた時期をスプレッドに展開して占うのが1の方法です。この方法を繰り返し行って期間の幅を絞り込み、ピンポイントの瞬間を導くこともできます。一方、具体的な日程や候補がなく、ただ漠然と「いつ」を知りたいときは、2の方法を用います。なお、本章ではもっともポピュラーなウェイト＝スミス版に加え、拙著『オリジナルカード78枚ではじめる　いちばんたのしい、タロット占い』のカード「デイ・ドリームタロット」も並べてイメージを膨らませていきたいと考えます。

1 特定のタイミングを定義し、それに合わせてカードを展開する方法

タロット占いで使われる一般的な時期の占い方です。知りたい時期枠を具体的に定義付けしてからカードを展開します。使用カードは78枚です。

時期や日程の候補から選びたい

○年○月○日、○時、午前、午後、明日、来週、○曜日のように、具体的な日付や時間が決まっていて、そこから候補を選びたいときに使える方法です。転居日や結婚式の日取り選び、告白や交渉のタイミングなど、限られた期間や候補日などがあるときは、その候補を選んだらどんな結果になるかを直接的に占い、もっとも良さそうな候補に絞り込むことができます。

CASE STUDY

Q　結婚式の日取り選びで、コスパと縁起のどちらを優先すべきか。どちらもやめて友引にしてしまうかで迷っています。

A　三つの候補日について、3枚のタロットを引きます（下図参照）。

①割高の大安は、費用が高すぎるのか、あとで首が回らなくなりそうです。②割安の仏滅は、周囲からの賛同を得られず、③友引は楽しい挙式になりそうですね。

CASE STUDY

Q　喧嘩中の友人と仲直りしたいです。友人の機嫌が良く、なるべくスムーズに話ができて、

〈サンプルリーディング①〉

○日、割高の大安
『吊るされた男（逆）』

○日、割安の仏滅
『ソードの6』

○日、友引
『恋人』

仲直りしやすい時間帯を知りたいです。

A **午前、午後、夕方で、3枚のタロットを引いて、ざっくりとしたタイミングを選びます**（下図参照）。

①午前は心のゆとりがなさそうで、②午後は仕事に追われているようです。③夕方は『**カップのエース**』で、気持ちを汲み取ってもらえそうですね。

何時から何時と、もっと詳細に知りたいなら、候補日を特定したあと、ホロスコープスプレッドで12枚のタロットを展開してさらに占います。アナログ時計の文字盤に合わせてカードを展開します。相手のライフスタイルに合う時間帯を中心にカードを読み解き、話が円満にまとまりそうな時間帯を探しましょう。

〈サンプルリーディング②〉

午前
『ソードのクイーン』

午後
『ワンドの7（逆）』

夕方
『カップのエース』

時期や期間を絞り込みたい

期間や日付などの目星が付けられず、漠然とした時期を探る方法です。出会いはいつあるのか、結婚はいつできるのかなど、具体的なタイミングを設定できないときは、年、月、日といったように、長い期間から徐々に絞り込む占いを繰り返して答えを導きます。

CASE STUDY

Q　ずっと恋人がいません。好きになれる相手も見つからず、恋愛できる気がしません。いつになったら恋人ができるか知りたいです。

〈サンプルリーディング③〉

④それ以降
『カップの10（逆）』

③再来年
『ペンタクルの9（逆）』

②来年
『カップのペイジ』

①年内
『ワンドの5』

ステップ1

まずは、年内に出会いがあるのかどうかを探ります（右図参照）。②の来年に出会いがありそうです。告白を受ける可能性もあります。また、③の再来年と④のそれ以降を見ると、②の出会いの人と関係を継続し、最後に結ばれるというようにも読めるでしょう。①年内は精力的に動いていそうですが、似たり寄ったりの出会いになりそうです。逆位置のカードも、未来に向けての心意気次第で正位置になるかもしれません。

ステップ2

来年②に出会いがありそうなカードが出たら、来年の何月に出会いがあるかを探ります。具体的な月を知りたいわけではないなら、「いつの季節に出会うか」として、次ページの図のように春夏秋冬で４枚のカードを展開するのもいいでしょう。

〈一つの季節を展開する方法〉

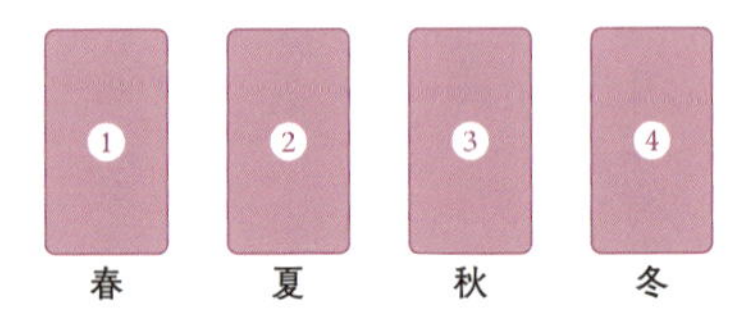

〈ワンイヤースプレッドで、12カ月を展開する方法〉

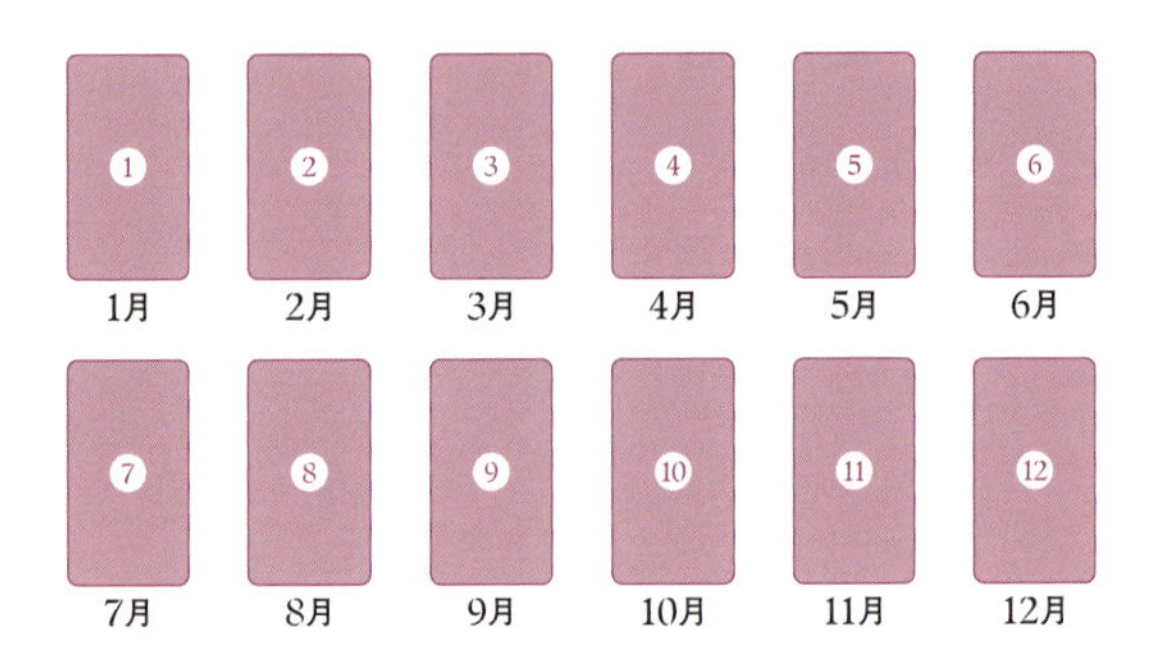

〈ホロスコープスプレッドを使って12カ月を展開する方法〉

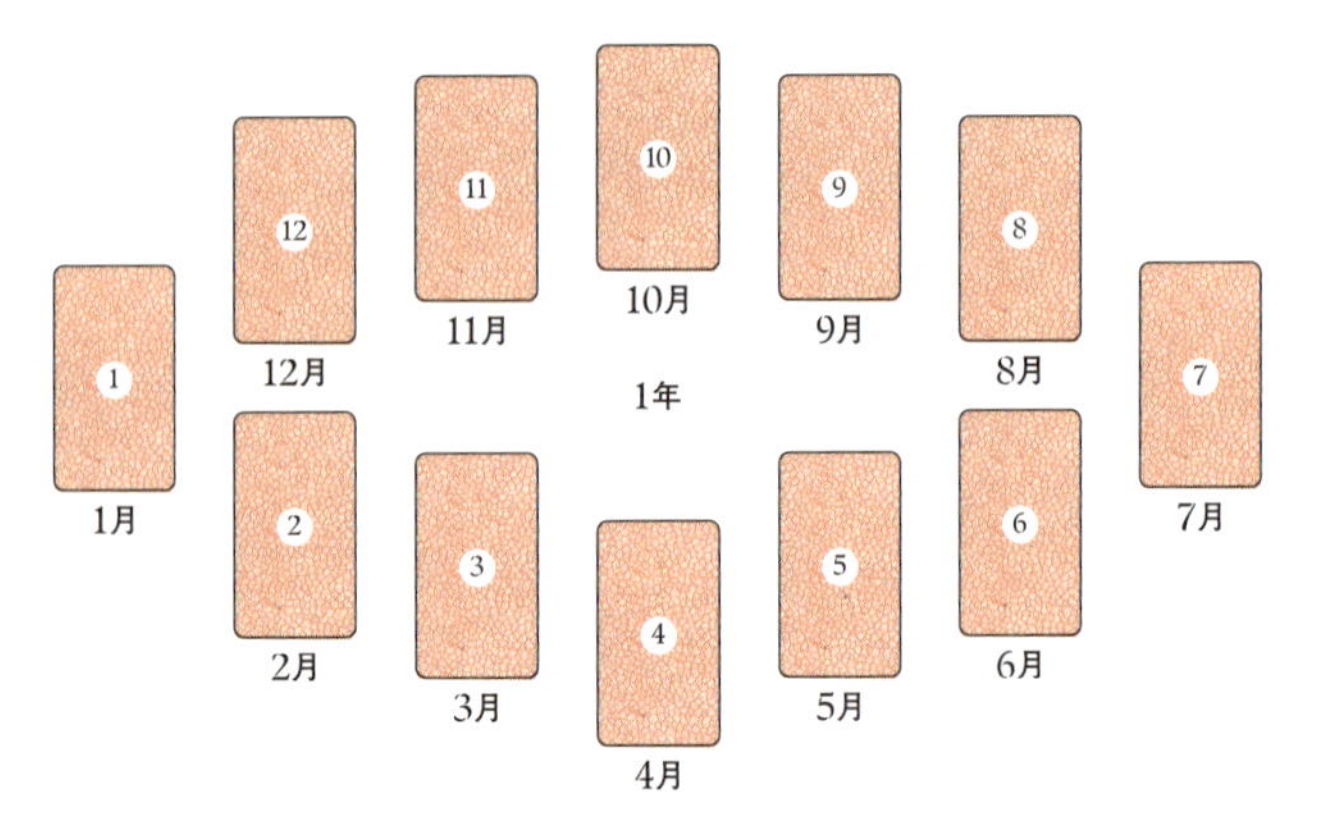

ステップ3

10月⑩に出会いがありそうなカードが出たら、10月のいつ頃に出会いがあるかを探ります。次のページの図のように月の前半後半か、週単位、日単位でカードを展開するのがわかりやすいでしょう。または、カレンダースプレッドを使って、出会いのタイミングを特定する方法もあります。この方法で導かれた時期を命術で占ってみると、不思議とタイミングが一致したり、出会いのディテールをさらに高められたりするなど、おもしろい発見があるかもしれません。命術を扱う方は、ぜひ、お試しください。

ここからさらに、出会いの時間帯を知りたいなら、〈ステップ4〉として時間を特定する占いを展開してもいいでしょう。しかしたいていの場合、何月のいつくらいに出会いがありそうですということがわかれば、それで占いは終わります。日を特定したいという方もいらっしゃいますが、時間を教えてほしいという方には出会ったことがありません。

また、実際に、何月何日何時にどうなりますという予言のような占いは、よほどのことがない限り、的中させるのは難しいでしょう。まれに当たってしまうこともありますが、その場合は時期を占うわけでもなく、カードを引いた瞬間に、そのタイミングが浮かんでしまっ

〈10月の前半（10/1～15）と後半（10/16～31）で展開する方法〉

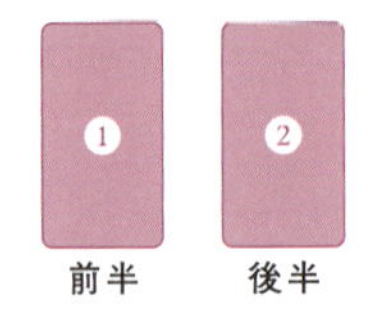

〈10月を1週間ごとに展開する方法〉

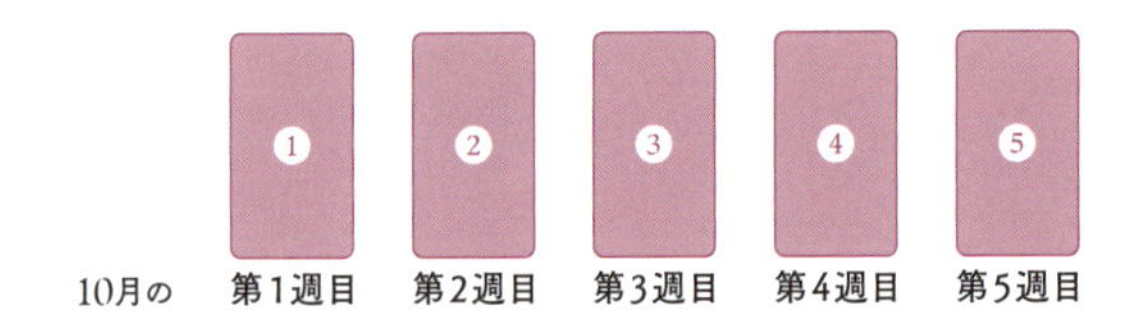

〈カレンダースプレッドを使って、出会いのタイミングを特定する方法〉

10月

sun	mon	tue	wed	thu	fri	sat
1	2	3	4	5	6	7
8	9	10	11	12	13	14
15	16	17	18	19	20	21
22	23	24	25	26	27	28
29	30	31				

たという場合に限るというのがほとんどです。私も数字が思い浮かぶこともあれば、その瞬間が情景として見えてくることもありました。こうした不思議を体験できるのもタロットの魅力です。不思議現象は、タロット占いの回数を重ねるうちに、突然に体験するでしょう。その理由は解明できていませんので、体験されたら、ぜひ紐解いてみてください。

時間帯やその瞬間を読む〝タイミング占い〟

「時間を占っても当たらないし、占ってほしいと言われることもないので、占わなくてもいいです」とお伝えしましたが、別の角度からは、日常の中で便利に占える〝タイミング占い〟があります。「今この瞬間のタイミング」を占うので、タロットが得意とする占いになるでしょう。個人的には的中率が高く、便利に活用しています。すぐに結果が出るので、的中率アップのエクササイズとしてもおすすめです。78枚のフルデッキでも、22枚の大アルカナだけでも占えます。

次ページの表は大アルカナの速度感を一覧にしたものです（★が多いほうが速いという意味）。これを参考に、自分にとってのカードのイメージを明確にしていくと、タイミング占いをしやすくなります。出たカードを見たときに、速度感がわかるようになればバッチリです。

〈大アルカナの速度イメージ〉

愚者	いつでも／どちらでも	★★★☆☆☆
魔術師	今/すぐ	★★★★★★
女教皇	まだ／これから	★☆☆☆☆☆
女帝	ちょうど／ほどよい頃合い	★★★★☆☆
皇帝	あと／時間がかかる	★☆☆☆☆☆
教皇	まだ／待つ必要がある	★★★☆☆☆
恋人	今／間もなく	★★★★★☆
戦車	今／すぐ	★★★★★★
力	まだ／待つ必要がある	★★★☆☆☆
隠者	まだまだ／遅れる	★☆☆☆☆☆
運命の輪	今／すぐ	★★★★★★
正義	まだ／準備が必要	★★☆☆☆☆
吊るされた男	まだまだ／止まっている	★☆☆☆☆☆
死神	今／間もなく	★★★★★☆
節制	ちょうど／ほどよい頃合い	★★★★☆☆
悪魔	あと／時間がかかる	★☆☆☆☆☆
塔	今／何かある	★★★☆☆☆
星	今／間もなく	★★★★★☆
月	まだ／見通せない	★★☆☆☆☆
太陽	今／すぐ	★★★★★★
審判	今／まさに	★★★★★★
世界	ちょうど／ほどよい頃合い	★★★★☆☆

タイミング占いは二つあります。「知りたい時間枠の中で、タイミングを並べる方法」と、「ひらめいた時間枠で、1枚引きする方法」です。時期占いとは少し異なりますが、今を占うことに適したタロットに向く占い方です。「今この瞬間」というタイミングについて知りたいときに1枚のカードを引きます。必要に応じて、カードの枚数を増やすこともあります。

どんな感じにタイミング占いを使うのか。具体例を箇条書きで紹介します。活用のニュアンスがわかったら、知りたいタイミングについて応用し、二つのタイミング占いのどちらを用いるかを決めて占います。何度か挑戦するうちに、感覚が身に付くでしょう。

〈知りたい時間枠の中で、タイミングを並べる方法〉

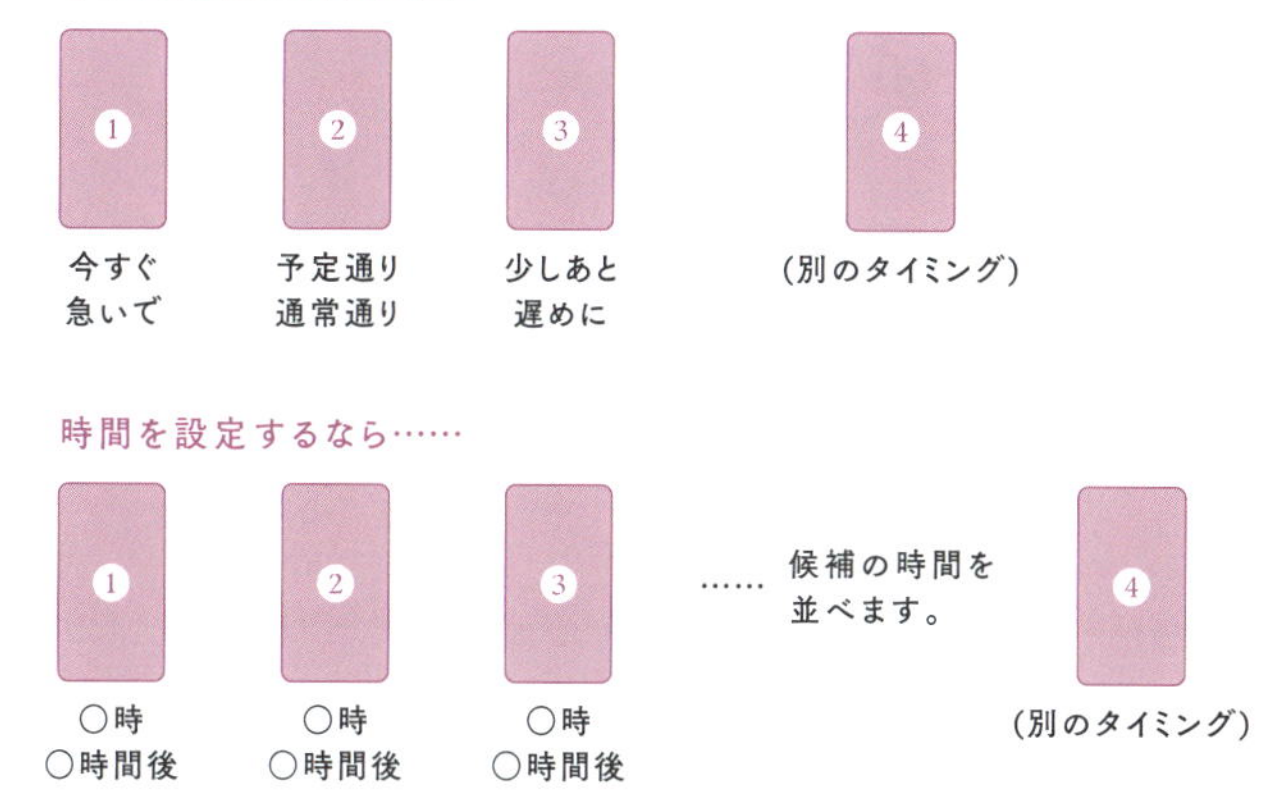

リーディングのポイント

「今ですか？」「〇時ですか？」「〇〇に間に合う時間帯ですか？」など、同じカードが出ても、質問の仕方で読み方が変わります。自分にとって読み解きやすい質問の仕方を見つけると読みやすくなるでしょう。

◎本日到着予定の宅配便は何時頃に来るか？

時間指定ができていない、もしくは、午前と午後としかわからず、出掛けたくても出掛けられないときなどに便利です。私が過去に体験した事例では、「宅配便はもうすぐ到着しますか？」という質問で『**審判**』が出て、その5分後に玄関のチャイムが。おかげで宅配便で届いた服に着替えることができ、急いで待ち合わせに向かったことがありました。また、『**隠者**』が出て、これは予定よりも遅くなるのだろうと思っていたら、その日に届かず、通販サイトで確認すると出荷予定日が変更になっていたこともありました。

◎家族は何時頃に帰宅するか？

夕飯を食べられる時間に家族が帰って来るのか？　やや遅めの帰宅で、時間差の夕食になるのか。今から温めておくとちょうどよく帰って来てくれるのか？　これを知ることで、準備の仕方が変わってくるでしょう。家族と連絡がつかないときに便利です。また、来客の予定があり、食事やお茶の準備をしようというときにもおすすめです。待ち人がいつ来るのか？　予定通りに来るのか、遅れるのか？　それを事前に知ることで、準備の効率が上がるでしょう。私が過去に体験した事例では、「少し早いけれど、今から準備をしても問題ないでしょうか？」でカードを引くと『**悪魔**』が出ました。何かにハマってしまい、まだ抜け出せないため、到着が遅れるだろうと読むと、その通りで、電話応対で抜け出せなくなり、少し遅れて到着となったことがあります。

◎雨が降ると言われているけれど、何時くらいまでなら、傘を使わずに行って帰ることができるか？　雨は何時から何時に降るのか？

雨が降る時間を知ることで、急いで出掛けるか、雨をやり過ごしてから出掛けるかという目安をつけられます。何時から何時という時間枠でカードを引くのもいいですが、今すぐ外出し、用事を済ませて帰って来るまでに雨が降るかどうかで占うのもわかりやすいでしょう。私が過去に体験した事例では、「今からクリーニングを取りに行けば、雨に降られずに帰ってくることができますか？」で『**ソードのナイト**』が出て、大急ぎで行って帰って来たら、雨に降られずに済んだことがありました。ここで『**ペンタクルのナイト**』が出たら、もう少しゆっくりのペースで往復する余裕があったのかもしれません。

◎お風呂は何時に入ろうか？

早めに入っておいてよかったと思うこともあれば、入浴後に思わぬ作業をしてしまい、またシャワーを浴びることになってしまうときがあります。また、お風呂に入っていたために、突然のうれしいお誘いをスルーしてしまうことになるケースもあるでしょう。いつもと違う時間にお風呂に入ろうとするときは、お風呂に入るベストな時間を占うと、あとから良かったと思えることがあるのでおすすめです。

私が過去に体験した事例では、今日は仕事も一段落したし、早めにお風呂でも入って寝てしまおうかなと思いながら、今、お風呂に入ってもいいかどうかで、カードを引いたことがありました。金曜日ということもあり、万が一、友人からの突然のお誘いがあるかもしれないと思ったからです。出たカードは『**塔**』でした。お風呂に入ったら、何か突然の出来事があるとすれば何だろうかと考えていると、携帯に着信が。友人からのお誘いメールが届いたのです。お風呂モードから一変し、外出の準備をはじめ、無事に出掛けることができました。また、『**隠者**』が出たときに、お風呂でおひとりタイムを過ごせばいいということだろうという読みで入浴したら間違いで、もっとあとにすれば良かったと思ったこともありました。このときは、見たかった心霊特番の放送日で、それを忘れてお風呂に入ってしまったのでした。いずれにしても「おひとりタイム」ではあったのですが、『**隠者**』は過去を向くイメージのカード、つまり後ろですよね。「あとにする」ということだったのです。

◎今すぐがいい？　少しあとがいい？

何らかの行動を起こす際のタイミング占いです。今すぐ行えば間に合うのか、今すぐ行うとうまくいくのか、スムーズにことが運ぶのか。今すぐ行うと邪魔が入ったり、中断したりすることになるのか。行う内容によっては、集中したくて、邪魔をされないことが重要な場合もあるでしょう。こうしたときに使える占い方です。たとえば私は複数請け負った仕事の案件の中で、どれから進めていこうかというときに、よくこの占いを使います。この作業を今から着手するか、あとまわしにするかでカードを引くと、『**塔**』が出て、これは何かアクシデントが起きるのかもしれないと判断し、別案件を進めることにしたのです。すると、着手しようとしていた案件で変更が入ったり、いったん保留になりましたという連絡が入ったり、タロットに救われたと思ったことがたびたびありました。

また、今すぐ出掛けるか、少しあとに出掛けるかというときにも、タイミング占いが役立ちます。急ぐか、一息ついてからにするかを選べるなら、試しにカードを1枚引いてみるといいでしょう。『**ワンドの8**』で、急げ急げ今すぐと出て、予定よりも早く出掛けたことで電車の遅延を免れたり、『**運命の輪**』で出掛けたら、最後の一つとなっていたセール品をゲットできたりしたこともありました。さまざまなケースで使えて便利な占いです。ご自身に合うようにアレンジしてお役立てください。

LUAオリジナル「カレンダー・スプレッド」

マンスリー・カレンダーに合わせて、カードを展開する「カレンダー・スプレッド」です。カレンダーによって、週の始まりが、土曜、日曜、月曜と異なるので、お手持ちの手帳やカレンダーに合わせてカードを並べるのがおすすめです。そのまま手帳やカレンダーにメモしたり、写真を保存したりしておけば、あとから確認したいときに便利に使えます。78枚のカードで占うので、1カ月ごとに占うのはもちろん、2カ月分をまとめて展開するなど、使い方はあなた次第。月初めや新月のタイミングで1カ月を、隔月で2カ月を占うのもいいでしょう。

本日のタロットがわかるので、日々のワンオラクル（1枚引き）として活用することもできます。

月単位でカードを展開すると、大小アルカナの比率や、スートのばらつきなどで、今週はどんな感じの週になるかもわかりやすくなります。大事な予定を入れるときや、美容室でイメチェンするならこの日が良いなど、スケジューリングにも役立ちます。ケガやトラブルに見舞われそうな日を先に知ることで、注意したいときもわかる便利な占いです。

リーディングのポイント

30枚前後のカードが並ぶカレンダースプレッドでは、カード全体を見渡し、大小アルカナや正逆、スート、数のばらつきを把握します。スートが偏っていれば、その月のテーマは多く出ているスートの要素が強くなり、1枚も出ていないスートや数があるなら、そこに注目することで、見えてくる課題があるかもしれません。

たとえば、恋活に励みたいと思っていたのにカップが見当たらないとなれば、ほ

〈78枚で1カ月を占うカレンダー・スプレッド〉

2024年10月を例にサンプルリーディング

10月

sun	mon	tue	wed	thu	fri	sat
		1	2	3	4	5
6	7	8	9	10	11	12
13	14	15	16	17	18	19
20	21	22	23	24	25	26
27	28	29	30	31		

全体の比率を見ると……

- ワンドが9枚、
  内コートカードは2枚
- ペンタクルが8枚、
  内コートカードは3枚
- カップが7枚、
  内コートカードは3枚
- ソードが3枚、
  内コートカードは2枚
- 大アルカナが4枚

正逆は入り交じっています。コートカードが10枚あり、人物の目立つ絵柄と黄色い背景が多く、人と会うことが増えるにぎやかな1カ月になりそうです。ソードが少ないので、深く考えたり、ストレスを抱えたりすることなく過ごせるのかもしれません。

第1週目はワンドで動き回り、第2週目はペンタクルや『皇帝』で落ち着いた流れと充実感が漂います。第3週は大アルカナが2枚あり、新しい流れが出てくるのでしょう。第4週の『ペンタクルエース』と第5週の『カップの9』から、10月の予定を順調にこなすことができそうです。

〈78枚で2カ月を占う。2月と3月のカレンダー・スプレッド〉

2月

sun	mon	tue	wed	thu	fri	sat
						1
2	3	4	5	6	7	8
9	10	11	12	13	14	15
16	17	18	19	20	21	22
23	24	25	26	27	28	

3月

sun	mon	tue	wed	thu	fri	sat
						1
2	3	4	5	6	7	8
9	10	11	12	13	14	15
16	17	18	19	20	21	22
23	24	25	26	27	28	29
30	31					

2月

正逆は入り交じっています。大アルカナは『戦車』1枚ですが、4枚のナイトがそろっており、自ら動くことが多くなりそうです。特に第2週目は、『ソードのナイト』と『戦車』が並び、動き回る2日間が予想されます。ワンドは2枚と少なめです。忙しい日があるものの、地道な行動を求められる1カ月になるでしょう。黒い背景や黒い服の人物が目に付きます。原点に立ち返ってみることで、気づきを得られることがあるのかもしれません。コートカードも多く出ているので、人とかかわることが増えそうです。
月曜日のカードがすべて正位置です。「今週は張り切ろう！」というような、前向きな週明けを毎週迎えられるでしょう。

3月

正位置が多く、前向きな気持ちで過ごせる安定した1カ月になりそうです。大アルカナも多く出ており、大きなイベントや印象に残る出来事に期待できるでしょう。第2週の『魔術師』で新しいことを始める。第5週の『星』でエステや美容室に行くなど、大アルカナの日に大事な予定を入れるのも良さそうです。
大アルカナのなかに、イレブンタロットの組み合わせが2組あります。第2週の『隠者』と最終週の『正義』は、『隠者』で考えたことを『正義』で具体化する流れになるのかもしれません。第5週の『恋人』と最終週の『節制』は、単に楽しんでいたことに対し好奇心を高め、さらに知りたい思いを向けていくような展開が予見されます。

2月と3月をまとめて見ると…

2月第1週の『戦車』と3月第5週の『死神』がイレブンタロットになります。2月の頭に始めたことが、3月の終わりに一段落するようです。2カ月にわたるプランを立てると、ちょうどまとまるのかもしれません。

かのスートが司るテーマに意識が働いて、カップのテーマとなる心を満たせるような余裕を失っていると読めるでしょう。結婚して落ち着きたいと思っていても、ペンタクルが見当たらず、ワンドばかりが出ていたなら、出会いや刺激を求めていたり、何か別の新しいことに打ち込もうとしていたりするのかもしれません。

このように、出ていないカード「ミッシングカード」に注目することでリーディングを深めることができます。この読み方は、どんなスプレッドのリーディングにも役立つので、ぜひ、マスターしてください。

◎イレブンタロットとは

22枚の大アルカナを、足して20になる番号の組み合わせで2枚1組にしたものです。両者は因果関係にあります。

わかりやすいもので例を挙げると、5『**教皇**』と15『**悪魔**』です。相反する組み合わせでもあり、片方が存在するからこそ、もう片方があるという因果関係になります。

カレンダースプレッドでのイレブンタロットの事例を読みましたが、ほかのスプレッドでのリーディングにも便利に使えます。たとえば、相手の気持ちと現在がイレブンタロットなら、相手の気持ちが現在の状況に強く影響していると読むことができます。原因がどこから来ているのかを探ることで、自然と読みが深まるようになるでしょう。

〈イレブンタロット〉

基本は、2枚のカードの番号を足すと20になる組み合わせですが、10『運命の輪』と21『世界』だけは特例です。

①**『魔術師』**：⑲**『太陽』**
スタートとゴール

②**『女教皇』**：⑱**『月』**
セパレートとグラデーション

③**『女帝』**：⑰**『星』**
豊かさと憧れ

④**『皇帝』**：⑯**『塔』**
安定と刷新

⑤**『教皇』**：⑮**『悪魔』**
理性と本能

⑥**『恋人』**：⑭**『節制』**
調和と理解

⑦**『戦車』**：⑬**『死神』**
挑戦と終結

⑧**『力』**：⑫**『吊るされた男』**
能動と受動

⑨**『隠者』**：⑪**『正義』**
内的世界と現実世界

⑩**『運命の輪』**：㉑**『世界』**
過程と完成

⓪**『愚者』**：⑳**『審判』**
未定と決定

2 カードそれぞれに時期を関連付ける方法

時期とカードの関連付けには、幾通りもの方法があります。著者や団体によって異なるものもあれば、個人的に考案された方法もあり、これが正しいです、絶対ですというものはありません。こういう側面も、タロットは時期占いに適さないと言われる理由の一つになっているでしょう。考案者の研究のもとにロジックがまとめられたり、実践を重ねたりしながら、使い勝手の良いものをまとめて編み出していくのが、タロットと時期の関連付けなのかもしれません。ここでは、黄金の夜明け団の方法と、タロット占いの原型とされるトランプ占いの方法、速度やスピード感を占う方法を紹介します。

黄金の夜明け団

西洋占星術と小アルカナとの関連付けから生まれた時期との照合です。各星座を三つのデカンに区切り、1年を36の期間に分けたものに当てはめられています。各エースとペイ

PART 01 | PART 02 | PART 03 | PART 04 | PART 05 | PART 06

ジは季節そのものと、各ナイト、クイーン、キングは、三つのデカンに結び付けられています。数札からエースとペイジを省いた36枚のカードを使うようにすると、シンプルに占えるでしょう。なお、デカンとは、３６０度の黄道を10度ずつで区切り、36個に分けたものです。デカンは、ちょうど10日ごとというように区切られてはおらず、スートも入れ替わりながら登場するので、しっかり覚えられるかが、使いこなせるかどうかの分かれ道になるのかもしれません。

1年間という期間のいつ頃かを知りたいなら、小アルカナ56枚から1枚のカードを引けば、すぐに答えを導けるでしょう。ただし、エースとコートカードが入っていると、春夏秋冬の季節や3週間という期間が答えとして出る可能性があります。いつの週かを特定したいなら、小アルカナの数札からエースを除いた36枚だけを使う方法もあるでしょう。

とはいえ、週を特定しないメリットも考えられます。出たカードが季節や3週間を示したなら、今のところ週単位では特定できない理由があるのかもしれません。変わりやすい状況で、ある程度の期間でしか示せないために、エースやコートカードが出たと解釈することもできるでしょう。使う枚数も、用途に合わせて変えて占うのも一つの手法です。

〈黄金の夜明け団〉

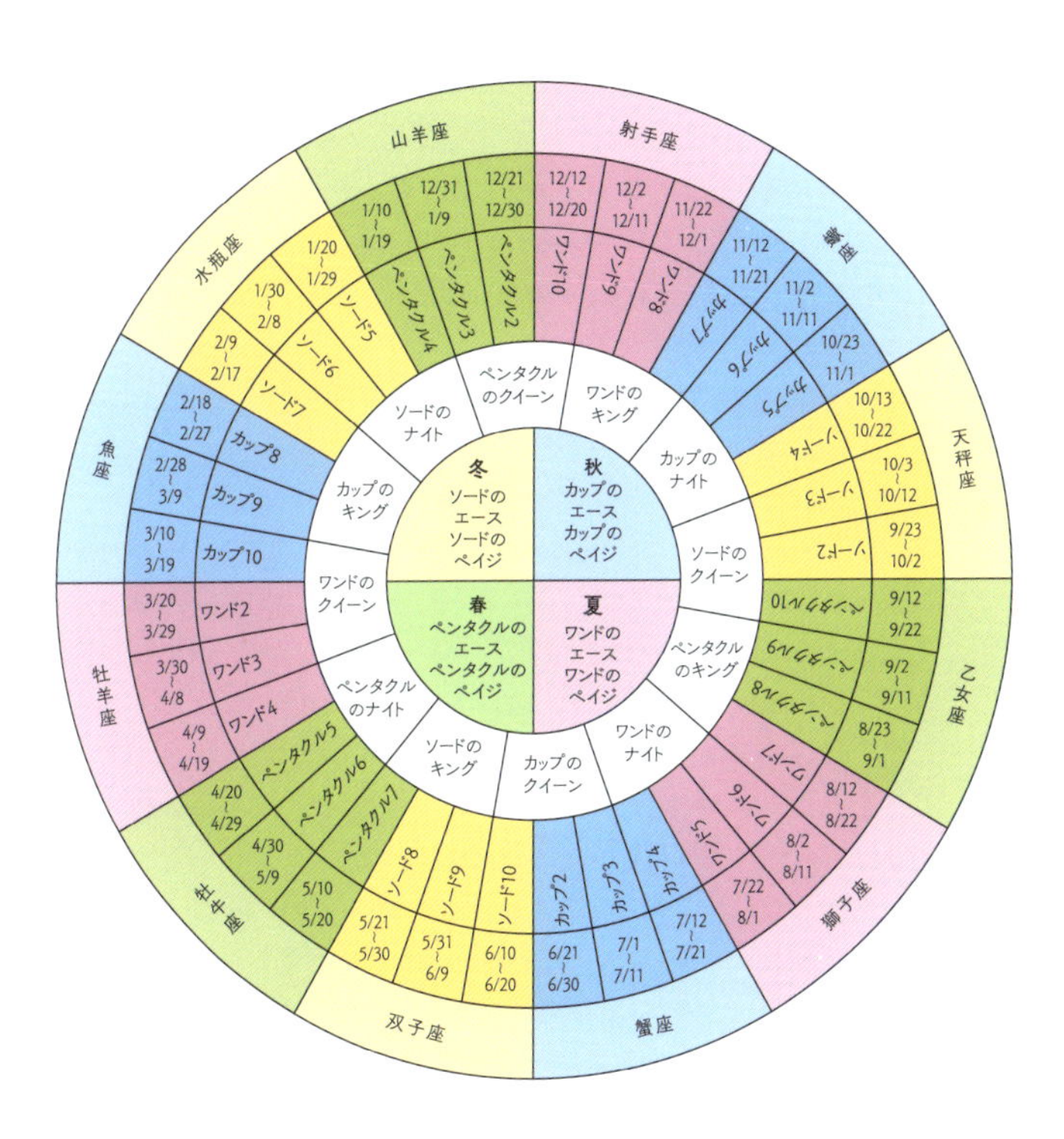

360度の黄道を10度ずつ区切った36のデカンです。一つの星座は三つのデカンで成り立ちます。各ナイト、クイーン、キングは、二つの星座にまたがる三つのデカンに、各エースとペイジは四つの季節（四季）に割り振られ、一つの季節には九つのデカンが当てはめられています。

LUA時期読みタロット実例

現役占い師として、占い館で対面占いをしていた頃のことです。必要に応じて、複数の占術を使い分けていましたが、当時の私がメインの占術として使っていたのは、タロットと西洋占星術でした。西洋占星術では、ホロスコープを作るためのパソコンソフトを愛用していたため、対面占いのときはパソコンが必須です。ある日、前日の晩に雪が降り、路面が凍結したことがありました。転んでパソコンを壊したくないという思いで、パソコンは持たず、西洋占星術の暦（占星暦）とタロットだけを持ち、できるだけ身軽に占い館に出勤しました。そこで行ったのが、タロットで時期の目処をつける方法です。いつもなら、ホロスコープ作成ソフトで暦を回しながら時期を探っていましたが、それをタロットで代用してみたのです。

たとえば、「年内に恋人を作りたいんですが、出会いはいつでしょうか?」「そもそも年内に出会えるんでしょうか?」という相談に、年内に恋人ができるかどうかで1枚カードを引き、恋人ができそうなカードが出たら、年内に恋人ができるとし、その日からの残りの数カ月に対し、タロットを1枚ずつ展開します。恋人ができそうな月をタロットで選んだあとに占星暦を開くと、「この日あたりに出会いがありそうですよ」といううれしい星の配置が見つかりました。ざっくりとした出会いの時期に、タロットで目星を付けて、暦を見て日程を特定したのです。そのあとで、どんな出会いから、どんな恋が始まるのかをタロットで占い、一連の対面占いが完了しました。このときはタロットを使いましたが、タロットの代わりにダウジングを用いた時期の特定も便利でした。

こうして、タロットという卜術で出た結果にマッチする星の配置を、命術で確認できたことは、当時の私にとっての大発見でした。タロットやダウジングで時期を読んでも、西洋占星術と同じ答えにたどり着けるという！　大変興味深い占いの実体験です。

タロットやダウジングに限らず、ほかの卜術にも応用できる便利な方法でしょう。

CASE STUDY

Q 終の棲家を探しています。いろいろと物件を見てまわりましたが、これというものがなく、本当に出会えるのかが不安です。これからの1年で決めたいと思うのですが、いつ見つかるでしょうか?

A 『ワンドの2』

3月20日～3月29日に見つかりそうです。今は5月ですので、来年の3月になりますね。地球を手にする人物の絵ですから、ご自身の世界観を満たせる物件が見つかるのではないでしょうか。その家を足掛かりとして、新しいビジョンを見出している可能性もあります。

※占った時点「現在」からの1年間です。占ったときが3月19日以前であれば、今年の3月20日～3月29日と読みます。

『ワンドの2』

CASE STUDY

Q　年内にケリをつけたいと思っていることがあります。予定通りに進むのか、もう少し延びてしまうのかを知りたいです。

『カップのエース（逆）』

A　秋と出ました。今は夏ですので、年内にまとまるでしょう。カップが逆さまなので、多少は妥協が必要になるかもしれませんが、まんざらでもないという気持ちになっていそうです。年内にケリをつけるということで焦りが出てしまうと、手いっぱいの状況を招き、思うように動けなくなりかねないので注意しましょう。

※今からの1年間です。今が冬で、答えが夏と出たら、翌年の夏と読みます。

『カップのエース（逆）』

トランプ占いの応用

タロットとトランプのスートは、かたちは異なれど、同じものに意味付けられています。タロットもトランプも、四つのエレメント（火地風水）がスートを表すシンボルだからです。マルセイユ版のタロットの数札には、スートだけが描かれていて、まさにトランプのようです。

また、タロットのコートカードは、トランプのジャック、クイーン、キングに相当するでしょう。ジャックは家来や召使、廷臣や兵士を表すので、コートカードのペイジとナイトの役割をあわせ持つ存在と言えます。

〈スートとトランプの照応〉

スート	和名	エレメント	トランプとの対応	意味するもの
ワンド	棍棒	火	♣ クラブ	●情熱 ●エネルギー ●活動
ペンタクル	●金貨 ●コイン ●ディスク	地	◆ ダイヤ	●物質 ●感覚 ●現実
ソード	剣	風	♠ スペード	●思考 ●精神 ●情報
カップ	聖杯	水	♥ ハート	●感情 ●情緒 ●共感

●スートと季節を関連付ける

四つのスートは季節を表しますが、この関連付けは多様です。どれが正しいのかは断定できませんので、代表的なものを例に挙げて、3タイプ紹介します。表Bの関連付けで1年をストーリー化すると、雪解けの春が水でカップ♥、夏に生い茂り実りをつけていくペンタクル◆、涼しい風が吹く秋のソード♠、寒い冬の暖となり、命の炎を燃やし続けるワンド♣に。ネットに散見される関連付けでは、命の火が燃えはじめるワンド♣の春、夏に生い茂り実りをつけていくペンタクル◆、秋の収穫の象徴ともいえるワインの注がれたカップ♥、寒々とした風が吹くソード♠の冬、となるでしょう。西洋占星術の活動宮で季節の始まりのスートに注目すると、牡羊座の火ワンド♣が春の始まりとなり、夏の始まりは蟹座の水カップ♥、秋のはじまり天秤座の風ソード♠、冬の始まり山羊座の地ペンタクル◆となります。

どの関連付けを採用するかは、覚えやすくてしっくりくるものを選ぶか、納得できる関連付けを自分で作るのもいいかもしれません。いずれにしても、自分が混乱せずに使いこなせるものを採用することをおすすめします。

〈スートの関連付け〉

表A：スートと小アルカナの関係

♥ ハート	小アルカナの聖杯(カップ)、春、東、水の星座(蟹座、蠍座、魚座)、過去を重視、年月日の週
♦ ダイヤ	小アルカナの金貨(コイン)、夏、南、地の星座(牡牛座、乙女座、山羊座)、現在を重視、年月日の年
♣ クラブ	小アルカナの棒(ワンド)、秋、西、火の星座(牡羊座、獅子座、射手座)、未来を重視、年月日の日
♠ スペード	小アルカナの剣(ソード)、冬、北、風の星座(双子座、天秤座、水瓶座)、現在を重視、年月日の月

表B：組み札との対応関係

組み札	一般のシンボル	生命のシンボル	階級
a.スペード(＝フランス、矢じり＝スペイン、剣)	正邪の区別	葉、秋	王ー戦士、貴族
B. ハート(＝フランス、ハート＝スペイン、杯)	容器(chalice, chest)	生命の源、春	聖職者
C.ダイヤ(＝フランス、正方形＝スペイン、金貨	物質の力、永遠の輪	女陰、女性(菱形)、夏	商業、夜盗、知識人
D.クラブ(＝フランス、三つ葉＝スペイン、むち)	力と命令、ヘルメスの杖	生命の3つの面、冬	農業、耕作、政治

出典：左表『大人のためのトランプ占い入門』(説話社)、右表『イメージシンボル辞典』(大修館書店)を元に著者作成

表C：四大の対応関係

四大	神話上の存在	ヘブライ	中世の動物	後世の動物	季節	風向	形態
気	巨人、気の精	ワシ、虹	サル	ワシ	春	南	直立楕円形
火	火の精	人間、天使、流星	ライオン	火の精、火を吐く動物	夏、初秋	東	三角形または角錐
水	人魚、水の精	魚、竜、真珠	仔ヒツジ	ハクチョウ(その他の水鳥)、イルカ	冬	西	円または球
地	小人、地の精	雄ウシ、ライオン、紅玉	ブタ	ライオン、ゾウ	晩秋	北	立方体または正方形

出典：『イメージシンボル辞典』(大修館書店)を元に著者作成

スートの関連付けの媒体別一覧

	表A	表B	表C	Web	占星術
春	ハート	ハート	スペード	クラブ	クラブ
夏	ダイヤ	ダイヤ	クラブ	ダイヤ	ハート
秋	クラブ	スペード	ダイヤ	ハート	スペード
冬	スペード	クラブ	ハート	スペード	ダイヤ

●トランプを小アルカナで代用して時期を占う

先に紹介したようなトランプ占いの関連付けをもとに、タロットの小アルカナを当てはめ、時期を占う方法です。ここでは、ワンドが春、カップが夏、ソードが秋、ペンタクルが冬という、占星術の関連付けで解説します。

使うカードは、各スートの小アルカナのエース～10、ペイジ、ナイト、クイーン、キングの56枚、または、ペイジかナイトのいずれかを外した52枚。エースは第1週、2は第2週……10は第10週と進み、ペイジとナイトは第11週、クイーンは第12週、キングは第13週を割り振ります。各スートが13週、それが4スート分で52週となり、1年間を表せるようになります。

第11週にペイジとナイトの二つが割り振られるのは、トランプのジャックにコートカードを当てはめる際に、両者が結び付けられるからです。ペイジとナイトの両方を組み込んで56枚で占うと、ニュアンスの違いを読み分けられますが、第11週が出る確率が2倍になります。ペイジかナイトのいずれかを外し、一方を用いることで倍率を調整する方法もあります。

黄金の夜明け団の占い方と同様に、1年間という期間のいつ頃かを知りたいなら、小アルカナから1枚のカードを引けば、すぐに答えを導けます。

〈トランプ対応小アルカナ時期一覧〉

春	4月〜6月	
	第1週	ワンドのエース
	第2週	ワンドの2
	第3週	ワンドの3
	第4週	ワンドの4
	第5週	ワンドの5
	第6週	ワンドの6
	第7週	ワンドの7
	第8週	ワンドの8
	第9週	ワンドの9
	第10週	ワンドの10
	第11週	ワンドのペイジ
		ワンドのナイト
	第12週	ワンドのクイーン
	第13週	ワンドのキング

夏	7月〜9月	
	第1週	カップのエース
	第2週	カップの2
	第3週	カップの3
	第4週	カップの4
	第5週	カップの5
	第6週	カップの6
	第7週	カップの7
	第8週	カップの8
	第9週	カップの9
	第10週	カップの10
	第11週	カップのペイジ
		カップのナイト
	第12週	カップのクイーン
	第13週	カップのキング

秋	10月〜12月	
	第1週	ソードのエース
	第2週	ソードの2
	第3週	ソードの3
	第4週	ソードの4
	第5週	ソードの5
	第6週	ソードの6
	第7週	ソードの7
	第8週	ソードの8
	第9週	ソードの9
	第10週	ソードの10
	第11週	ソードのペイジ
		ソードのナイト
	第12週	ソードのクイーン
	第13週	ソードのキング

冬	1月〜3月	
	第1週	ペンタクルのエース
	第2週	ペンタクルの2
	第3週	ペンタクルの3
	第4週	ペンタクルの4
	第5週	ペンタクルの5
	第6週	ペンタクルの6
	第7週	ペンタクルの7
	第8週	ペンタクルの8
	第9週	ペンタクルの9
	第10週	ペンタクルの10
	第11週	ペンタクルのペイジ
		ペンタクルのナイト
	第12週	ペンタクルのクイーン
	第13週	ペンタクルのキング

CASE STUDY

Q **別の職業に変わりたく、1年以内に会社を辞めるつもりです。現在、抱えている業務が忙しく、自分が抜けるとまわりが気の毒でなかなか言い出せずにいます。いつくらいに辞表を出したらいいでしょうか。**

A 冬（1～3月）の第13週と出ました。今は10月ですので、来年の3月の最終週になりますね。これまでの貢献が認められての、理想的なご退職になるでしょう。できること、やっておきたいことをしっかりとやり遂げて、お仕事が一段落しているのかもしれません。『**ペンタクルのキング**』は、貢献することで財を築く人物です。ご自身でも手応えを感じ、ゆったりと落ち着いた様子でいることがうかがえます。ここで培ったことが、次の職業に進んだ際に実績の一つとして役に立ったり、築

『ペンタクルのキング』

『ペンタクルのキング』

いてきた人脈が未来にもつながったり、のちに活かされたりすることもありそうです。
※各季節の第何週かをカードから読み解いて、カレンダーで日付を確認します。

CASE STUDY

Q 何度も挑戦していますが、なかなか禁煙が続きません。向こう1年の間で、本格的な禁煙をはじめようと思います。いつごろからはじめると、禁煙が成功しやすいでしょうか。

『ソードのペイジ（逆）』

A 秋（10月から12月）の第11週から始めると良さそうです。カードが逆さで出ているだけに、うっかりクセで吸ってしまったり、喫煙者仲間との集いでタバコをすすめられてしまったりせぬように、まわりにも禁煙中であることを伝えておけると続けやすいかもしれません。

『ソードのペイジ（逆）』

『ソードのナイト』

A　秋（10月から12月）の第11週から始めると良さそうです。思っているよりもスパッとタバコを切り捨てるように止めてしまうのかもしれません。

※ペイジとナイトは、スートの季節の第11週に割り振られていますが、この例のように、カードの意味合いや絵柄からの印象でリーディングのニュアンスが変わるでしょう。

『ソードのナイト』

LUAの関連付けと占い方

基本的に1特定のタイミングを定義し、それに合わせてカードを展開する方法で占いますが、2カードそれぞれに時期を関連付ける方法で占う際におすすめの手法を紹介します。これはできるだけ単純化し、読み解きやすくした方法です。数札を使って時期を読み、必要であればコートカードで時間帯を読みます。10年となると検証できないため、的中率は謎ですが、10年先まで占えるロジックです。

数札40枚を使います。出た数札の数字がそのまま「〇日」「〇カ月」という期間になります。たとえば、**『ソードの7』**が出たら、「7週間後」「7週間の時間が必要」と読み、**『ペンタクルのエース』**が出たら、「1年後」「1年の期間が必要」と読みます。

また、漠然とスートだけを見て、日単位、週単位、月単位、年単位と判断する方法もあります。たとえば、カップが出たら「このテーマは月単位で」、ソードが出たら「このテーマは週単位で」と捉え、考えたり行動したりする期間として読むことができるでしょう。

〈数札で時期を読む〉

ワンド	日	ソード	週	カップ	月	ペンタクル	年
エース	1日	エース	1週間	エース	1カ月	エース	1年
2	2日	2	2週間	2	2カ月	2	2年
3	3日	3	3週間	3	3カ月	3	3年
4	4日	4	4週間	4	4カ月	4	4年
5	5日	5	5週間	5	5カ月	5	5年
6	6日	6	6週間	6	6カ月	6	6年
7	7日	7	7週間	7	7カ月	7	7年
8	8日	8	8週間	8	8カ月	8	8年
9	9日	9	9週間	9	9カ月	9	9年
10	10日	10	10週間	10	10カ月	10	10年

CASE STUDY

Q **ずっと恋人がいません。私に恋人ができるのはいつでしょうか？**

『ソードの9（逆）』

A ９週間後に恋人ができそうです。もしかすると、すでに出会っている相手と結ばれるのかもしれません。私はダメなんだという思い込みでまわりを見ていたのでは？　はじめからあきらめてしまっていたことで、無意識のうちに恋を避けているようなそぶりになってしまい、恋人ができなかったのかもしれません。

『ソードの9（逆）』

CASE STUDY

Q 新入社員で頑張っていますが、なかなか認めてもらえません。いつになったら一人前として扱ってもらえるようになるでしょうか？

A 『ペンタクルの4』

ペンタクルが出ました。年単位で考えるテーマのようです。最低でも、4年は見ていたほうが良いでしょう。4年はかかりそうです。お仕事の内容にもよると思いますが、一人前として全部を任されるまでには、今よりもさらに多くの実績が必要なのかもしれません。ただし、4年後には報酬もアップし、任されることも増えているでしょう。

『ペンタクルの4』

CASE STUDY

Q 料理が下手で、料理教室に通っています。どのくらい通えば、下手さを卒業できるでしょうか？

A 『カップの10（逆）』

10カ月通えば、卒業できそうです。ただし、カードが逆さまなので、まだ心のどこかに納得できない部分があるのかもしれません。下手かどうかを気にせずに、作っている自分を楽しむようにすると、逆さまだったカードが上を向いて、満たされた10カ月後を迎えられるでしょう。まわりの人は、あなたが料理下手だとは思っておらず、「私は料理が下手だ」というのは、あなた自身の思い込みである可能性もありそうです。料理への苦手意識を克服すること。人を幸せな気持ちにできる料理を作ることをめざしてみるといいかもしれませんね。

『カップの10（逆）』

CASE STUDY

Q　6年愛用してきたパソコンがいよいよ壊れそうです。自分で直しながら使ってきましたが、そろそろ買い換えた方がいいような……。今ここでまた修理をしたとしたら、あとどのくらい使えるでしょうか？

A　『ソードの2（逆）』

パソコンを買い換えるか、修理をするかという二つの選択肢と、それを前に思い悩む状態が『**ソードの2**』そのものとして表れたようです。逆位置なので、好ましくない選択肢に軍配が上がると読めます。修理をしても、2週間程度しかもたないでしょう。結局はその場しのぎの修理になってしまうようです。ソードが逆さまで、「手術のメスが届かない↓修理は失敗する」という解釈もできます。

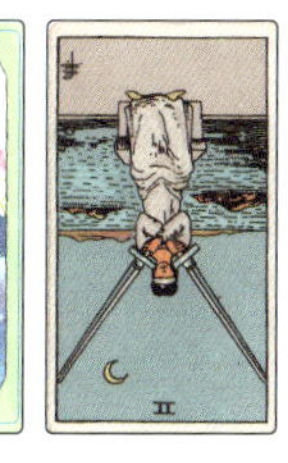
『ソードの2（逆）』

PART 01 | PART 02 | PART 03 | PART 04 | PART 05 | PART 06

Q **最速で陶芸家になりたいです。半年くらいでなれるでしょうか？**

『ペンタクルの８』

A 数カ月単位ではなく、年単位で考える必要がありそうです。職人が描かれた**『ペンタクルの８』**が出ましたが、努力は報われても、基本は技の世界。地道な積み重ねと鍛錬が必要で、急いでなれるものではないのが陶芸家なのかもしれませんね。正位置で出ているので、今のあなたのやる気さえあれば、しっかり腕を磨いていけるのではないでしょうか。

※「ペンタクル」というスートだけを見て、年単位であるという読み方をした例です。

『ペンタクルの８』

CASE STUDY

Q　1年以上交際している人がいます。半年くらいしたあたりから、毎回、デート代を立て替えています。やさしくていい人です。いつかお金を返してくれるはずという思いでいるのですが、このまま待ち続けていてもいいのかがわかりません。あとどのくらい様子を見ればいいでしょうか？

A

『ワンドの２』

十分に様子を見たということなのではないでしょうか。もう、待つ必要はないようです。遠慮はせず、あなたから問いかけてみましょう。気をつかいすぎてばつが悪いというそぶりを見せず、胸を張って堂々といきましょう。

※「ワンド」というスートだけを見て、日単位であるという読み方をした例です。

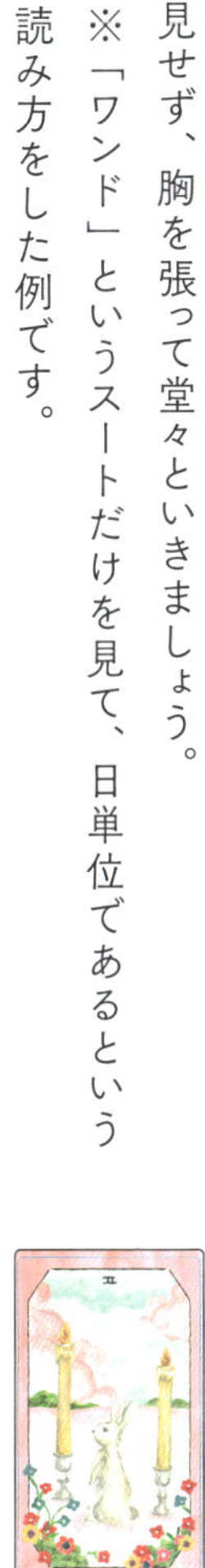

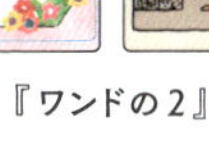

『ワンドの２』

PART 01 | PART 02 | PART 03 | PART 04 | PART 05 | PART 06

〈コートカードの速度感〉

ワンド	速	ペイジ	起	朝
ソード	↓	ナイト	承	昼
カップ	↓	クイーン	転	夕
ペンタクル	遅	キング	結	夜

※時間割り当て例（参考）

ワンドのペイジ	早朝・4時〜	ソードのペイジ	6時〜
ワンドのナイト	11時〜	ソードのナイト	12時〜
ワンドのクイーン	15時〜	ソードのクイーン	16時〜
ワンドのキング	19時〜	ソードのキング	21時〜

カップのペイジ	8時〜	ペンタクルのペイジ	10時〜
カップのナイト	13時〜	ペンタクルのナイト	14時〜
カップのクイーン	17時〜	ペンタクルのクイーン	18時〜
カップのキング	22時〜	ペンタクルのキング	0時〜

コートカードで時間を読む

コートカード16枚を使って、関連付けられた時間を読みます。人物の階級を読み分けて、見習いのページは起承転結の「起」で始まりの朝、行動中のナイトは起承転結の「承」で日中、物事の経過を見据える成熟したクイーンは起承転結の「転」で夕方、経験を生かして築き上げるキングは起承転結の「結」で夜となります。速度感を示すスートは、もっとも速いワンドから、ソード、カップ、ペンタクルと、順に遅くなると解釈します。

コートカード16枚から、カードを引いて占います。**『ワンドのペイジ』**が出たら「早朝」、**『ペンタクルのペイジ』**が出たら「遅めの朝で10時くらい」などと読み分けることができるでしょう。ポイントは、1枚のコートカードに、「起承転結」と「速度」という二つの要素が含まれているということ。朝昼夕夜のどのタイミングに相当するのかを人物の階級から読み、その時間帯の中でいつのタイミングになるのかを、速度を表すスートで読み分けます。それさえ理解していれば、迷わずリーディングできるでしょう。

CASE STUDY

Q　オーディション最終選考の結果通知の電話が、今日、かかってきます。落ちても受かってもかかってきますが、気が気ではありません。何時くらいにかかってくるでしょうか？

A　『カップのナイト』

連絡は13時頃になるでしょう。『**カップのナイト**』が正位置で出ています。カップは、心を司るスートです。白馬の王子からの知らせは、あなたの心を満たす喜ばしいもので、うれしい結果を聞くことができるでしょう。デイ・ドリームタロットの『**カップのナイト**』に注目してみると、カップに描かれたナイトが鼻歌を歌っているように見えます。

『カップのナイト』

CASE STUDY

Q このごろ夫の帰りが遅く、今日も午前様になるのでしょうか？

A 『**ペンタクルのキング（逆）**』

0時以降になりそうです。カードが逆位置で出ているので、さらに遅く、2時3時あたりになるかもしれませんね。

※深夜の『**ペンタクルのキング**』から早朝の『**ワンドのペイジ**』までの時間帯が、カードに割り当てられた時間枠でもっとも長くなります。カードの向きを使って、逆位置ならさらに遅いと読む方法は、他の時間枠でも使えます。ぜひ、応用してみてください。

『ペンタクルのキング（逆）』

CASE STUDY

Q 今日は買い出しの日です。スーパーに行くとお得になる時間帯は何時くらいでしょうか？特売品が並ぶ時やタイムセール、割引シールが貼られる時間など、本日のレコメンドを知りたいです。

A 『ソードのクイーン（逆）』

16時半くらいが良さそうです。ソードなので、あまりおいしそうなものではなかったり、もっと値引いてほしいと思うような値札が貼られていたりするかもしれません。今日の買い出しでは、期待は禁物でしょう。ただし、この時間にスーパーに行くことがおすすめなので、それまで家にいることで、別のメリットを得る可能性もありそうです。

『ソードのクイーン（逆）』

MESSAGE from LUA

タロットは時期占いに適さないというところから始まった第4章。ならば、そんな項目は不要ではないかと思われた方もいらしたかもしれませんね。しかし、「時期」をどのように扱うかで、用途や役立て方が変わります。

「いつ?」という時期を占う
「今」という瞬間〝タイミング〟を占う

時期占いでは、前者の「いつ?」を知りたいケースが多いでしょう。後者の「今」を知る占いは、その活用法と応用の仕方がわからないと、なかなか思いつかないかもしれませんが、タロットの時期占いの醍醐味（だいごみ）はここにあると思います。ピンポイントのタイミングを見きわめるヒントを得て、それを行動に生かせば、未来の見通しが明るくなっていくでしょう。

未来は知れば良いというものではなく、その通りに進みたいかどうかです。変えたいなら変える。それだけです。

PART4 解説 by 鏡リュウジ

COMMENTARY

#04

多層的で柔軟、そして豊かなタロットの時空

占いと言えば、未来を予言する技術だと考えられていることが多いようです。けれど、本書のような少し専門性の高いタロット書を手にしておられる方なら、占いとは決してすでに決まっている未来を読み取って一方的に告げるものではないということをご存じでしょう。実際の占いは、「黙って座ればピタリと当たる」とはほど遠い。占いは、相談者の、あるいは自分自身の心と向き合い、抱えている問題を明らかにしてより良い未来を創造していくためのアートでもあるのです。

実際の占いの現場でのやりとりを見ていると、テレビのエンタメ占い番組で行われているようなやりとりはほとんどありません。本質的には地味な対話の積み重ねです。さまざまな意見はあるでしょうが、ぼく個人としてはすぐれた占い手であればあるほど、相談者(あるいは自分)とのやりとりは、カウンセリングのような対話になっていくのが自然だと考えています(これはぼくが心理学を学んだ、英国の占星術やタロットの読み手から大きな影響を受けているからだというのもあります)。

しかし、やはり占いは占い。カウンセリングではありません。いかにサイコロジカルに解釈を深めていったとしても、ときには「予言」的なアプローチを求められることがあります。「時期読み」は現代的なカウンセリング的な占いの現場に残る、扱いにくい「予言」的な要素の一つなのです。

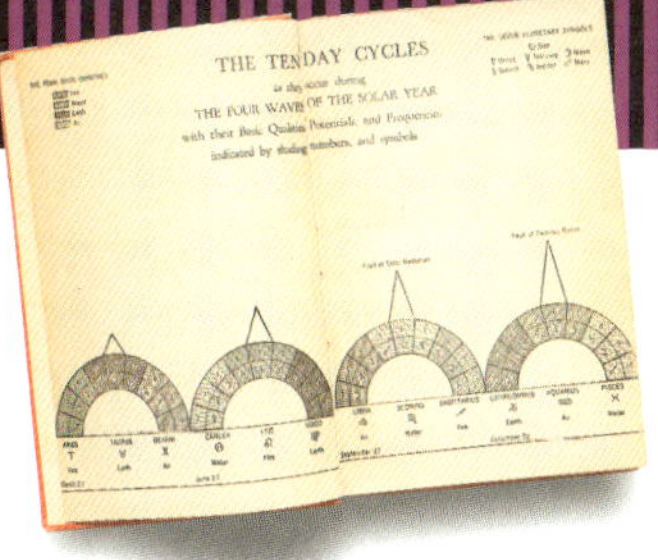

Murial Bruce Hasbruck "Pursuit of Destiny" Woman's Books Club 1941より黄道12宮、デカン（旬）および惑星の対応図。ハスブルックは「黄金の夜明け団」の方式にのっとり誕生日の時期とタロットを照応させ性格や運命を分析。本書は『タロット占星術』として邦訳もある

LUAさんは、ベストセラーのタロット入門書を何冊も出されている、今を代表するタロットリーダーの一人。実践経験も豊富で百戦錬磨の使い手です。LUAさんならこの難しい「時期読み」のテーマをご解説いただけるはずと依頼したわけですが、編者の期待を超えたすばらしい内容をご提供いただけました。

タロット占いにおいてなぜ時期読みが難しいのか、という根本的なところから書き起こし、現場での経験を生かしたさまざまな時期を示す技法を解説していただいています。まさに実践を重ねてこられてきた方ならではの説得力のあるマニュアルになっています。

それらをつぶさに見ていくと、タロットの世界における「時間」は、デジタル時計が示すような直線的（リニア）なものではないということがわかってきます。タロットの「時空」は機械的、無機的なものではなく、多層的で柔軟、そして豊かなものなのです。

たとえば、「いつがいいか」を前もって定義しておいてそれぞれにカードを配して「もっとも良い時期」を判断する方法。つまり結婚式は何月が良いか、を見るために、3月、4月、5月とそれぞれにカードを配するような方法です。この場合、三つの選択肢をそれぞれ選んだ場合、という3本の仮想のタイムラインが引かれることになります。多重宇宙ではありませんが、選択の都度、世界が分岐し、それぞれ別の未来へと道が分岐していくというイメージです。

一方、各カードに当てこまれた「時期」を見る方法はかなり考え方が異なります。小アルカナの36枚に配当された各星座月のデカン（旬）を使う、というのは、カード1組が一つの宇宙時計を構成していると考えているわけで、その針がどこを指すかを見ていくというイメージ。こうなると、占い手は大いなる宇宙時間の一部に内包されていくということになります。

また、スートからそれが起こるのがすぐなのか、あるいは時間を要するのかを判断していく手法は、事項の進展速度、つまり事実上、心理的な時間の速度を測るものだと言えるでしょう。

では、なぜこのような多様な時間の観念が同じタロット占いに見られるのでしょうか。それは占いにおける時間（と空間）は、機械で計れるようなフラットで無機質、そして客観的なものではないからではないでしょうか。古代ギリシャ人にとって時間は「クロノス」と「カイロス」の2種類があったと言います。クロノスは時計で計れる機械的な時間。もう一つはその人だけの、心が体験する特別な時間です。人の心にとって時間は多層的。恋人と過ごす今日という時間にははじめて出会ったときの心のときめきが響きあっているかもしれません。成功を手にしたその瞬間にも、可能性だけに満ちていて何もなかったあの頃の自分が「始まり」の喪失を寂しく思っているかもしれません。「それはいつ？」という一見単純な問いの奥底には、時計ではとても計ることができない、繊細で複雑、多層的な人生の時間、すなわち、無機的で計測可能な「時間（タイム）」ならぬ、生きている人生のかけがえのない「とき（モーメント）」の感覚が隠れているのです。この章を通してその感覚を感じていただければ幸いです。

PART

05

Lenormand Card &
Tarot Card

ルノルマンカードとタロットカード

タロットに次いで人気のカード占いといえば、ルノルマンカードです。21世紀になって日本でも普及したこのカードは、タロットのスプレッドとはまた違う「絵」として読む新しい占いの世界を切り拓いています。第5章ではそんなルノルマンとタロットの併用方法などを紹介。タロットにも詳しく、ルノルマンカードの使い手として数々の著書、そしてカードをプロデュースする桜野カレンが解説します。

桜野カレン Karen Sakurano

ルノルマンカードを中心に、タロットカード、数秘術、紅茶占いなど幅広い占術の知識と実践技術を持つ占い師兼講師。特にルノルマンカードに精通しており、主催するルノルマンカード講座「ルノ塾」では、多数のルノルマンカードリーダーを育成。著書に『いちばんていねいなルノルマンカード占い』『いちばんおもしろいルノルマンカード』（ともに日本文芸社）、『ルノルマンカードの世界』（駒草出版）があり、『いちばんていねいなルノルマンカード占い』は台湾でも翻訳版が発売され、好評を得ている。また、女性占いユニット「トリプルK」の一員としても活動中。

ルノルマンカードリーダーの桜野カレンです。タロットカードの書籍なのに、「なぜルノルマンカード?」と疑問に思われるかもしれません。私自身、カード占いはタロットカードから始めました。タロットカードは豊かな象徴性と深い歴史があり、その魅力に惹かれて多くの時間を費やし学びました。もちろん今でもタロットカードを使って占うことは多いです。

しかし、ルノルマンカードを学びはじめてから、タロットカードリーディングの世界が驚くほど広がったのです。ルノルマンカードはシンプルなシンボルと明確なメッセージで、想像力を育成してくれます。カードのシンボルが日常的なもので構成されているため、直感的に理解しやすく、物語を紡ぐようにリーディングができるのです。このプロセスを通じて、私の想像力が豊かになり、リーディングがより生き生きとしたものになりました。

なぜそう感じたのか、第5章では私の体験談と共に、ルノルマンカードのリーディングを生かしたスプレッドについて詳しくご紹介します。なお、本章では私が所属するユニット「トリプルK」監修の『ファインドルノルマン』を使いながら解説していきます。

ルノルマンカードとは？

ここでまず、ルノルマンカードについて簡単にご説明します。ルノルマンカードは、18世紀後半～19世紀前半フランスの著名な占い師、マドモアゼル・ルノルマンにちなんで名付けられたカードデッキです。ルノルマンは、ナポレオンの妻、ジョセフィーヌ・ド・ボアルネをはじめ、歴史的人物の運命を占ったことで有名です。彼女の名前を冠したこのカードデッキは、シンプルながらも問題の核心をズバリ突いてくる占いカードです。

近年、ルノルマンカードは多くの注目を集めています。その人気の理由の一つは、描かれているシンボルが誰もが知っているもので構成されており、タロットカードに比べて学びやすく、短期間でリーディングを始められる点です。さらに、最近の占いは自分を見つめ直すツールとしての側面が強まり、直感的に占えるルノルマンカードは、自己探求や日常のアドバイスを求める多くの人々に支持されています。

ルノルマンカードとタロットカードの違い

ルノルマンカードとタロットカードにはいくつかの明確な違いがあります。

●枚数とカード構成

タロットカードは、78枚のカードで構成されています。22枚の大アルカナと、56枚の小アルカナから成り立っており、それぞれのカードに複数のシンボルが描かれ、独自のストーリーを持ち1枚から多くの情報を得ることができます。小アルカナにはさらに四つのスート（ワンド、カップ、ソード、ペンタクル）があり、それぞれが異なる要素やテーマを反映しています。

一方、ルノルマンカードは36枚で構成されており、各カードには日常的なシンボルが一つ描かれています。たとえば、『**クローバー**』（幸運）、『**船**』（旅行）、『**ハート**』（愛）など、日常生活の中で見られるシンプルなイメージが使用されています。複数枚のカードを組み合わせることによりその人のオリジナルのストーリーを紡ぎだします。

さまざまな種類がある
ルノルマンカード

（左上）ルノルマンカード（通称赤箱、AGM／Switzerland）
（中央上）ルノルマン・オラクルカー（RED Feather）
（右上）ヴィンテージ・フォーチュンテリングデック
（左下）マルセイユ・ルノルマン（ÉDITIONS EXERGUE、GuY TRÉDANIEL）
（中央下）スチームパンク・ルノルマン（ChronosGate Inc.、Lo Scarabeo）
（右下）ルノルマン・オラクルカード（Lo Scarabeo／ITALY）

〈1枚の絵を鑑賞するように占う「グランタブロー」〉

本人からキーカードが遠いか近いかで状況が把握できる

【本人を表すカード】『淑女』

【キーカード】パートナーを表すカード『紳士』、金運『魚』、
仕事『錨』、警告（気をつけること）『蛇』

〈タロットでもっとも有名なスプレッド「ケルト十字スプレッド」〉

① 現在の状況
② 障害
③ 顕在意識
④ 潜在意識
⑤ 過去
⑥ 未来
⑦ 質問者の立場
⑧ 周囲の状況
⑨ 願望・おそれ
⑩ 最終結果

●リーディング方法の違い

タロットカードのリーディングでは、スプレッドごとにカードを配置するポジションが決められており、各ポジションには特定の意味（聞きたい内容）があります。その位置に出たカードを答えとして読み取ります。一方、ルノルマンカードのリーディングでは、カードのシンボルの意味をつなぎ合わせて解釈します。カードの位置や順序も重要ですが、特にカード同士の組み合わせが重視されます。シンボルを組み合わせて一つのストーリーとして読み解いていくのです。

ケルト十字スプレッド（91ページ参照）は、タロットカードの中でもっとも有名で広く使われているスプレッドの一つです。このスプレッドでは、10枚のカードを配置し、過去、現在、未来、内面、周囲の環境、希望、おそれなど、多岐にわたる情報をそれぞれのポジションに配置されたカードから読み解くことができます。一つの相談に対して深い導きを得ることができますが、相談内容が変わった場合は、新たにスプレッドを展開する必要があります。

一方、ルノルマンカードでもっとも有名なスプレッドであるグランタブローは、全36枚のカードを使用するスプレッドです。「グランタブロー」とは、「大きな1枚の絵画」という意味があり、本人を取り巻くすべての出来事を多層的に読み解くことができます。恋愛、仕事、人間関

〈『ハート』と『手紙』の組み合わせ〉

心のこもったメッセージが届くことを示す

心が痛むメッセージが届くことを示す

係など、相談内容が多岐にわたる場合でも、この1枚のグランタブローで占うことができます。

ルノルマンカードの読み方を生かす

ルノルマンカードのリーディングは、それぞれのカードの意味を理解するだけでなく、カードが組み合わさったときのコンビネーションを読み解くことが重要です。『ハート』1枚だけだと愛情豊かな日や恋愛運のアップを意味します。しかし、枚数が増えると隣り合うカードによって読み方が変化します。たとえば、『ハート』と『手紙』の組み合わせでは、心のこもったメッセージが届くことを示します。そして、『ハート』と『手紙』、『鞭』の組み合わせでは、心が痛むメッセージが届くことを示します。このように、組み合わさるカードによって各カードの読み方が変わるのです。

もちろんタロットカードもそれぞれのカードを組み合わせて占うことができます。熟練者になればなるほど、そのほうが占いやすいという人もいます。しかし、それには想像力を鍛える鍛錬が必要になります。今回私がご紹介するルノルマンカードのリーディング方法を取り入れることで、よりタロットカードの読み方が深まります。ルノルマンカードの読み方を習得することは、タロットカードをはじめとする他のカードリーディングにも大いに役立ちます。ぜひ、これらの方法を取り入れて、リーディングのスキルを向上させてください。

ルノルマンカードの基礎知識

1 カードの意味を理解する

これはタロットカードにも言えることですが、まずは各カードのシンボルの基本的な意味を理解することが第一歩です。これにより、カードが示すメッセージを正確に捉えることができます（332ページのルノルマンカード意味一覧をご参照ください）。

2 本人を表すカード（シグニフィケーター）

ルノルマンカードのデッキには、質問者を表すカードがあります。一般的には以下のカード

が本人カードとして使用されます

- 『紳士』……………………男性の質問者を表します。
- 『淑女』……………………女性の質問者を表します。

これらのカードは、質問者自身の立ち位置や周囲の状況を示すため、グランタブローにおいて非常に重要な役割を果たします。

3 占いたい内容を表すキーカード

特定の質問やテーマに関連するカードを「キーカード」として選びます。キーカードは質問の焦点を明確にし、グランタブロー内でのそのカードの位置や周囲のカードとの関係を詳しく読み解くことで、詳細な答えを導き出します。以下は一般的なキーカードの例です。

- 仕事やキャリア ……『**錨**』
- 愛情 ……『**ハート**』
- 健康 ……『**樹木**』
- 金銭や財産 ……『**魚**』
- 学び ……『**本**』
- 新しい出会いのチャンス ……『**騎士**』
- 運勢（年運、月運など） ……『**太陽**』

4 カード同士の関係性を読む

隣り合うカード同士の位置関係や組み合わせから、新たな意味やメッセージを導き出すことができます。たとえば、『**騎士**』と『**手紙**』のコンビネーションでは、重要なメッセージや通知が届くことを示しています。新しい情報や連絡が、行動や決断を促すきっかけとなるでしょう。『**花束**』と『**ハート**』なら、喜びに満ちた愛やロマンチックなサプライズを示し、恋愛面での幸福、感謝の気持ちが伝わる出来事が期待されます。『**雲**』と『**ネズミ**』の組み合わせでは、不安やストレスが増大している状況を表します。あいまいさや不確実な状況が原因で心が消耗し、問題が長引く可能性があります。早めに問題の原因を突き止め、対処することが求められます。このように、カード同士をコンビネーションすることで、それぞれのカードの意味が組み合わさり、さまざまなストーリーが生まれます。

5 ストーリーを構築する

リーディングの結果を一つのストーリーとしてまとめることで、質問者に対してより明確で理解しやすいメッセージを伝えることができます。カードを個別に解釈するだけでなく、それらがどのように関連し、全体としてどんな物語を描いているのかを読み取ることが重要です。ストーリーを構築する際には、カードの位置関係を基に物語の流れを作り、因果関係やテーマを見つけ出します。さらに、質問者が取るべき具体的な行動や心構えを含めることで、リーディング結果が実践的なアドバイスとなります。これにより、リーディングがより立体的で納得のいくものとなります。

グランタブロー

グランタブローとは、フランス語で「1枚の大きな絵」という意味です。このスプレッドは、ルノルマンカード全36枚を並べて一度に展開するもので、複雑で詳細なリーディングが可能です。グランタブローの魅力は、カード同士の相互作用や位置関係を読み解くことで、人生のさまざまな側面や将来の展望について深く理解できることです。特に、自分を表すカードのまわりにあるカードを見れば、恋愛や仕事、試練などの状況が一目でわかります。これにより、自分の状況が占い初心者でも直感的に理解できるようになっています。

■距離の解釈………本人カードとキーカードの距離は、相談者の関心や影響の度合いを示す重要な指標です。近接している場合はテーマが重要で強く影響していることを示し、遠く離れている場合は影響が薄いことを示します。

■近距離…………本人カードとキーカードが隣接している場合、そのテーマは質問者にとって非常に重要であり、現在強い影響を及ぼしていることを示します。たとえば、『**紳士**』カードが『**錨**』(仕事)カードの隣にある場合、仕事やキャリアに関する問題が現在非常に重要であることを示しています。

■ **遠距離** ……………

本人カードとキーカードが遠く離れている場合、そのテーマは質問者にとって現在あまり重要でないか、影響が薄いことを示します。たとえば、『**淑女**』カードが『**ハート**』(愛)カードから遠く離れている場合、現在の恋愛や愛情に関する問題はあまり大きくないか、まだ具体的な影響を及ぼしていない可能性があります。

本人カードとキーカードの距離に加えて、両者の周辺のカードや間にあるカードも重要です。これらのカードは、現状、過去、未来や、本人とキーカード間の障害やアドバイスを読み解くことができます。二つのカード間にポジティブなカードがある場合、それは質問者がテーマに関する障害を克服しやすいことを表しています。逆にネガティブなカードがある場合、それはテーマに関連する問題や困難が存在することを表します。

●視線読み

視線読みとは、ルノルマンカードリーディングの中で特に『**紳士**』や『**淑女**』といったカードがどの方向を向いているかに注目する技法です。この技法を使うことで、カードが象徴する人物同士の関係性や感情のやり取り、さらにその状況に対する意識の向き方を深く読み解くことができます。

視線読みの基本は、カードが向いている方向を読み解くことです。たとえば、『**紳士**』と『**淑女**』が向き合っている場合、これは二人の気持ちが通じ合っている、または意思疎通ができていることを示します。一方で、もし二人がたがいに背を向けている場合、現在は意思疎通がうまくいっていない、もしくは感情の隔たりがある状況を示唆します。

『**紳士**』や『**淑女**』が見つめているカードが何であるかも非常に重要です。そのカードが示すテーマや事柄が、相談者やその関係者が強く意識している問題や、今後取り組むべき課題であることが多いです。たとえば、視線の先に「太陽」のカードがある場合、成功や達成を強く意識していることが考えられます。

グランタブローのリーディング手順

グランタブローにはさまざまな読み方がありますが、今回は本人カードとキーカードとの距離、そしておたがいのカードの周辺9枚を読むトラディショナルグランタブローの解説をします。

質問内容をまとめ、本人カードとキーカードを決めカードをシャッフルします。シャッフルし終わったら、カードを表向きにして横9枚、縦4段（9×4）に並べます。

【リーディング手順】

① 本人カードの位置を確認する

質問者が女性の場合は『**淑女**』、男性の質問者の場合は『**紳士**』のカードを探します。このとき、本人カードと相手の人物の視線も注視します。

② キーカードの位置を確認する

キーカードは非常に重要な役割を果たします。キーカードは占いたい特定のテーマや質問に焦点を当てるカードです。本人カードとキーカードの位置、そして周囲のカードとの関係を詳しく読み解くことで、本人の置かれている状況が明確にわかります。

③ 本人カードとキーカードのまわりのカードを読む

質問者の現在の状況や過去に起こったこと、未来の展望を読み解くことができます。

④ 重なるカードをチェックする

グランタブローでリーディングを行う際、本人を表すカード（『**淑女**』や『**紳士**』）の近くに特定のテーマを示すキーカード（たとえば『**ハート**』は恋愛、『**魚**』は仕事やお金など）が配置されたとき、たがいの周辺に重なるカードが出る場合があります。この共通のカードは、本人とキーカードを結び付ける重要な接点として捉えられます。このカードは、本人とそのテーマの間に存在する共通の問題や関連性を示し、二者の間にどのような影響があるか、あるいはどのようなかたちで結び付いているかを表しています。そのため、このカードのメッセージに通常よりも注意を払うことで、リーディングの理解がより深まるでしょう。

⑤ ピンカードでアドバイスを得る

ピンカードとはグランタブローの四隅のカードです。1枚の大きな絵画を壁にピンで四隅をとめるイメージです。ピンで刺されたカードには、相談者がどのように行動すれば良いかのアドバイスが含まれています。

ルノルマンカードによる占い（サンプルリーディング）

CASE STUDY

35歳の女性からの相談です。

Q 私はこれまで一生懸命仕事に打ち込んできましたが、今後その努力がきちんと評価され

〈サンプルリーディング〉

本人カード：『淑女』

上：『雲』
下：『クローバー』
左：『樹木』『クロス』『鞭』
右：『庭園』『ハート』『花束』

新たな恋：『ハート』

上：『庭園』
下：『花束』
左：『雲』『淑女』『クローバー』
右：『家』『道』『船』

昇進・成功：『太陽』

下：『キツネ』
右：『熊』『百合』

ピンカード

左上：『太陽』
左下：『鍵』
右上：『月』
右下：『本』

るでしょうか？　昇進や昇給を望めますか？　また、仕事でのすれ違いが原因で恋人と別れてしまいました。今後、新しい恋の可能性はあるでしょうか？　恋愛することはしばらくあきらめて仕事に没頭したほうが良いでしょうか？

●キーカードの設定

・**本人**　……『**淑女**』

・**昇進・仕事での評価**　……『**太陽**』

仕事運を占うときには通常、『**錨**』を使いますが、今回は相談内容が今までの努力が昇進に結びつくのかを知りたいということなので、成功や昇進、昇格を表す『**太陽**』をキーカードに選びました。

・**新しい恋**　……『**ハート**』

出会いのチャンスを占う場合は、『**騎士**』のカードをキーカードに設定することもあります。今回は「新しい恋の可能性はあるか？　恋愛することはしばらくあきらめて仕事に没頭したほうが良いか？」という質問なので、『**ハート**』をキーカードに選びました。

●本人とキーカードの距離

・恋愛を表す『**ハート**』は、本人のすぐ後ろにあります。これは恋のチャンスが非常に近いこと、本人も恋愛をあきらめていないことを示しています。しかし、本人は『**ハート**』に気付かず、『**クロス**』を見ています。これは、つらく苦しいことばかりに目がいってしまっていることを表しています。

・仕事での評価や昇進を表す『**太陽**』のカードは、かなり遠くにあります。これは、今までの努力が実らないのではないかという不安や、もし低い評価だったらどうしようと、自ら答えを遠ざけているのかもしれません（本人カードやキーカードが隅に出ても、シャッフルし、並べ直すことはしません。出ているカードのみで読んでいきます。図では『**太陽**』が左端に出ていますが、『**太陽**』の周辺の『**狐**』『**熊**』『**百合**』のみで読んでいきます）。

●本人の左側にあるカード（過去やこれまでの流れ）

『樹木』……成長を表します。相談者が長期間にわたり努力と時間を費やしてきたことを象徴しています。着実な成長や進展を求めて、根気強く取り組んできたことを示しています。

『クロス』……試練や受難を示します。これまで多くの困難や挑戦に直面してきたことを表しています。負荷が大きい状況やつらい経験があったことを示唆しています。

『鞭』……ストレスや痛みを表します。これまでに経験したストレスや困難な状況を象徴しています。ストレスフルな環境や人間関係に悩んできたことがうかがえます。

これらのカードは、相談者が並々ならぬ努力と苦労を重ねてきたことを示しています。長期にわたる成長への取り組みの中で、多くの試練やストレスを抱えながらも乗り越えてきた姿が浮かび上がります。

●本人の上と下のカード（現状）

『雲』……………不透明さや迷いを示しています。現在、相談者は不安や不透明さを感じており、自分の進むべき道がはっきりと見えない状況にあるようです。これは、仕事に対する評価や将来の展望、恋愛に対する不安を反映しています。

『クローバー』……幸運やチャンスが近くにあることを示しています。どんな小さなチャンスもつかみたいと願いながらも、足元にある幸運やチャンスに気付いていないか、それを感じられていない可能性があります（『**雲**』とのコンビネーション）。

現在、相談者はこれまでの努力が報われるかどうかに対して不安を感じており、将来の展望が見えにくい状況にいます。足元には幸運やチャンスが存在していますが、今はそれに気づけていないようです。評価や昇進に対する不安があるものの、努力が認められるチャンスが近くにあることを示しています。恋愛についても、同様に意欲が低下しているかもしれませんが、新たな出会いや可能性も同じく身近に存在しています。心に余裕を持って周囲のチャンスに目を向けることで、状況は好転するでしょう。

●本人の右側にあるカード（未来）

『庭園』……………社会的な集まりや交流を示します。これは、新しい人間関係や交流、社交的な場を象徴しています。より多くの人々との交流やコミュニケーションの機会が増えることを示しています。

『ハート』…………新しい恋の兆しです。これは、相談者に新しい愛が訪れる可能性を示しています。未来において、恋愛に関する新たな展開が期待できることを示唆しています。

『花束』………………楽しい出来事やサプライズが待っていることを示しています。相談者の未来には、喜びや驚きに満ちた経験が待っているでしょう。

未来において楽しい集まりや社交の場で新しい恋が始まる可能性を示しています。不安に囚われず、積極的に華やかな集まりに参加することで、素敵な出会いが訪れるでしょう。新たな恋のきっかけを見つけるために、飲み会やセミナー、趣味の集まりなどの社交の場に顔を出してみることをおすすめします。

● **新たな恋を表すハートの周辺のカード**

- **『ハート』の上** ……… **『庭園』**
- **『ハート』の下** ……… **『花束』**

・**左**……**『雲』・『淑女』（本人）・『クローバー』**
・**右**……**『家』・『道』・『船』**

『ハート』の周辺カードから読み取れるのは、新しい恋が社交的な場で芽生える可能性が高く、その恋は楽しさや喜びを伴うものであるということです。**『庭園』**が示すように、この恋は人々が集まる場所や社交の場で出会い、**『花束』**がもたらす喜びやサプライズが訪れるでしょう。

過去を見ると、**『雲』**は相談者（**『淑女』**）が恋愛に対して臆病になり、不安や迷いを抱いていたことを示しています。未来が見通せず、幸せになること（**『クローバー』**）をおそれていたため、期待しすぎないように自分を抑え込み、心の中で葛藤していたようです。
しかし、未来では、この新しい恋は安心して過ごせる飾らない自分でいられる（**『家』**）関係に発展する可能性が高く、相手とは同じ目標に向かって進んでいけるでしょう（**『道』『船』**）。**『ハート』**の周辺カードは、迷いや不安を乗り越え、新たな恋と出会う可能性があることを示しています。

●『**淑女**』（本人）と新しい恋（『ハート』）の間で重なっているカード

重なっているカードには、問題解決のヒントがあります。

『**雲**』『**淑女**』『**クローバー**』『**庭園**』『**ハート**』『**花束**』

ふり返ればそこにある出会い。どうせ私なんかという後ろ向きな考えをやめて、たくさんの人と楽しい時間を過ごしましょう。そこに新たな出会いが待っています。

●『**太陽**』の周辺のカード

『**太陽**』のまわりにあるカードから、成功の可能性が読み取れます。『**淑女**』から離れていることから、すぐに希望はかなわないと読みがちですが、『**太陽**』がピンカードとして出ているため、行動次第で希望がかなう可能性があります（どのように行動すれば良いかは、ピンカードで読み取ります）。

『**キツネ**』は、通常はずる賢さや騙されることを意味しますが、『**太陽**』のカードが隣接することで、そのポジティブな要素が強調されます（『**太陽**』は周辺のカードにポジティブなエネルギーを与えるカードでもあります）。この場合、『**キツネ**』はスキルの高さや賢さ、頭の切れる先輩を表し、相談者が持つ専門的なスキルや知識が評価されることを示しています。機転を利かせることで、職場での影響力が増すでしょう。熊は、力や権力、サポートや保護を象徴します。上司や目上の人物を表しており、相談者の努力が認められ、強力な支援者が現れることを示しています。影響力のある人々からのサポートを得ることで、昇進のチャンスが高まるでしょう。『**百合**』は、清廉潔白や純粋さ、ひたむきな献身的態度を表し、誠実で一貫した姿勢が周囲からの信頼を得る要因となります。このカードは、相談者の真摯な取り組みが長期的に報われることを示しています。これらのカードの組み合わせから、先輩や上司から正当な評価を得ることが期待され、これまでの努力が確実に実を結ぶことが示されています。

●ピンカード

ここまでをまとめると、相談者はハードな状況にも負けずに仕事に打ち込んできましたが、目に見える評価や成果が得られず、さらに仕事の忙しさから恋愛もうまくいかなかった状況です。そのため、現在は何に対しても自信を失っている様子が見られます。しかし、恋愛も仕事も、相談者の心持ちと行動次第で手に入れられる可能性があるとわかりました。今、自信を失っている相談者の背中を押すアドバイスを、ピンカードから伝えましょう。

①『**太陽**』……………成功や達成を象徴しています。このカードは、未来に成功を手に入れる可能性が高いことを示しています。積極的に行動し、情熱を持ち続けることが重要です。

②『**鍵**』……………解決策や新たな発見を示しています。問題解決のために新しいアイデアや方法を試すことが、成功への道を開く鍵となります。既存のやり方にこだわらず、柔軟に対応し、新しい方法を探ることが大切です。

③『**月**』……………名声や周囲からの支援を示しています。このカードは、周囲に頼ることや、自分の夢や目標を言葉にして伝えることが重要であることを示唆しています。サポートを求めることで、あなたの夢

が実現に向かって動き出すでしょう。

④『本』……知識や学びを示しています。成功を持続させるためには、継続的に学び、自己成長を続けることが必要です。新しいスキルを習得し、知識を深めることで、長期的な成功を収めることができるでしょう。

成功を手に入れるための道は、まず新しい視点や解決策（『鍵』）を見つけることから始まります。既存のやり方に固執せず、柔軟な思考で新しい方法を試してみてください。新たなアイデアやアプローチが、問題を解決し、成功への道を切り開く鍵となります。次に、周囲からの支援を得るためには、自分の夢や目標をまわりに伝えること（『月』）が大切です。周囲に頼ることをためらわず、自分の思いを言葉にして共有することで、サポートを受け、あなたの夢が現実に向かって動き出します。そして、成功を維持し続けるためには、学び続けること（『本』）が必要です。新しいスキルや知識を積極的に取り入れ、常に成長し続けることで、長期的な成功を確保することができます。

『**太陽**』『**鍵**』『**月**』『**本**』のカードは、成功を達成するためにどのように行動すべきかを示しています。新しいアイデアを取り入れ、周囲のサポートを得ながら、学び続けることで、確実に成功に向かって進むことができるでしょう。

グランタブローをタロットカードでやってみよう

ルノルマンカードのグランタブローの方法を踏まえて、今度はタロットカードでグランタブローに挑戦してみましょう。ここでは、大アルカナ22枚とコートカード2枚（本人カードと相手カード）を使用して、24枚のタロットカードで6列×4段に並べるグランタブローの方法を解説します。

●本人カードと相手カードの選び方

まずは、ルノルマンカードでの『**紳士**』『**淑女**』の代わりになる人物カードを、コートカードの中から選びます。

・本人カード

自分の分身となるカードを選びます。好きなコートカードを選んでも良いですし、直感にしたがって、あるいはランダムに1枚選んでもかまいません。

・相手カード

相手のカードを選びます。相手が女性ならクイーンの中から選び、男性ならキングかナイトの中から選びます。相手が年下の場合はペイジを選ぶのも良いでしょう。見た目や年齢に合わせて選ぶのもおもしろいです。たとえば、年上の男性ならキング、若い男性ならナイトやペイジを選ぶといった具合です。

相談内容に自分以外の人物が登場しない場合でも、本人以外の人物カードを1枚選びましょう。男女は問いません。裏返しでシャッフルし、直感で1枚引いてください。もし、本人を表すカードの周辺にこの人物カードが出た場合、その問題に対して自分以外の人物が影響を与えている可能性を示しています。

●キーカードの設定

恋愛を含む人間関係を占う場合は、コートカードから選んだカードがキーカードになります。相談内容に特定の人物が絡んでいない場合、たとえば相談者本人の仕事や運勢などを占う際には、以下の設定を参考にしてみてください。

- **仕事** ……………………『**力**』もしくは『**皇帝**』
- **金運** ……………………『**運命の輪**』（金運の変動や経済的な流れ）もしくは『**太陽**』（繁栄、成功、豊かさ）、『**節制**』（バランスや節度、持続的な財政管理）
- **恋愛、出会い** …………『**恋人**』
- **家庭関係** ………………『**女帝**』
- **トラブル** ………………『**塔**』や『**死神**』

これはあくまで一例です。ご自身が持つタロットカードのイメージを生かしキーカード選びをしてください。

本人カード:『カップのクイーン』

本人のまわり
上:『力』
下:『節制(逆)』
左:『隠者』『世界(逆)』『戦車』
右:『皇帝』『審判』『正義』

仕事:『皇帝』

下:『審判』
左:『力』『カップのクイーン』(本人)

新たな恋:『恋人(逆)』

上:『星』
左:『カップのキング』『塔(逆)』
右:『月』『死神』

ピンカード

右上:『皇帝』
左上:『吊るされた男』
左下:『塔(逆)』
右下:『愚者』

①　**カードをシャッフルする**

まず、大アルカナと選んだ2枚のコートカード（本人カードと相手のカード）をよくローリングシャッフルします。シャッフルする際は、質問やテーマに集中しながら行います。

②　**カードを並べる**

シャッフルが終わったら、カードを表向きにして、6列×4段のかたちで並べます。逆位置で出たカードはそのまま逆位置で並べます。

③　**リーディングの開始**

並べ終わったら、リーディングを始めます。まず、本人カードとキーカードと見つけ距離を把握します。次に、本人カードとキーカードの周囲のカードを詳しく読み解きます。逆位置の場合は、逆位置の意味で読みましょう。

CASE STUDY

相談内容は先ほどのルノルマンカードと同じ35歳の女性からの相談です。

Q 私はこれまで一生懸命仕事に打ち込んできましたが、今後その努力がきちんと評価されるでしょうか？ 昇進や昇給を望めますか？ また、仕事でのすれ違いが原因で恋人と別れてしまいました。今後、新しい恋の可能性はあるでしょうか？ 恋愛することはしばらくあきらめて仕事に没頭したほうが良いでしょうか？

●キーカードの設定

・本人カード……『カップのクイーン』

・昇進・仕事での評価……『皇帝』（キーカード）

リーダーシップを発揮し昇進、昇格したいという願望から皇帝のカードを選びました。

・新しい恋……『恋人』

●本人カードとキーカードとの距離

本人カードから近いのは仕事での成功をキーカードにした『**皇帝**』。新しい恋を表す『**恋人**』のカードは遠くにあります。『**皇帝**』のまわりのカードには本人のまわりのカードと重なっているものもあります（『**力**』『**審判**』）。このことからも、新しい恋の可能性より、仕事の成功のほうがかないやすいことがわかります。

●本人カード（『カップのクイーン』）の上下のカード

『力』……………強さを持って対応したい、自分の力を生かして前進したいという願望が現れています。

『節制（逆）』………バランスの欠如、過度なストレス、調和が乱れている状態にストレスを感じています。現在、仕事やプライベートでの調整が必要な状況にあるかもしれません。やる気は十分にあり、野望もあるのですが少し空回りしているようです。自分につける点数と、周囲から与えられた点数とに差を感じているようです。

●本人の左側のカード

『隠者』……………内省と自己分析を繰り返し、自分を見つめ続けてきたことがうかがえます。

『世界（逆）』………未完成のプロジェクトや達成感の欠如、あきらめを示します。

『戦車』……………勝利、決意、前進を示します。一生懸命に問題に向き合ってきた様子がうかがえます。

相談者は、自分の思い描く成功に少しでも近づくために、日々努力してきました。しかし、掲げた目標が高く、なかなか達成できないことに対するいら立ちや、結果に満足できない状況があったようです。

●本人の右側のカード

『皇帝』（キーカード）……本人が望んでいる仕事での評価や成功。本人を表す『**カップのクイーン**』から近い距離。望みが近くにあることを表しています。

『審判』……………再評価、新たな始まり、過去の努力が認められることを示します。あなたの努力が正当に評価される兆しです。

『正義』……………公正さ、バランス、真実を追求する姿勢を示します。正しい判断が求められる時期が来るでしょう。

『審判』のカードが示す再評価の機会を逃さないことが重要です。いままでの積み重ねや学びを生かして新たなスタートをきれそうです。

●仕事（『皇帝』）の下のカード

『審判』……………再評価、新たな始まり、過去の努力が認められることを示します。

あなたの努力が正当に評価される兆しです。

●仕事（『皇帝』）の左側のカード

『**力**』と本人を表す『**カップのクイーン**』『**皇帝**』（周辺のカードと重なっている位置にあります。重なっているカードには、問題解決のヒントや改善点など、重要なメッセージが含まれています。また、『**審判**』と『**力**』のカードも重なっています。

これらを総合的に読み取ると、過去の努力が確実に認められ、相談者の強さが評価されることで、昇進や成功が期待できるというメッセージが示されています。

●新たな恋……（『恋人（逆）』）

本人カードからの距離も遠く、逆位置であることから、新しい恋はなかなか手に入らないかもしれません。

●『恋人』の周辺のカード

新たな恋のはじまりを希望し(『**星**』)、チャンスを望んでいますが、左側の『**カップのキング**』『**塔**(逆)』が表すように、男性への不信感や破局した恋愛のトラウマを引きずっています。右側には『**月**』と『**死神**』のカードがあります。これは、過去の清算をし、未練やトラウマを乗り越えなければ、たとえ新しい恋を手にしたとしてもうまくいかないことを表しています。

現状がつらく目を背けたい気持ちはわかりますが、仕事での成功が間もなく訪れるのですから、まずはそちらに邁進し、新しい恋の心配はもっと自分に自信をつけてからでも良いのではないでしょうか。また、仕事で願いをかなえたらきっと心が満たされ、恋愛のことなど頭から消えてしまうかもしれません。

●ピンカード

ピンカードは、相談者の望みがどう行動すればかないやすいかという視点で読んでいきます。ピンカード1枚1枚をアドバイスとしても良いですし、コンビネーションしてアドバイスとしても良いです。

①**『皇帝』**……まもなく望む評価が手に入ります。まずは仕事を最優先にし、リーダーシップを発揮することが重要です。

②**『吊るされた男』**…視点の転換や忍耐を示しています。新しい視点からものごとを見直すことが必要です。

③**『塔（逆）』**……恋愛での未練やため込んだものを手放すときです。つらかったことを受け止め、消化し、次の挑戦の土台としましょう。

④**『愚者』**……新しい冒険や自由を象徴しています。新しい可能性に向けて、自分を信じて行動することが大切です。

あなたはまもなく望む評価を手に入れます（『**皇帝**』）。まずは仕事を最優先にし、リーダーシップを発揮することが重要です。あなたのリーダーシップは、周囲に対する信頼と尊敬を築く鍵となります。組織内での立場を意識し、周囲との協力関係を深めることで、仕事での成功を確実にすることができます。

視点の転換や忍耐も必要です（『**吊るされた男**』）。現在の問題や課題に対して新しい視点からアプローチすることで、解決策が見えてくるでしょう。たとえば、今までのやり方が通用しない場合には、異なる方法や戦略を試してみることが有効です。忍耐強く取り組むことで、短期的な困難を乗り越え、長期的な成功を手に入れることができます。

恋愛面では、過去の未練やため込んだ感情を手放すことが大切です（『**塔（逆）**』）。つらかった経験を受け止め、消化することで、次の挑戦への土台とすることができます。

また、新しい冒険や自由を追求するために、好奇心を持って行動しましょう（『**愚者**』）。あなたの人生には新しい可能性が待っています。未知の領域に足を踏み入れることで、新たな成長と発展が期待できます。リスクを恐れず、チャンスをつかむ勇気を持つことが大切です。

タロットカードとルノルマンカードを合わせて使うハイブリッド占い

ルノルマンカードのグランタブローでタロットカードを占ってみると、さまざまな発見が見られたと思います。両方のデッキを使ったその他の使い方として、ルノルマンカードとタロットカードを合わせて使うハイブリッド占いが流行しています。両方を並べた画像が非常に〝映える〟ため、ＳＮＳでよく見られます。タロットカードとルノルマンカードを１枚ずつワンオラクル（１枚引き）で占ったり、タロットカードで得たリーディングの補助にルノルマンカードを使ったり、占い方も魅せ方も皆さんさまざまな工夫をされていて、とても勉強になります。

同じようなテイストの絵柄のタロットとルノルマンカードを使用すると統一感が出て、対面占いでも大変喜ばれるので、私もあわせて使うことがあります。このハイブリッド占いは、高次元からの視点や啓示、非現実からのメッセージを与えてくれるタロットカードと、日常に紐づき現実的な行動のアドバイスを与えてくれるルノルマンカードの両方の強みを生かし、より深い理解を得ることができるので、とてもおすすめです。

ルノルマンとタロットを並べると映える例

ルノルマンとタロットを併用する場合、絵柄が似通っているものを使うと統一感が出て効果的かもしれない。たとえば上記のようにエドムンド・ゼブロウスキーが制作した、ウェイト＝スミス版、マルセイユ版タロットからインスパイアされたルノルマン・デッキなどを使うのも良いだろう

Pixie's Astounding Lenormand (Edmund Zebrowski)
Lenormand de Marseille (Edmund Zebrowski)

3＋3スプレッド

タロットカード78枚とルノルマンカードを組み合わせて、過去（原因）、現在、未来（結果）を展開するとても簡単な方法です。

●タロットカード

- **過去（原因）**……過去の出来事や原因を明らかにします。
- **現在**……現在の状況や問題を示します。
- **未来（結果）**……未来の結果や展開を予測します。

未来（結果）　現在　過去（原因）

PART 01 | PART 02 | PART 03 | PART 04 | PART 05 | PART 06

●ルノルマンカード

タロットカードからのメッセージをさらに絞り込み、問題提起や気づきを与えます。具体的なヒントや解決策を示してくれるため、タロットの読みが一層深まります。このスプレッドは、タロットカードの直感的なメッセージと、ルノルマンカードの具体的なアドバイスを組み合わせることで、より包括的で実践的なリーディングが可能になります。

【リーディング手順】

まずは、タロットカードとルノルマンカードそれぞれをシャッフルし、タロットカードから過去、現在、未来と並べ、次にルノルマンカードも同様に並べます。

CASE STUDY

Q　仕事でなかなか結果が出せないのですが、原因は何でしょうか？また、うまくいくための改善策はありますか？

●カードの解釈

〈過去〉（原因）『ワンドのエース』＋『キツネ』

・『ワンドのエース』……新しい始まり、エネルギー、創造力を象徴します。過去に、相談者が新しい企画やアイデアに対して熱い情熱を持って取り組んでいたことを示しています。

・『キツネ』……賢さ、策略、仕事における慎重さを示します。相談者が賢く戦略を立てて行動していたことを示唆しています。

過去において、相談者は新しい企画やプロジェクトに対し非常に積極的で情熱を持ちながら仕事に取り組んできたようです。同時にリスクを避けるために細心の注意を払い、賢明な戦略を立てて慎重に行動してきました。成功するための最良の環境を整えることを重視していたと考えられます。

〈現在〉『女教皇』＋『樹木』

・『女教皇』……知識、直感、聡明さを象徴しますが、現在の状況においては、あなたが問題を真面目に捉えすぎていることや、自分に対して厳しすぎることを表しています。

・『樹木』……成長、健康、長期的な展望を示します。今よりもっと大きく成長したいという思いが表れています。ですが、樹木の成長には時間がかかります。わかっているものの、そこに苛立ち（いらだ）を感じているのかもしれません。

相談者が仕事に対して非常に真剣に取り組んでおり、自己に対して高い基準を設けていることがわかります。知識や直感を駆使して問題解決に向かって努力しているものの、その成長や進展には時間がかかっているため、結果が思うように出ず、苛立ちを感じているかもしれません。長期的な視点が必要だとは理解しながらも、短期的な成果が見えないことに焦りを感じている状況です。

〈未来〉『月（逆）』＋『道』

- **『月（逆）』**……混乱や不安の克服、隠された真実が明らかになることを示します。現在抱えている不安や状況が解消され、道が開ける兆しがあります。
- **『道』**……選択や決断、複数の可能性を示します。暗くて見えなかった足元が明るく照らされ、自分が歩むべき道が見えてきます。これから進むべき方向についてじっくりと考えるときが訪れるでしょう。

未来の状況では、現在抱えている不安や不明確な状況が徐々に解消され、明確な道が見えてくることが期待されます。逆位置の月が示すように、隠されていた真実や問題が明らかになり、現状を正確に把握することができるようになります。選択肢や決断の必要性が浮かび上がってくることで、新たな道や可能性が見えてくるでしょう。道のカードが示すように、複数の選択肢が現れ、それぞれの道を評価し、最適なものを選ぶことが求められます。

●具体的な改善策

目標をクリアにしましょう。自分の成長や目標までの道筋が見えないことの焦りが感じられます。短期的・長期的な目標を設定し、達成するための具体的な計画を立てましょう。あまり自分に厳しい点数をつけるのではなく、ハードルをもう少しさげてもいいかもしれません。未来においては、道のカードが示す選択の時が来ます。選択肢をしっかりと見極めることで、夜明けが訪れます。

ヘキサグラムスプレッド

【リーディング手順】

まず、ルノルマンカードから、相談者を表すカード『**淑女**』と彼を表す『**紳士**』のカードを抜いて①と②の位置に配置します。タロットカードとルノルマンカードそれぞれをシャッフルし、タロットカードを①から順番に並べ、その後ルノルマンカードも添えていきます。

CASE STUDY

Q　1年お付き合いしている彼と最近ケンカばかり。良好な関係になるにはどうすれば良いですか？　彼の気持ちや今後どうなるかも知りたいです。

●カードの解釈

ヘキサグラムスプレッドをどこから読むかは、占う人によってさまざまだと思います。今回は彼の気持ちや今後を知りたいとのことなので、まずは、①彼の気持ちと、②相談者の気持ちから、二人がこの問題に対しどのように考え向き合っているのかを踏まえてから全体を読んでいきます。

①彼の気持ち

・**タロットカード**………『**愚者**』

『**愚者**』は自由、無邪気、冒険心を象徴します。彼は二人の関係に対して非常に楽観的で、深く考えずに流れに任せている姿勢が見えます。新しい体験や冒険を求める気持ちが強く、自由な心を持っていることを示しています。

・**ルノルマンカード**……『**紳士**』(**彼を表すキーカード**)

彼を表すカードなので、リーディングには加えません。

②相談者の気持ち

・**タロットカード**………『**運命の輪**(**逆**)』

① タロットカード：『愚者』
ルノルマンカード：『紳士』
（彼を表すキーカード）

② タロットカード：『運命の輪（逆）』
ルノルマンカード：『淑女』
（本人カード）

③ タロットカード：『カップの6（逆）』
ルノルマンカード：『指輪』

④ タロットカード：『女教皇』
ルノルマンカード：『家』

⑤ タロットカード：『カップの8』
ルノルマンカード：『太陽』

⑥ タロットカード：『ワンドの6』
ルノルマンカード：『クローバー』

⑦ タロットカード：『世界』
ルノルマンカード：『船』

『**運命の輪**』の逆位置は、停滞、不運、変化の難しさを示します。相談者は関係が進展しないことに対して不安を感じ、状況の変化が思うように進まないことにフラストレーションを抱えています。

- **ルノルマンカード** ……『**淑女**』（**本人カード**）

本人を表すカードなので、リーディングには加えません。

彼の気持ちで出た『**愚者**』と、相談者の気持ちで出た『**運命の輪（逆）**』を見ると、彼の無計画な態度や楽観的な姿勢が、相談者の不安を増幅させている可能性があります。状況の変化がうまくいかず、停滞感を感じていることがわかります。

③ 過去（原因）

- **タロットカード** ………『**カップの6（逆）**』

『**カップの6（逆）**』は、過去の出来事や感情が未解決のままであることを示します。懐かしさや過去への執着があり、現在の関係に影響を与えている可能性があります。未解決の感情や過去の問題が関係を停滞させていることを示唆しています。

・**ルノルマンカード**……『**指輪**』

『**指輪**』のカードは、約束、契約、絆を示します。過去において、二人の間で重要な約束や誓いがあったことを示しており、その約束が現在の関係に大きな影響を与えています。

過去に未解決の問題や感情のもつれがあり、それが現在の関係に影響を与えています。約束や誓いが十分に果たされなかったか、問題が生じたため、現在の喧嘩の原因となっています。彼が『**愚者**』ですから、約束が守られなかったことに対して罪の意識も薄そうです。

④現在

・**タロットカード**………『**女教皇**』

『**女教皇**』は知識、直感、冷静さを象徴します。現在、相談者は感情を抑え、冷静に状況を見つめ直し、問題を解決しようとしています。理性的に対処しようとする一方で、その過程がストレスやプレッシャーとなっている可能性もあります。

・**ルノルマンカード**……『**家**』

『**家**』のカードは、安定、家庭、安心できる場所を示します。相談者が心の平穏と安定を求め、安心できる環境を築こうとしていることが表れています。

現在、二人は冷静に問題を見つめ直そうとしています。感情を抑え、問題の本質を理解しようと努めています。たがいに安定と安心感を求める姿勢が見えます。しかし、彼の求める安らぎと、相談者の求める安らぎとの間には温度差があるようです。

⑤ 未来

・タロットカード……『カップの8』

『**カップの8**』は、何かを手放し、新たな道を進む必要があることを示しています。過去の執着を捨て、新しいスタートを切っている姿が見えます。感情的な荷物を下ろし、新たな道を見つけることが重要です。

・ルノルマンカード……『太陽』

『**太陽**』のカードは、成功、幸福、明るい未来を示します。新たな道を進むことで、成功と幸福が待っていることを示唆しています。太陽は、明るい未来とポジティブなエネルギーを象徴しています。

未来には、過去の問題や執着を手放し、新しい方向に進んでいる姿が見えます。『**カップの8**』と『**太陽**』が示すように、過去の困難を乗り越えた二人は成長し、おたがいに支え合い、より強固な絆を築いていくことでしょう。

⑥対策やアドバイス、どのように行動すれば良いか

・タロットカード……『ワンドの6』

『**ワンドの6**』は、主張が通る、認識されることを示します。対策としては、関係改善に向けて相談者が率先して行動することが重要です。相談者が主導権を握り、彼を率いて前進することで、より良い関係を築けるでしょう。

・ルノルマンカード……『クローバー』

『**クローバー**』のカードは、幸運やチャンスを示します。どんなに小さなことでもおたがいの良いところを見逃さず、それを活かすことで関係が良好になります。小さな幸運やチャンスを大切にし、それを共有することが重要です。

良好な関係を築くためには、相談者が自信を持って行動し、彼を率いて導くことが大切

です。おたがいの努力を認め合い進むことで絆が深まります。また、日常の中での小さな幸運やチャンスを見逃さず、それを大切にすることで関係が良好になります。彼は『**愚者**』のカードが示すように、自由で無邪気な性格です。そのため、彼にリーダーシップを求めるのは難しいかもしれません。相談者がタイミングを計りながら彼をうまく誘導し、リードしていくことで、二人の関係はより強固なものとなるでしょう。彼の自由な性格を尊重しつつ、柔軟に対応することがポイントです。

⑦ 結果、最終予想

- **タロットカード**…………『**世界**』

『**世界**』のカードは、達成、完成、期待通りの結果を示します。関係が完成し、達成感を得ることができることを示しています。二人の関係は次のステージに進み、成熟した段階に達します。

- **ルノルマンカード**……『**船**』

『**船**』のカードは、新たな冒険、前進、新しい経験を示します。二人で新しい経験を共有することで、関係がさらに深まることを示しています。船は、旅立ちや新たな冒険を象徴しています。

二人の関係は、今後達成感を得る段階に達し、新しいステージへと進むことが示されています。新たな経験を共有することで、関係はさらに深まり、より強固で豊かなものになります。世界のカードが示すように、関係が成熟し、達成感を得ることで、二人は次のステージに進む準備が整います。船のカードが示すように、新しい経験を共にすることで、関係はさらに発展し、より良い未来が築かれるでしょう。

●全体のアドバイス

過去の未解決の問題や気持ちを整理し、交わした約束を再確認して二人の温度差をなくすことが大切です。話し合いを重ねて解決することで、現在の喧嘩の原因やモヤモヤした消化不良な気持ちを取り除くことができます。そして、納得がいくまで話し合ったら、過去のことは持ち越さずに新しい道を進んでいきましょう。明るい未来が待っていることを信じて行動することが重要です。

また、日常のなかで彼の良いところを見逃さず、うれしいことや楽しいこと、感じたことをしっかりと伝えるようにしましょう。小さな喜びを共有し合うことで、二人の絆がさらに深まっていくでしょう。

グランタブロー以外での人物カードの視線読みについて

今回、ルノルマンカードがはじめての方にもわかりやすいように、『**紳士**』や『**淑女**』のカードは最初に正位置で展開したため、人物カードの視線を読むことはしませんでした。しかし、占いのバリエーションとして、タロットカードの正逆に合わせて『**紳士**』や『**淑女**』を配置し、たがいが見つめ合っているかどうかを読み解く方法もあります。

今回のサンプルリーディングで試してみると、『**紳士**』の気持ちを表すタロットカードの『**愚者**』が正位置なので、『**紳士**』のカードも正位置として扱います。一方、『**淑女**』の気持ちを表すタロットカードの『**運命の輪**』は逆位置なので、『**淑女**』のカードも逆位置として扱います。これにより、二人の視線は向き合わず、『**淑女**』がこの問題から目を背けているように見えます。このことから、たがいの気持ちが通じ合わない原因は、『**淑女**』の向き合い方に関係

〈タロットの正逆にルノルマンを合わせてみると……〉

●『紳士』のタロット正位置
●『紳士』正位置

●『淑女』のタロット逆位置
●『淑女』逆位置

たがいの目が合わない →
●『淑女』が目をそらしている
●『淑女』が不安を抱えている
●真実を知りたくない

●『紳士』のタロット正位置
●『紳士』正位置

●『淑女』のタロット正位置
●『淑女』正位置

見つめ合っている →
●たがいを意識している
●思いが通じている
●問題に向き合っている

●『紳士』のタロット逆位置
●『紳士』逆位置

●『淑女』のタロット逆位置
●『淑女』逆位置

おたがい目をそらしている →
●たがいが問題に向き合っていない
●視界に入らない・入れたくない
●思いが通じていない

していると解釈することができます。その結果、「気楽な彼に、ちょっと疲れているのかな？」「彼女ばかりが負担を負ってきたのかな？」といった、二人の背景を踏まえた解釈が可能になります。全体のリーディングも、それを前提に読み解くことで、ストーリーがより自然に作りやすくなります。

もし、『**紳士**』の気持ちを表すタロットカードが正位置で『**淑女**』も正位置であれば、二人のカードは見つめ合っていることになります。逆に、両方のタロットカードが逆位置であれば、二人は背中を向け合っていることになります。ただし、デッキの絵柄によっては、『**紳士**』や『**淑女**』の顔の向きが異なる場合があります。その場合は、描かれている顔の向きに従って読み取ってください。『**紳士**』や『**淑女**』が正面を向いているデッキでは、この技法は使えません。そのため、私はルノルマンカードを購入する際、必ず紳士や淑女の顔の向きを確認してから選ぶようにしています。

MESSAGE from Karen Sakurano

いかがでしたか？　「百聞は一見に如かず」。ぜひ一度、タロットカードとルノルマンカードのハイブリッド占いを試してみてください。

タロットカードとルノルマンカードは、それぞれ異なる魅力と特性を持っています。タロットの神秘性と深い洞察、ルノルマンのシンプルで直接的なメッセージ。この二つを組み合わせることで、リーディングはさらに豊かで多層的なものになります。二つのデッキを一緒に使うことで、より広く深く相談者の質問や悩みに応えることができるのです。

本章を通じて、タロットカードとルノルマンカードを組み合わせたリーディングの魅力と可能性をお伝えできたなら幸いです。皆さんのリーディングが、これからさらに深く、豊かなものになることを願っています。

さらにルノルマンカードの学びを深めたい方は、書籍やウェブサイトを参考にしてみてください。新たな発見がきっとあるはずです。

19. 塔：権威、孤立、政府、ルール
20. 庭園：社交、コミュニティ、イベント、交流
21. 山：障害、挑戦、遅れ、妨害
22. 道：選択、決断、分岐点、迷い
23. ネズミ：損失、不安、感染、消耗
24. ハート：愛情、情熱、関係、ロマンス
25. 指輪：契約、約束、パートナーシップ、義務
26. 本：秘密、知識、学び、研究
27. 手紙：通信、メッセージ、情報、書類
28. 紳士：男性、本人、行動、主導権
29. 淑女：女性、本人、感受性、直感
30. 百合：平和、調和、年長者、道徳
31. 太陽：成功、喜び、エネルギー、栄光
32. 月：サポート、名声、直感、サイクル
33. 鍵：解決、答え、秘密、機会
34. 魚：金銭、拡大、流動性、繁栄
35. 錨：安定、希望、長期的な目標、仕事
36. 十字架：運命、試練、信仰、負担

ルノルマンカード意味一覧

1. 騎士：メッセージ、吉報、スピード、出会い

2. クローバー：幸運、チャンス、小さな幸せ、偶然

3. 船：旅行、冒険、挑戦、前進

4. 家：家族、安心、ふるさと、ルーツ

5. 樹木：健康、成長、長寿、癒し

6. 雲：不安、混乱、不明確、いったん停止

7. 蛇：裏切り、誘惑、嫉妬、悪意

8. 棺：終わり、沈黙、再生、閉塞

9. 花束：喜び、感謝、サプライズ、贈り物

10. 鎌：切断、決断、危険、収穫

11. 鞭：争い、論争、痛み、ストレス

12. 鳥：会話、噂、情報、コミュニケーション

13. 子ども：無邪気、純粋、新しい始まり、若さ

14. 狐：狡猾、仕事、策略、ライバル

15. 熊：力、保護、権力、支援

16. 星：希望、夢、導き、インスピレーション

17. コウノトリ：変化、移動、進展、進化

18. 犬：忠誠、友情、信頼、支援

PART5 解説 by 鏡リュウジ

COMMENTARY

#05

カードを「絵」として読む占いの可能性

今、カード占いと言えば、タロット、オラクルカード、そしてルノルマンが頭に浮かぶのではないでしょうか。1970年代まではトランプ占いが主流でしたが、70年代半ばから急速にタロットがトランプ占いを凌駕(りょうが)していきました。次いで、90年代くらいからニューエイジ的、ポジティブなメッセージのオラクルカードも普及していきます。

それに続いて21世紀にルノルマンと呼ばれる占い専用カードが頭角を現してきました。手前味噌になりますが、日本初のカード付きのルノルマン・カードの入門書となったのは拙著『秘密のルノルマン・オラクル』(夜間飛行、2014年)でした。これが我が国におけるルノルマン普及の嚆矢(こうし)になったわけですが、しかし、現在のようなポピュラリティをルノルマン・カードが獲得していくには、熱心なルノルマンカードの使い手たちの尽力が大きかったと思います。桜野カレンさんは、まさにルノルマンカード普及の貢献者の筆頭。桜野さんは、何冊もルノルマンに関する解説書をものにして、またオリジナルのカードも何種類も出され、さまざまなかたちでルノルマン振興に取り組んでおられます。

第1章の付論(73ページ)で、カード占いは「閉鎖系」的な占いであると述べました。ここで、閉鎖系「的」であるとしたことに留意してください。また閉鎖系／開放系的な占いという区分は「グラデーション」であると述べておいたことも思い出していただきたい。

一組のカードを使う場合にはたしかにカード占いは閉鎖系です。多くのタロティストはタロットをユダヤの秘教的なマンダラである「生命の木」と照応させます。一つの完結したコスモロジーをタロットの中に見るのです。トランプも10枚の数札に3枚の人物札が4種類あるというきわめてシンメトリックな構造を持ちます。そこに

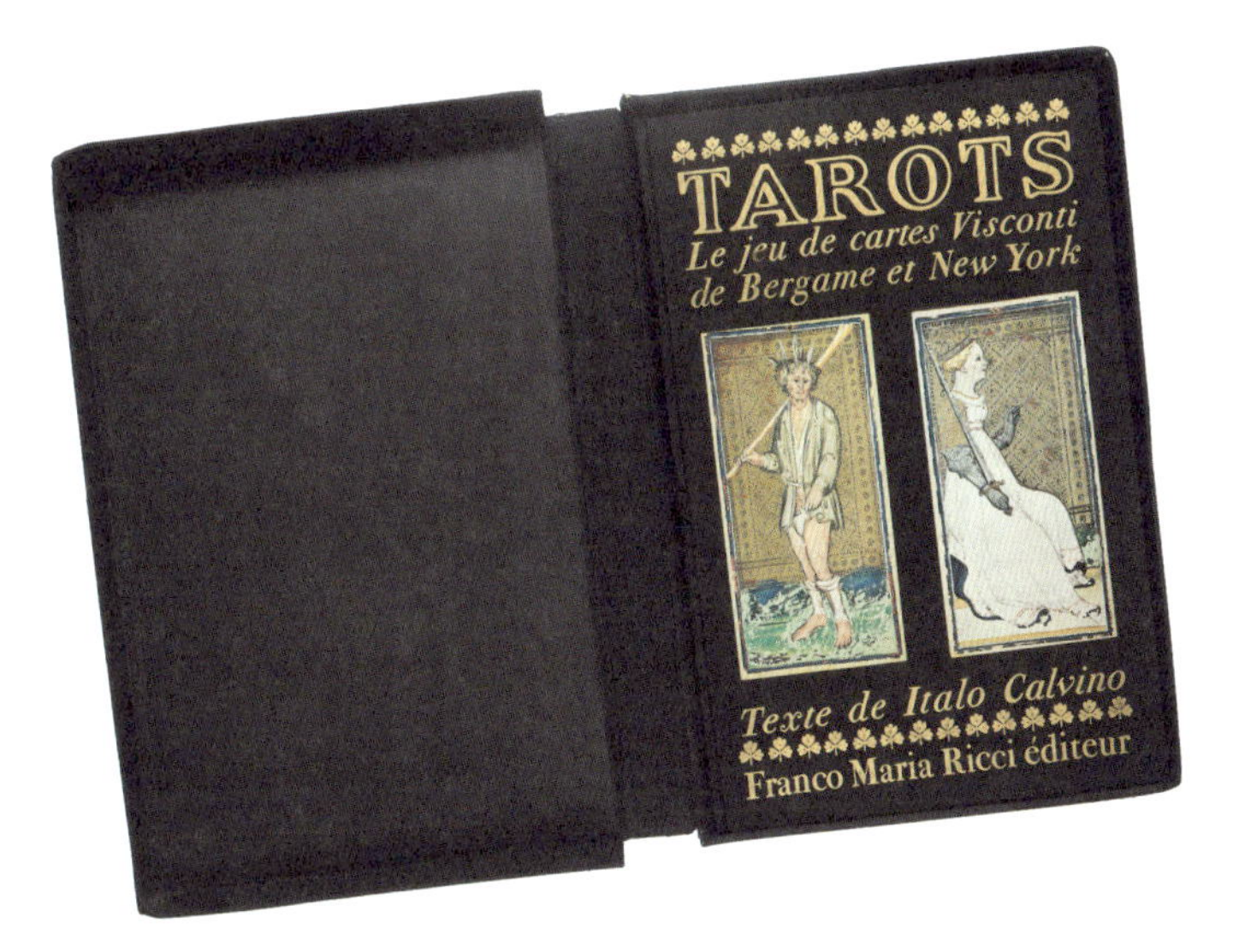

フランコ・マリア・リッチ編『タロウ（タロット）』仏版1974年、限定版。中の文章はイタロ・カルヴィーノ『宿命の交わる城』。鏡リュウジ蔵

勝手にカードを足したり増やしたりすることは、基本許されないわけです。

しかし、実際にはその閉鎖構造を緩めてカードを増やす場合もあるのです。まだ占いにタロットが使われていない16世紀のものではありますが、フィレンツェのミンキアーテ・タロットは78枚の通常のカードを97枚にまで拡張しています（*1）。ルノルマンカードでは「エキストラ」カードが追加されることも少なくありません。

さらに、複数のデッキ（パック）を同時に使うタロティストもいます。一組のカードを使うのが「ユニバース」（一つの宇宙）の占いだとすれば、「マルチバース（多重宇宙）」の占いと言えるかもしれませんね。そして、今、多くのカードの使い手は、タロットとオラクルカードを、あるいはタロットとルノルマンを併用しはじめています。

正直、タロットとルノルマンやオラクルカードを同時にテーブルの上に広げるのには最初、かなり抵抗がありました。タロットは一つの完結した宇宙であるという感覚が染みついていた自分としては、同時に他のカードのシステムを用いるのはなんとも心地悪かったのです。まるで和菓子にコーヒーを合わせるような、あるいはサンドイッチを抹茶で食するような違和感があったのですね。

335ページに図版掲載のマリア・リッチ編『タロウ』にはビスコンテイ・スフォルザ版のタロットの複製が糊付けされている。これはその中の1枚。棒の女王

しかし、これは一種の偏見だと次第に気が付くようになりました。占いには自由な遊び心が大切。歴史をたどってもあのルノルマンも複数のデッキを併用していたという記録もあるのです。

複数のデッキをプリコラージュ、あるいはコラージュしてテーブルの上に従来では考えられなかったような「絵」(タブロー)を描き出すこともまた、現代的なカード占いの楽しみ方と言えるでしょう。その絵はきっとこれまでにないかたちで「映える」はずですから!

「タブロー」として展開されたカードを見る

奇しくもここで「タブロー」という言葉が出てきました。ルノルマン・カードを使っておられる方なら、それがルノルマン占いの「王道」である「グランタブロー」と響き合っていることに気が付いてくださったはず。ルノルマンでは36枚のカードをすべて机上に展開し、一つの大きな「絵」(タブロー)を作ります。その中から、相談者や相談事を示すカードを探し出し、それを取りまく札たちがどんな「絵」を作っているかを見て解釈していくのです。これはスプレッドにおいて「場」の意味と各カードの固有の意味を重ね合わせて解釈を引き出す、現在主流となっているタロットの読み方とはかなりスタンスが異なっています(第2章を参照)。

こうしたルノルマン的なカードの読み方も、タロットに応用できます。いや、もしかしたら今のようなタロットの「スプレッド」が完成され、主流になるまでは、「ルノルマン的」な読み方もタロットでも行われていたのかもしれないのです。

英国で長年、魔術やカード占いの世界を牽引してきたケイトリン・マシューズに『語られざるタロット』という興味深い著作があります（*2）。「古いタロット・リーディングの失われた技法」という副題の付されたこの本は、20世紀以前のさまざまなカードの読み方を解説したものですが、その中で「ヴィジュアルから得られる印象」を中心にしたリーディングが紹介されています。

たとえば今の仕事を辞めて前職に戻ろうかと考えている男性の相談者に左ページ上のようなカードが出た場合、マシューズはおおよそ、以下のように読むのです。

「後ろを向いている『**ソードのペイジ**』は前職への心残りを抱く相談者を映し出している。隣の『**ペンタクルの2**』は今の仕事から得られる金銭を示す。しかし、『**力**』の女性はその金貨から目をそらして死者が復活する（古いものが戻る）『**審判**』を見ている。後ろを向いている『**ソードのペイジ**』が何を見ているのか気になったので、その視線の先にもう1枚引くと、『**ワンドのキング**』が出た。キングとペイジの視線は合い二人は見つめあっている。このキングは前職の上司を示すのだろう。前職の上司とは確執があったかもしれないが、今はもう一度その彼との関係を修復すべきではないか。今の仕事で得られた技術を新たなかたちで生かして前職に戻るのも一つの手だ」

『ソードのペイジ』

『ペンタクルの2』

『力』

『審判』

スプレッドの「場」の意味を用いず、また固定的なカードの意味も使用せずに絵から得られる印象をそのまま使ってリーディングを広げていく手法。通常のタロット占いよりずっとイマジネーションが要求されますが、挑戦しがいはありますね。

　このような手法をから思い出されるのが、イタリアの幻想作家イタロ・カルヴィーノの『宿命の交わる城』という小説です（*3）。ある城に、口をきかない旅人たちが一堂に会します。彼らは順次カードを展開していき、それが言葉の代わりに物語を紡いでいくのです。無言の客人たちの物語がカードの絵によって伝えられるわけですが、そのとき、いわゆるそれぞれの札の一般的な意味は無視されています。「ワンド」の数札は、木々の枝と葉が生い茂る森となり、『**星**』は妖しい鬼火にと、その場その場で新たな意味を示していきます。最終的には次ページの図のように展開されたカードは、横に三つの物語と縦に三つの物語が読み取られます。しかも、それぞれ逆方向に、同じカードが別の物語としても読み取られていくのです。まるでクロスワードパズルのような仕組みの作品です。

これは占いではなくフィクションですが、物語を編むという点では占いも同じ。場合によってはカードばかりではなく、テーブルの上に置かれていた小物とカードの組み合わせ、カードの人物の視線の先にある部屋の調度品などまで含めて、展開された「絵」として見ることさえできるのではないでしょうか。カードの読み方にはまだまだ無限の可能性があります。

脚注●＊1／ブライアン・ウィリアムス著鏡リュウジ監訳『ミンキアーテ・タロット』原書房参照。＊2／Catlin Matthews *Untold Tarot* Redfether 2018＊3／イタロ・カルヴィーノ著、河島英昭訳『宿命の交わる城』（河出書房新社、2004年）

カルヴィーノ『宿命の交わる城』では旅人たちが無言のままにカードを配して一つの「タブロー」を作ってゆく。マリア・リッチ編『タロウ』より、そのタブロー。ここではマルセイユ版が用いられている

PART

06

Tarot and Four Pillars of Destiny

タロットと四柱推命

最終章である6章のテーマは、タロットと東洋の占いの併用方法です。西洋の占術を代表するタロットと、東洋の占術を代表する四柱推命はどのように併用できるのか——この複雑なテーマを担当するのが、数々のメディアでもおなじみで、実占経験も長く、西洋と東洋の占術に詳しい暮れの酉。実際の鑑定シーンを通して、どのようにそれぞれの特徴を有機的に活かすべきかを具体的に解説します。

暮れの酉 Kure no Tori

2002年、18歳の頃から占い一本で生計を立ててきた異色の経歴の持ち主。所属していた占い館では連日、行列ができ予約の取れない占い師といわれた。短い鑑定時間で、的確に占わなければならない占い館で鍛えられた独自の鑑定スタイルは好評を得て、2022年からはテレビ、メディアでも取り上げられる。著書は『繊細な人のための鳳凰数術占い』（ヨシモトブックス）、『2択開運』（ワニブックス）、『手相の見方』（ナツメ社）など。従来の占いの教科書には載っていない、実際に使える占い方を展開した。決められた枠にとらわれない見方を追及している占い師。

はじめまして。占い師をしております暮れの酉と申します。2002年の春、大阪のとある占い館にて働きはじめ、現在に至るまでの約20年のあいだ専業占い師として生きてきました。さまざまな種類の占いを学んでまいりましたが、主にタロット占いと、四柱推命という占いを使って日ごろ鑑定をしております。

はじめに、なぜタロット占い一本ではなくて異なる占いを併用するのか疑問に思われる方もいらっしゃるかもしれませんので、ぼくの実体験を少しお話しさせてください。きっとタロットで誰かを占ったことのある人になら共感してもらえるお話だと思います。

これはぼくがプロの占い師として働く前の体験です。高校生だった頃のぼくは、学校に勉強ではなく占いをしに行っているのかと言われるくらい、占い三昧の毎日を送っていました。タロット占いのおもしろさにハマってしまい、クラスメイトだけではなく先生たちも巻き込んで放課後遅くまで鑑定会をよくやったものです。そんな生活を1年ほど続けたある日、一人の同級生に強烈なツッコミをもらうことになりました。「半年前に占ってもらったときと結果が全然違う。やっぱり占いなんてインチキだ!」と。

タロットをはじめ易などの、偶然に出たシンボルで占う方法(一般には「卜術」と呼ばれます）では、占うたびに答えが変わる経験を読者のみなさんもしたことがおありでしょう。そのことをポジティブにとらえるなら「心がまえの変化を映してくれる柔軟な占い」と言えるし、ネガティブにとらえれば「コロコロ変わる信用ならないもの」ということになるのかもしれません。

この同級生からのツッコミを受けてぼくも、「タロット占いって信用ならないのかな」と一瞬だけ悩むことになりました。この悩みを解決するためにとった対策が生年月日を元にした、結果の変わらない占い（四柱推命や西洋占星術などのことです。「命術」と呼んで一括りにする場合もあります）を学ぶことだったのです。

もちろん命術には命術の疑問（ほぼ同じ日時に生まれたら同じ人生になるのか、など）を感じ、占術にはそれ一つで完成されたものはないと思い至ることになります。そんなぼくが最終的にたどり着いたのは、目的に応じて占い方法を使い分けるという考えでした。

命術では気質や、運命が切り替わる時期のような、占うたびに変わっては困る内容を。卜術では、占った通りに未来が固定されては困るテーマ、たとえば「このままのペースで進めるとどうなりますか」という質問を占う。こんな使い分けをよくしています。**命術は「人生という旅のしおり」、卜術は「運勢を見るための模試」とたとえることも多いですね。**

この章ではぼくの実際の鑑定の様子をご覧に入れ、四柱推命とタロットの併用が鑑定にどう役立つのかを、みなさんにお伝えできればと思います。

四柱推命とは？

鑑定の実例に進む前に、ここまでに何度か出てきた「四柱推命」という占いについて少しだけ説明をさせてください。あまりなじみのない方には置いてきぼりを食らったような気持ちにさせてしまったかもしれませんからね。

さて、四柱推命とは中国で誕生した占いで、生年月日と生まれた時刻からその人はどんな気質か、どんな人生を歩むのかを読み取っていく占術です。

西洋占星術では四つのエレメント（火、地、風、水）や12のサイン、太陽や月、惑星たちの力をベースに占っていくのに対し、四柱推命では五行説という「世界は五つの要素（木、火、土、金、水）から成り立っていると考える思想」に基づいて運命を読み解こうとします。古くから日時を表す記号として「暦」に使われた10個の十干（じっかん）と12個の十二支をメインにして占っていくのです。

この十干と十二支はお空に浮かぶ現実の星ではなく、人が考えた暦の記号。複雑でカオス的な運行をする実際の天体ではなく、機械的に順送りされ、毎日規則正しく切り替わっていくものなんです。現代のカレンダーにも使われる曜日と似たものだと思ってください。

四柱推命の魅力の一つは、この規則的な周期に基づく的な暦を使う点にあります。西洋占星術の太陽や月のサインのように、１日の中途半端なタイミングで切り替わることがないんです。たとえば２０２５年7月22日は、西洋占星術では太陽サインが「蟹座」と「獅子座」の変わり目で何時に生まれたかでサインが違ってしまいますが、四柱推命ではこの年のこの日は何時に生まれても十干は「壬(みずのえ)」／十二支は「辰(たつ)」と変わりません。現場では、生まれた時間がわからない人を占うことも多いので、生年月日だけでもある程度タイプを絞れるこの特性は助かるのです。

もう一つの魅力は、運命の変化が起こる時期がいつなのか、というのを絞りやすい点。いつが良い時期か、悪い時期か。人生のタイミングを大ざっぱに二色で塗り分けてくれるのです。悪い時期がわかると聞くと「ギョッ」とする方もいるかもしれませんが、人生にはお天気のように、自力ではどうしようもない「流れ」のようなものがあるとぼくは信じています。

そういう大きな力があると信じることで、「努力が足りなかったから失敗したんだ」などと落ち込む回数が減ったんですよ。良いとか悪いという言葉がキツく感じるなら、人生の季節と言い換えることも可能かもしれません。たとえば真冬には暖かい格好をするのが合っているように、人生にもタイミングごとに合うこととそうでないことがある。もし失敗続きの人がいるとして、自分がツイてないのは運命の旬に合わない希望を追いかけていたからだと信じられれば、必要以上に自分を責めないで済むでしょう？　そういう手助けをしてくれるのが四柱推命の魅力だと思います。

占的は「聞き出す↓打ち明けてもらう」

四柱推命がどんなものか大まかにお話しできたところで、実際の鑑定でタロットとどう使い分けているのかお伝えしようと思います。

そこで、あなたが占い師と仮定して質問です。年齢、職業、経歴など素性がまったくわからないお相手から漠然と「運勢を見てほしい」とたずねられたときどうしますか。

タロットでは、的確な答えを出すには相談者が知りたいこと（占的といいます）を絞ることが何より重要です。ですが、この聞き方を間違えると……。ここで過去の僕の失敗談をお話ししましょう。

占い師になったばかりのころ、タロットをメインにしていたぼくは、「とにかく基本に忠実でないと」と力んでおりました。10代の若造が占い師デビューをしたものだから、人生経験でアドバイスすることも不可能だしトークで説得もできません。だから「占いの知識にだけは誠実でいよう。まずは相談者の知りたいことをヒアリングするのが大切だ！」と根掘り葉掘り聞くことばかりに注力してしまったのです。

教科書的には占的を絞ってから占うことは正解なんですが、実際の受けは最悪。だって相談者は占い師のもとに「言い当ててもらえること」を期待して来ています。それなのに先にあれこれ質問ばかりされては、興ざめもいいところでしょう。あるお客さまから「私が自分でしゃべったら占いに来た意味がないじゃない」というツッコミをいただいて目が覚める思いがしました。

その反省もあり、2年目を迎える頃には「占いであなたの性格を調べますね」と命術を使って気質や才能のお話をするスタイルに変えたのです。「あなたは正直者タイプで、感情が顔に出やすいですよね。でも情に厚い」みたいな話題で対話をする。対話するうちに「実は今、こういうことで悩んでいて」と打ち明けてくれるようになりました。

タロットで的確な答えを出すのに必要な占的は、聞き出すんじゃなくて打ち明けてもらうことが大切だったんです！　その空気を作るには四柱推命が大いに助けになりました。別に四柱推命に限らず、占星術でも手相でも、パーソナリティーを占える方法なら何でも良かったのかもしれません。不思議なもので、命術できっちり占って信頼してもらえるとタロットを読むときも相談者が「自分事として参加してくれる」ようになります。

その結果こちらが予想もしない、新たな啓示が降りてくることもありました。

片想いの相談を受けたときのこと。ウェイト＝スミス版の『**運命の輪**』のカードが出たのですが、それを見て相談者がこう言ったのです。「ここにＴＯＲＡと書かれてますよね。実は私の好きな人は野球のタイガースファンで、今度試合を観に行こうって誘われたんです」。この方はトーラを動物のトラと読んだわけです。まさか『**運命の輪**』にタイガースファンの男性とのデートが迫っているという意味があるなんて、この瞬間まで思い至りませんでした！

こんな例は振り返ればたくさんありますが、タロットだけとか四柱推命だけの鑑定ではなかなかこんな展開が起こりません。少なくともぼくは、卜術と命術を組み合わせることで対話が深まり、もっと深くシンボルを読むことができる占い師みたいです。ぜひあなたも、自分に合う占術のコンビネーションを見つけてみてくださいね。

実際の鑑定ルームにて

前置きが長くなってしまいましたが、ここからはぼくが実際に行った鑑定の様子をご覧に入れましょう。はじめ四柱推命でのやり取りの部分は、東洋の占いになじみのない方には申し訳ないですが、この実例がきっと鑑定のヒントになるはずだと信じています。

【実例】 子育ての悩みを打ち明けてくれた女性の占い

今回の相談者は2人のお子さんの子育て中の40代女性（医療関係職）。これまでに何度かご本人の仕事について占っていますが、この日は「10歳になる息子のことが知りたい」と言って鑑定ルームにお越しになりました。

リピーターの方ですので、前回の占いからどんな経過があったかなど近況報告をお聞きしたり、世間話をしたりして息を整えてもらいます。落ち着いた頃合いを見て鑑定を始めました。

SCENE 1

占い師①：では改めて、今日はどういったことを占いましょうか

相談者（以降Aさんとする）：今日は息子についてお聞きしようと思います。親が言うのもなんですが、息子にはいろいろと可能性を感じるんです。だから才能を伸ばしてあげたいと思って、いろいろ手出しをするんですが、私たちの期待がプレッシャーになってるんじゃないかなって、気になって。息子が親の思いをどう感じているか、占ってもらいたいです

占い師②：子育てって悩まれる方が多いですよね。親としては子どもに、なるべく正解のルートを示してあげたいけど、子どもの自由も尊重したいっていう矛盾に悩まれる方がね、多いん

です。今のAさんとしては、息子さんの才能をプレッシャーでつぶしてしまわないよう、どうかかわっていこうか悩んでいる感じでしょうか

Aさん：そうですね。私もやっぱり子どもには、成功させてあげたいっていう気持ちがあるんですけど、すでにがんばっている姿を見てるので。これ以上プレッシャーをかけてしまって息子はちゃんと幸せって感じるのかどうか。ちょっと気になって

占い師③：お母さんとしては、がんばっている息子さんの姿を見てらっしゃるから、ハッパをかけるばかりじゃなくて、楽しいと感じる瞬間も与えてあげたいということですかね

Aさん：そうですね。あと、母親としてどうサポートしてあげるといいか、アドバイスをいただけるとうれしいです

まず①から④のやり取りを通して占い師は、この相談者が何を知りたいのか大まかなところを押さえています。大切なことは、まずは大まかな内容を押さえるだけにする点です。相談者が自分から話したそうな雰囲気を出しているとき以外は、鑑定の初手で根掘り葉掘り聞かないほうが良いと思います。占いという神秘的なものにワクワクしたいと思ってお越しなのですから。そのご期待に応えることにまずは集中しましょう。

占い師④：わかりました。では最初に、四柱推命という生年月日を使った占いで、お子さんの才能や気質を見せていただきましょうか。それを一通り見たあと、タロットカードで息子さんのお母さんへの気持ちを占いつつ、母と子のかかわり方のヒントも探っていきましょう

SCENE 2

占い師⑤：じゃあ、ここからは今10歳になる息子さんがどんな運命の星のもとに生まれてきたのか、お話ししますね。まず、息子さんは【宝石の星】（377ページ参照）というのを持っています。この星を持つ人はちょっと反抗的。妥協できない性質というか、とことん突き詰めていこうとする集中型です。ダイヤの原石をじっくり磨いて輝かせるみたいに、時間をかけて努力して才能に磨きをかけていける、粘り強い人のはず

この⑤から⑦のやり取りでは、四柱推命での性格占いをしてみました。「まじめに占いをしますよ」というアピールに加えて、お母さんがどう反応するのかを見たかったのです。初手であえて「反抗的」というあまり穏やかじゃないワードを使ったのは、10歳頃ですと反抗期に入

Aさん：はい（うなずきつつ、次の答えを待っている感じ）

占い師⑥：このタイプの人は、本物志向なところがあるから幼い頃でも、子どもだと思って甘く見た態度をされると「バカにするな！」っていう感じで反抗するところもあったんじゃないかな

Aさん：はい。ありましたね（何かを思い出しているような感じ）

占い師⑦：大人として扱われたい意識っていうのが強く星に出ているので、あまり甘い言葉を言われても喜ばないかもしれない。本人が満足できてないことを、まわりがいくら褒(ほ)めたとしても「俺、もっとできるし。こんなんじゃないもん」みたいに思っちゃうかもしれない

る子も出てきますよね。このAさんの悩みが、反抗期に入った息子とのかかわりというのであれば「反抗的」というワードに何かしら食いつくのでは？と考えたのです。けれど、この実例ではそうはならなかった。この時点で占い師は「息子の反抗期の悩み」ではなさそうだな、とホッとしています。

ここまで、比較的「そうかも」という肯定的な反応が続いており、Aさんはリピーターなので次にちょっと質問してみました（初対面の相談者の場合は、もうちょっと気質占いをしても良いかもしれません）。

Aさん：「あぁ〜、そうかも」

SCENE 3

占い師⑧：お母さんとしては、息子さんのどういう方面を伸ばしてあげたいとお思いですか。スポーツとか勉強とか、いろいろあるとは思いますが

Aさん：本人は今バスケットボールをすごくがんばってるんです。息子はどっちかというと勉強は苦手みたいで

占い師⑨：お母さんから見ると、息子さんは勉強よりも体を動かすほうが好きそうに見える？

この⑧から⑪のやり取りで、この鑑定始まって初の大きなリアクションを得られました。本来は⑧の会話で、Aさんが息子さんへ何を期待しているのか、どういう面で成功させてあげたいのか、という思いを聞けたらいいなと考えていたのです。けれどもその狙いは外れました。代わりに⑩のやり取りを通して、Aさんが息子さんの何に心配をしているのかが見えてきたのです。

ちなみに四柱推命では、五つある五行のうちもっとも偏っている五行の性質でどんなトラブルが起こり得るのか、読み取ろうとします。多すぎる気質は、バランスを欠いた行動のきっかけになると考えるのです。Aさんの息子さんは五行の「土」が極端に強いタイプ。土はバランスが良ければ持続力や安定性のシンボルですが、アンバランスだ

Aさん：そうですね。机に向かって勉強するよう言っても、すぐに何かほかのことに逃げているような感じがしますね

占い師⑩：あ〜。占いでは、この子は自分の軸がめちゃくちゃ強く出ているんですよね。自分のペースで決めて動くタイプで、あれしなさい、これしなさいって言われると跳ね除けるようなところがあるはず。ちょっと話がずれちゃうかもしれないですけど、同級生とか歳の近い子たちの間でも、ちょっとはみ出しちゃうことありませんか？

Aさん：そうです！　そうなんです！　息子が所属しているバスケのチームで、同い年の子たちを見ていると、ワガママだった子もだんだん協調性が出てきてチームの足並みをそろえた動き方ができはじめているように見えるんですけど……。息子だけは、小さいときと変わらずというか、みんなが引いていても

と頑固さや切り替えの下手さを表すことに。それを⑩のやり取りでは伝えてみました。

　すると、バスケのチーム内で息子が浮いているように見える、という不安を打ち明けてくれました。相談者の不安を把握することは、鑑定の方向を決めるために必要な要素のひとつです。とはいえ、ネガティブな話題をあまり大きくしてはいけません。そこですぐさま次のようなやり取りを入れました。

空気を読まずにやりたいことをやってしまいますね。そういう面が親としては心配になります

占い師⑪：自分の興味を持ったことに入り込んじゃって、まわりが見えなくなっているようにお母さんにも見えちゃう感じでしょうか

SCENE 4

占い師⑫：もし息子さんが、自分の興味のあることにどっぷり入り込んで、まわりと足並みをそろえられないように見えていたとしたら、良いことなんです、占い的には。なぜかというと、四柱推命ではこの子は「自分の道にこだわりぬくんだ！」という才能が強い子だから。職人気質の子ですから、あんまりまわりの空気を読むように育ててしまうと、この日に生まれた意味

がなくなってしまいます

Aさん：はぁ。そうなんですね（ちょっとキョトンとしている）

占い師⑬：年齢でいくと14歳までかな。この子の運命では4歳から14歳のおよそ10年は、ちょっと我が強く見えると思うし、自己主張が激しくなる星がめぐってまして。この期間は、空気を読んだりするキャラっていうよりは「我を通すことでいろいろ学ぶ」っていう運を持っているんですよ

Aさん：大人からしたら、「もうちょっとまわりを見なさい！」って思うけど、そういうのは注意したところで直らないですかね……（なんだか心配そう。あるいはあきらめたような表情をして言う）

この⑫から⑭のやり取りは、我ながら失敗したと感じます。というより、個人的にはかなり緊張した部分でした。ここでの内容が、鑑定ルームにはいない息子さんのネガティブな気質の話題だったからです。占いで子どもさんを悪者に仕立て上げてしまうのはマズいとぼくは考えています。ましてや、その場にいないときに悪く言うのはフェアではありませんね。

そう考えた結果、取って付けたようなフォローをしてしまい、相談者の悩みへ寄り添えていません。キョトンとした反応を見せられたのは当然だったでしょう。そこで占いの基本に話を戻すことにしました。

占い師⑭：そうですね、性格を強く否定するとポジティブな結果にはならないかもしれませんね。占いの結果で出ている要素って、たとえ悪い性質に見えたとしても、時間をかけて魅力ある部分に変えていける要素だったりするんです。人って年齢を重ねて段々と変わっていくと占いでは考えますけど、小さいときに我が強かった子は、まわりと衝突したり苦労したりするうちに折り合いのつけ方がうまくなるといいますか。我の強さが、芯の強さに変化されていく感じです

Aさん：そういうものなんですかね……。でも、やっぱり好き勝手ばっかり言うのを見ると、親としては教育しなきゃと思ったり……（楽観的に過ぎる占い師の言いように納得しかねている様子）

SCENE 5

占い師⑮：お母さんとしては責任も感じちゃいますよね。この子が幸せに生きるためには、愛嬌とか協調性とかもあったほうがいいですもんね。でもねぇ、今年は特に周囲から浮いちゃうような運気だったりするからなぁ。そうだなぁ、4月と5月を思い出してほしいんですけど、この春はいつにも増して我が強くなっていませんでしたか？　で、先生から注意を受けたとか？

Aさん：はい！　そうです。本当に！（強くうなずいている）。春先に、いろいろ揉めごとというか、いろいろあったので。やっぱり心配ではありますね。どう伝えれば息子に伝わるんだろうとか、もし運のせいだとしても、いつまでこういう癖が続くんだろうとか、いろいろ不安になっちゃいますね

先ほど四柱推命の魅力の一つに、運命の変化が起こる時期を絞りやすいとお話ししましたね。この実例では⑬⑮の内容が、ちょうどその部分に当たります。⑬で占い師は「14歳」という年齢をターニングポイントのように伝えていますが、これは四柱推命独自の占い方によるものです。この占術では運勢の傾向は必ず10年ごとに変わっていくと信じられていて、生年月日と性別がわかれば何歳が転機になるのか簡単にわかります。

そんな長期スパンの占いだけでなく、1カ月ごとの運勢を読み取るのもまた得意分野なんです。⑮のやり取りでは、4月と5月が大変なタイミングだとピンポイントで指摘しましたが、これは当てずっぽうではありません。生まれ持った五行の偏りから良い月、悪い月を分ける方法があり、それを伝え

SCENE 6

Aさん： 少し話が変わるんですけど、いいですか。実は息子が所属しているバスケットボールのチームは、全国区を狙うような強いチームなんです。プロの選手も輩出するような。私たちはそんなチームに所属する息子を誇りに思うし、息子本人も頑張っていたんですけど。春先ごろからちょっと雲行きが怪しいと言いますか。子どもの人生だから、私がとやかく言うことではないんですけど。このままバスケを続けていて息子はどうなっていくのかとか、今の強豪チームに果たして息子は本当に合っているのかとか。いろいろ気になってしまうんですよね。そういったことって占ってもらえますか

ました。

このピンポイントの時期の話題がAさんの中で重要事項だったようで、とうとう本当に聞きたいことを切り出してくれたのです。これは西洋占星術で占うのであっても大切なポイントかもしれません。漠然と気質の話ばかりしていては対話が深まらないとき、具体的な時期について話を振ることで鑑定のステージが一歩進みます。

ここまでの①から⑮のやり取りを通して、息子さんの気質やここ最近の運勢の話題を重ねたことで最初は漠然としかわからなかった相談内容が、いよいよ具体的になってきました。「強豪チームに属してバスケを頑張る息子。このまま続けていてどうなるんだろう」と。まさにこれが、命術とタロットを組み合わせることの魅力です。占的を

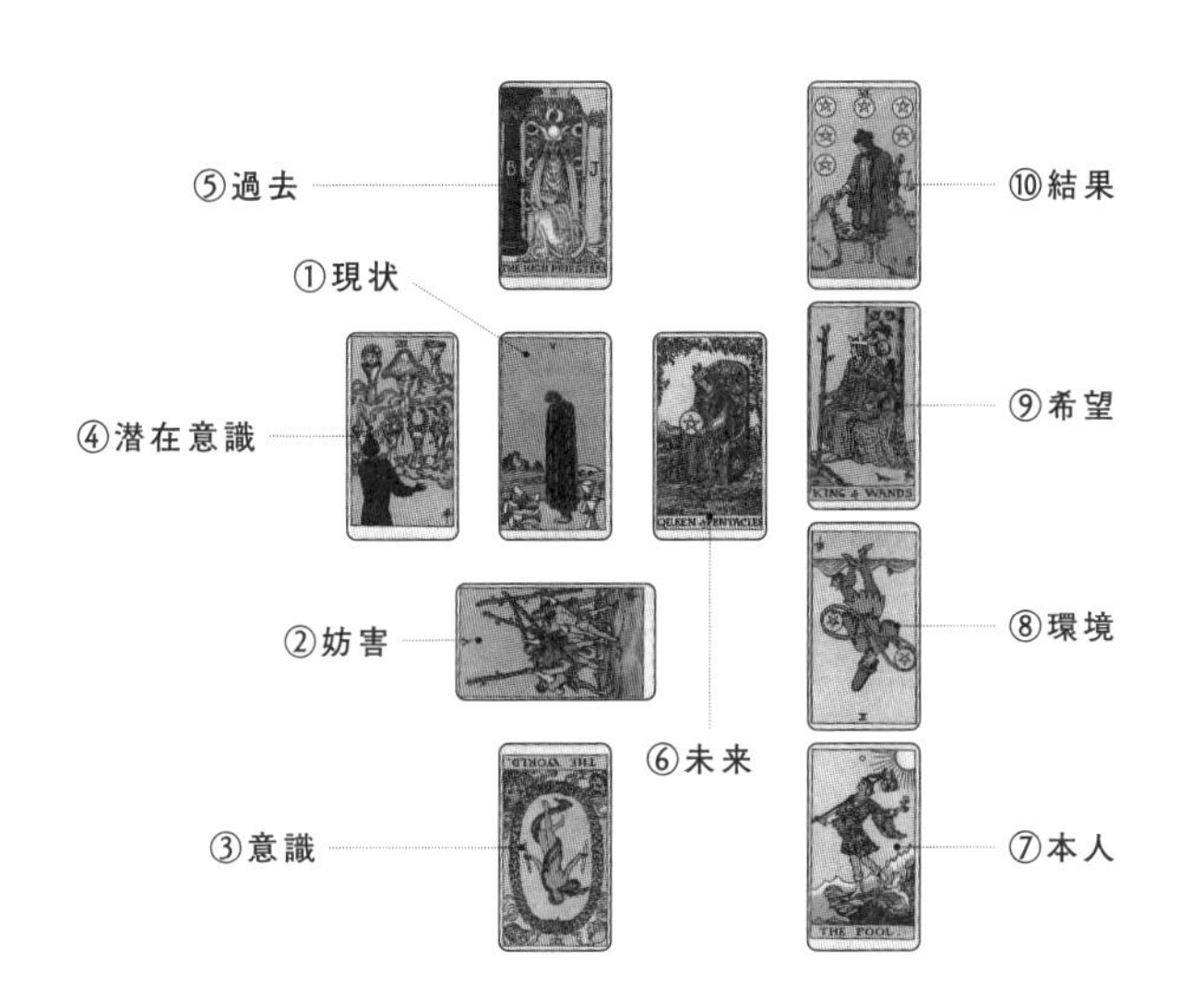

- ①現状…『カップの5』
- ②妨害…『ワンドの5』
- ③意識…『世界（逆）』
- ④潜在意識…『カップの7』
- ⑤過去…『女教皇』
- ⑥未来…『ペンタクルのクイーン』
- ⑦本人…『愚者』
- ⑧環境…『ペンタクルの2（逆）』
- ⑨希望…『ワンドのキング』
- ⑩結果…『ペンタクルの6』

こちらが聞き出さなくても、相談者が自ら打ち明けてくれるんですから。

さぁ、この段階まで来たならばもはや命術の出番はいったんおしまいです。タロットカードにしっかりとたずねてみましょう。

ここでタロットをシャッフルし、「ケルト十字スプレッド」（91ページ参照）に配置していきます。シャッフルとスプレッドは基本的には占い師が行い、相談者が余計な不安を抱かないように意識しています。使用したカードは「ウェイト＝スミス版」のフルデッキ。誰かほかの人を占うとき、ぼくは基本的にはこのデッキを使用します。スプレッド（全10枚）に出たカードは上図の通りです。

SCENE 7

占い師⑯：ここに並べたカードが、息子さんがバスケットボールを続けていくうえで見えてくる風景というか、運命のようなものなんです。全部で10枚並べましたけど、どうです。お母さんがパッと見て気になる絵のカードって何かありますか

Aさん：なんか、この黒い服を着た人の絵が……（と言って、現状の場に出た『**カップの5**』を指さす）

SCENE 8

占い師⑰：この黒い服のカードが出た場所は、息子さんの現状を表す位置なんです。率直に言うと今、彼はなにかガッカリした気持ちに支配されている。バスケに対して肩を落とすような

タロットで人を鑑定するときにぼくが意識していることの一つは、占い師が手順通りに読みすぎないということなんです。長年の鑑定経験から、あまり教科書的なリーディングはぼくには合わないと感じ、独自のやり方を取り入れています。

この⑯の例のように、まずは相談者の気になるカードがあるかどうか、たずねることが多いです。ある程度オープンなタイプの相談者だと、その絵の何が気になるのか自分の状況と絡めて話してくれることもあります。あまり話してくれないタイプの相談者のときは、伏せてあるカードの束から1枚だけ追加で引いてもらい、タロット占いは自分も参加するものだという印象をつけることが多いです。

ここからどう読み進めるのか、かなり独特だと思いますが、ご参考にしていただければ幸いです。

気分なんじゃないか、と読み取れてしまいます

Aさん：あぁ（といって納得している感じ）

占い師⑱：先ほど、生年月日の占いでも言いましたが、4月、5月の頃に受けたショックが尾を引いている感じがしますね。ほら、このカードの番号が「5」となっているでしょう。だから5月ごろがすごくガッカリする時期だったんじゃないかなって。もしかしたら、レギュラーメンバーから外されたりしたのかな」（『**カップの5**』に描かれた倒れた聖杯からこぼれ出た水に注目。それまで入っていた器から漏れ出てしまったと読めた）

Aさん：本当にその通りです。実は今年の4月にバスケチームのレギュラーから外されてしまって。本人も相当ショックだったのか、特に5月には反抗的になって「もうバスケなんかしたくな

い」って言うこともあったんです。うわ〜、それがこの絵なんですね。言われてみれば、この真ん中の黒い人が息子に見えてきます。この絵の人みたいに、本当にガッカリしてテンションが下がった感じが今も続いてるので

SCENE 9

占い師⑲：そうでしたか……。もしかするとテンションの下がっている原因もわかるかもしれないんですけど、たとえば、これまでは仲良しだった子たちと、レギュラーメンバーの座を巡って争うようになったのかもしれないし、あるいはケンカが多くなっているのかもしれないし……（と妨害の場に出た『**ワンドの5**』を指さす）

Aさん：あぁそれはありますね。もともと4年生までは、厳

今回は命術でも4月、5月に乱気流があったと出ていた上に、相談者が気になると指さしたカードの番号がたまたま「5」と一致していたので、見逃す手はないと思いました。こういう一致を見つけて話すと、相談者の目の色が変わっておもしろいですよ。「うわ、本当に出てる〜」と。

タロット占いは、四柱推命や西洋占星術のような難解な記号で占うのとは違って、誰が見てもわかるような絵で占いますよね。だから、占い師が決めつけで言っているわけじゃなく、ちゃんとこうして出ているんですよと共有するためにも使えるんです。

しいとはいってもそこまで激しく競わせるわけでもなく、本人も楽しく通ってたんです。でも5年生になったとたん、コーチ陣もシビアなことを言いだすし、レギュラーメンバーの選抜も厳しくなって。親の目線で見ていても、チームの雰囲気はちょっと悪くなった気がします。仲良かった子と距離ができちゃったのかな、もしかすると

SCENE 10

占い師⑳：友だちとのすれ違いもあるのかもしれないし、本人も「僕はもっと他にやりたいことがあるんだ」っていう気分なのかもしれない。まだ何も見つけられてないけど」（と言いながら潜在意識の位置に出た『**カップの7**』を示す）

Aさん：バスケ以外に熱中するようなことって今まではなかっ

ケルト十字スプレッドでは、現状のカードを読んだら次に妨害のカードを読む……というわけではありません。いつもそんな型通りの読み方をするわけではないんです。今回はAさんが『カップの5』を選んでくれたから、同じ「5」のカードに注目したに過ぎません。タロット占いは一期一会の生き物のようなもので、最初に選ばれたカードが出発点になってきます。そのカードと共通点のあるカードを探して順に読んでいけば、不思議なくらいしっくりくるストーリーが見えるでしょう。それに相談者と一緒に絵の意味を語り合えば、もっと深い世界が見えてくるのです。

たけど、もっと世界を広げたいってことなのかな

占い師㉑：そうですね。息子さんは今、自分の限界みたいなのを感じてるんだと思うんです。頭打ち感があるというか。それまで自信があった世界で挫折して、居場所がなくなった気持ちなのかもしれない（と言いながら、意識の位置に出た『**世界**』を指さす）

SCENE 11

占い師㉒：ちょっと話は変わるんですが、息子さんって単純というか子どもらしい素直さとか純粋さがあるタイプじゃないですか。だから、先々まで考えて動いているというより一事が万事というのかな。たとえばコーチだとか、まわりの大人から否定的なことを言われたら、それがすべてだって感じてしまうような

ここまではAさんが選んでくれた『カップの５』を出発点として、同じ「５」のカードに注目したり、黒い人物が描かれたカップの７に注目したりしていました。『カップの５』と似たシンボルはここで終わったように見えましたが、ぼくは描かれたシンボルの共通するカードをつなげて読むのが好きなので、『カップの７』の次に『世界』のカードに注目したのです。『カップの７』も『世界』も、どちらにも「月桂樹のリース」が描かれているでしょう？　現状のガッカリ感は、息子さんの意識や潜在意識に深く影響しているということを、シンボルがつながることで示してくれているのかもしれません。

(『**世界**』のカードは月桂樹のリースが描かれている。リースの形が数字の「0」のかたちと似ているので、本人の場に出た0番の『**愚者**』に注目し、本人の気質の話をした)

Aさん：あぁ。それだったら心当たりがあります。実はレギュラーを外されるときに、コーチ陣から言われたんですよ。「息子さんのプレイの仕方は、バスケを純粋に楽しんでいて良いんだけど、チーム全体が見えていない」みたいなことを。要するに、協調性がないってことだと思うんですけど。それを息子も聞いているから、否定された気持ちになったのかなぁ

占い師㉓：それはあるかもしれない。カードを眺めていると、息子さんの気持ちを表す場所に、月桂樹のリースの絵が出ているでしょう。これって、名誉のシンボルって見ることが多いんです。たとえば息子さんの中で、今まではすごく褒めてもらえていて

まわりからも注目されて承認欲が満たされてたのが、レギュラーを外されコーチからダメ出しを受けたことで、自尊心が傷ついてしまったっていうのはあるんじゃないかな

Aさん：親の目から見ると、この子はプライドが高いと感じるから、それはあるかもしれませんね。コーチも、あなたのことを怒ったんじゃなくて、伸ばすために教えてくれたんだよって話しても、息子には「もういい！」って突き離されてしまって

占い師㉔：それは親御さんとしては悲しい気持ちになりますよね……。言葉が届かないのはね

SCENE 12

占い師㉕：それから今気づいたんですけどね。ほら、この黒い

ここまで、暮れの酉流とでも言いましょうか、かなり独特なカードの読み順に困惑された方もいらっしゃるかもしれません。この読み方がすべてのタロット占い師に有効かどうかはぼくもわかりませんが、一つだけお伝えしておきたいことがあります。

それは占いに使うカードの絵柄には、なるべく通じておくほうが読

服を着た人ね、倒れてしまったカップばかり見て、後ろの倒れてないカップのほうは見えてないですよね。これは否定されたことばかりが心に残って、悲観的になってしまった息子さんの状況なんだと思います（と言いつつ、現状の『**カップの5**』を指さす）

Aさん：あぁ、ホントだ。じゃあ親としては、まずこの倒れてないカップもあるよって信じさせてあげることが大事ってことですよね。たしかに、褒めてあげることは減っていたかもしれない。甘やかし過ぎてワガママになっても良くないって感じていたので。でも、そうか……。今は、今ぐらいはまだワガママも許してあげる気持ちでいたって良いのかな

占い師㉖：そうですね。カードにもね、未来の位置に『**ペンタクルのクイーン**』っていう包容力ある母のイメージが出てるから。

みやすいよということ。一部のタロットのテキストでは、「カードの聖別」といって占いに使う前にカードそのものと絆を深めておくことが大切だと書かれることがあると思うんです。あれは本当に大事です。描かれているシンボルの意味を覚えることはあまり重要じゃない気がしていますが、絵をじっくり眺めて味わっておかないと、カード同士のつながりを追えませんからね。

お母さんの優しい言葉って、この子にはすごく響きそう

Aさん：あぁ……。私にまでダメ出しされるんじゃなくて、甘えたかったんだ……（なにか考え込むような表情）

占い師㉗：この、未来に出ているカードなんですけど。画面のふちにお花がたくさん描かれているでしょう。この豊かな庭園は、息子さんの未来のイメージでもあるんです。いま息子さんが流した涙（『**カップの５**』）は大地を潤して、いずれこんな豊かな実りを生むっていうストーリーに見えるんですよ（『**カップの５**』と『**ペンタクルのクイーン**』を交互に指さしながら）

Aさん：じゃあ息子の流す涙はムダにはならない……？

占い師：もちろん！

この㉗のやり取りでは、現状の位置に出た『カップの５』と未来の位置の『ペンタクルのクイーン』の絵柄がまったく似ていない点を取り上げました。タロット占いでは、似た絵に注目するだけではなく、まったく雰囲気の似ていない絵に注目することも同じくらい大事だと思っています。

この例では現状と未来という時間軸のカードがまったく違うカラーリングですから、きっとAさんの息子さんは時間の経過とともに今の雰囲気とはまったく別の状態へと変わるのでしょう。

これがもし、意識と環境のカードが正反対な雰囲気であれば、本人の気持ちとまわりにいる人のあいだに大きなギャップがあるのかもしれません。未来と最終結果の位置のカードが似つかない絵同士であれば、先々に大どんでん返しが待っているのかも。ケルト十字スプレッドのそ

占い師㉘：で、このクイーンっていうのは包容力のある母を描いたカードでもあって。たぶん、お母さんの作るお弁当とか、何気ない一言がこの子をすごく元気づけているはずなんです。バスケのこと以外の話題でお母さんがこの子を褒めたり元気づけているんじゃないかって思うんです

Aさん：（黙ってうなずいている）

占い師㉙：息子さんに花を持たせてあげるイメージですね」
（『ペンタクルのクイーン』に描かれている花は、『**愚者**』の手にも一輪にぎられていると説明しながら）

Aさん：あ、ホントだ。私が、この子に花を持たせてあげる……（と言いながら考えている）

れぞれのポジションごとに、正反対の雰囲気のカードが出たときの意味を考えるのは占いの良いレッスンになると思います（正反対の雰囲気とは、炎の絵と水の絵のようなわかりやすいこともあれば、立っている人と座っている人のような例もあり）。

そして、㉙のやり取り。お母さんである『ペンタクルのクイーン』が育てたお花を、息子である愚者に一輪持たせてあげているように見えるこのつながりは、Aさん自身がすごく気に入ってくれました。

タロット占いの醍醐味は、カード1枚1枚の基本的な意味で手堅く占うこともできるし、絵を見たまま物語を紡ぐ紙芝居のような使い方もできるところです。運命の紙芝居を相談者に見せながら話を進められるのは、置いてきぼりにしないで済むすばらしい利点だと感じています。

占い師㉚：これから未来、お母さんに元気をもらえたら息子さんは、傷ついた心も癒えてまた元気を取り戻す。元気回復のサインは、憧れの選手の試合を観たいと本人が希望することじゃないかな

Aさん：息子はもともと、海外の選手のプレイ動画をよく観ていたんです。それはもう熱心に。でも、最近はそういうのを観てなかったですね。バスケを遠ざけることで、自分の心を守っていたのかもしれないですね。また海外の選手の話題を出したくなるまでは、そっと見守ってあげることにします

占い師㉛：そうですね。それが良いです。息子さんの気質の位置に出た『**愚者**』のカードには、放浪って意味もあります。しばらくバスケと関係ない遊びにも時間を割いて良いという意味のはずです。しばらく放浪した先に、素敵な出会いがあると出ていますから」（結果の位置の『**ペンタクルの6**』を指さしながら。『**ペンタクルの6**』の物乞いのイメージを、放

浪した末の『**愚者**』のイメージと重ねてみた）

占い師㉜：数字の6と出ているので、半年後くらいかな。それとも11カ月後くらい（現状が『**カップの5**』で、結果が『**ペンタクルの6**』なので、足して11。だから11カ月後と提案してみた）

Aさん：本当に気長に見てあげることが必要なんですね。正直、もしも息子が今のチームでバスケを楽しめないんだったら、もっと別のチームを探すのもありかなと思っています。移籍することもありですかね？

占い師㉝：最終結果のカードに天秤が描かれてますからね。どこか他のチームと天秤にかけるようなことはあるんじゃないですかね。きっとお知り合いつながりで紹介されたりするんじゃないかなって思いますよ

Aさん：私としては、レギュラーを外されたまま息子の自尊心が育たないのであれば、もっ

と伸び伸び楽しめる環境でも良いかなと思ってるんですよ。強豪チームといってもそれがすべてじゃないし

占い師㉞：そうですね。もっと伸び伸びと好きに生きることで「好きこそものの上手なれ」的な成功が息子さんにはあるような気がしています。この半年以内に、可能な範囲で別のチームに通う友だちの話とか聞かせてあげるのも良いんじゃないでしょうか。よそと天秤にかけてみて、やっぱり今のチームが良いと息子さんの気持ちが復活したらそのまま続けるうちにきっと再起するはずです

Aさん：そうしてみます。占いで見てもらえて、いろいろホッとしました。今日はお話しできて良かったです。ありがとうございました！

占い師㉟：それは良かったです。また何かありましたらどうぞ！

MESSAGE from Kure no Tori

タロット占いで難しいことの一つと言えば、タイミングの特定ではないでしょうか。未来にどんなことが起こりそうかというイメージは、わりと具体的に描写できても、それがいつの話なのか絞り込む段階になると急に曇るのです、ぼくの場合は。

この実例では㉜のところで、未来のいつ頃に良い変化があるのか絞ろうとしてみました。けれど、ぼくは正直タロットだけでタイミングを絞って的中させるのは難しいと感じています。そのため、大抵は命術と併用して「この辺かな」と当たりをつけています。この例でもそうです（時期読みについては本書２０９ページからのＬＵＡさんの章を参考にしてください）。こういう点も、命術とタロットを併用するメリットだと言えるかもしれません。

ぼくは、タロット占いのことを「今のままで進めたら」という条件付きの予想法だと信じています。志望校に受かるかどうか判定する模試と似ていると感じていて、悪い結果を受けてもそれをバネに奮闘すれば現実の結果は変えられると思うんです。

模試だってそうですが、出た結果が絶対に変えられないとしたら、それはもはや本試験でしょう。幸い、今まで20年以上タロットと付き合ってきましたが、自分の気持ちがコロコロ変わるたびに、カードもやんわり変化して付き合ってくれました。

けれど、スプレッドに並んだカードが同じ番号ばかりだとか、同じシンボルが何度も登場するときは注意したいところ。そういった出方をするときは、簡単には変わらない強いメッセージが秘められていることが多いのです。ぜひしっかりと耳を傾けてあげてくださいね。

その人らしさを読み解く十干

甲…【大木の星】感情がまっすぐ顔に出やすく、弱い者を助ける情に厚いタイプ。五行の木。陰陽の陽。

乙…【草花の星】感受性が鋭く、人の顔色を見ることに長け、同情心に厚いタイプ。五行の木。陰陽の陰。

丙…【太陽の星】他とは違っていたいという独創性の持ち主で、自立心に富んでいる。五行の火。陰陽の陽。

丁…【灯火の星】想像力に長け、美的な感性も鋭いタイプ。表面は静かに見せて内面は熱い。五行の火。陰陽の陰。

戊…【山の星】どっしりした安定感があり、一度決めたものは守り抜く信念の強いタイプ。五行の土。陰陽の陽。

己…【田畑の星】母性的なやさしさがあり、人をサポートする献身的な傾向が強い。五行の土。陰陽の陰。

庚…【刀剣の星】正義感が強く、筋の通らないことを嫌う。感情よりも理性を優先する。五行の金。陰陽の陽。

辛…【宝石の星】緻密な物の見方を好む。粘り強く几帳面。誇り高いタイプ。五行の金。陰陽の陰。

壬…【大海の星】自由を愛し、知的好奇心のままに動きたい。行動力が強いタイプ。五行の水。陰陽の陽。

癸…【雨の星】柔軟性が高く、状況を見極めてふるまいを変える。観察力が鋭いタイプ。五行の水。陰陽の陰。

これは四柱推命で用いる星の一つで、全部で10種類あります（十干といいます）。生まれた日の十干がわかると、その日に生まれた人のおおよそのパーソナリティーを調べられるのです。どんな星があるのか、それぞれどんなパーソナリティーなのか、簡単に記しておきます。十干は以下のサイトで調べられます。
https://www.uranai-academy.jp/tools/input?selected=2

PART6 解説 by 鏡リュウジ

COMMENTARY #06

メソッドの併用と実況で、占いをもっと実践的に

今からもう20年近く前のことでしょうか。関西でタロットや占星術の講座をすると、よく顔を出してくれる青年がいました。色白の童顔のその青年は、受講生のほとんどが中高年の女性で占められるクラスで必然的に目立っています。いつもニコニコと笑顔でいながら、熱心にこちらの話に耳を傾けてくれ、しかも、的確なタイミングで的確な……授業内容を進めたり、深めたりするような話題のきっかけになるような……質問やコメントをくれるのです。

彼が大阪の占いの館ではずっとナンバー1の人気を誇る占い師さんであることを知ったのは、そのしばらく後のこと。そして彼……つまり「暮れの酉」さんが、10代の頃に占いの世界に飛びこんだまま、占い一つで身を立ててこられたことを知るのは、さらにそのあとのことだったのでした。

暮れの酉さんにご寄稿をお願いしたのには二つ理由があります。まず一つは、本書に「東洋の占い」の要素を入れたかったことです。日本文化は良い意味で実にハイブリッドです。漢字も仏教も欧米の価値観も、なんなら正倉院などを見ればすぐわかるようにペルシャやインドの文化までもが根付いています。占いもまさにそうで、占いの現場では占い師さんが自分のメニューに「四柱推命・手相・タロット」などと東西の占いを並列的に上げていることがままあります。しかし、恥ずかしながらぼくは東

洋の占いについてはほとんど知識がなく、このいかにも日本的で折衷的、そして日常的でありふれた東西の占いの合わせ技が実際、どのように行われているか、ぼく自身が知りたかったのです。

もう一つの理由は、本書の中で、占いの「実態」がどのように行われているのか、その細かなプロセスをお見せすることができればと考えたことです。多くの占いの入門書には「実占例」が出てくるわけですが、それはごくかいつまんだものであったり、理想化されたようなものであったりすることがほとんどで、現実の中で占いがどのように展開され進んでいくのかといったことには踏み込んでいません。そこで占い手と相談者の生々しいやりとりの「実況中継」と、それを副音声的に解説する、占いのアルゴリズムの「種明かし」のようなものがあればどんなに役に立つであろうかと考えたのです。

この二つの目標をかなえてくれる書き手として誰がいいかと考えたときに、真っ先に暮れの酉さんが頭に浮かびました。東西の占いに通じておられる勉強熱心な人で、そして実占経験が長いタロットの使い手。そして机上の空論としての例ではなく、実際の例を提供してくださる方として、暮れの酉さんがまさに適任でしょう。

このケースを見ると、生年月日を基にした占い（この場合には四柱推命）が一種の「つかみ」として利用されていることがよくわかります。本来は質問、相談内容をじっくり聞き出していくのが理想なのでしょうが、「当たる」というエンタメ的な要素を求められる現場では常にそれができるわけではないでしょう。そこでキャラクター診断のようなメソッドが力を発揮します。またカード占いでは難しいとされる時期判断もまた、四柱や占星術といった時間をベースにおいた占術を用いることで補強されていきます。

なんと言ってもこの章では「副音声」によってその言葉をなぜクライアントに伝えたのかを克明に知ることができます。おかげで、「タロット占い書」の枠を超えて、占いのリアリティがどのようなものであるかをお伝えする良い教材をご提供することができました。もっともこれはあくまでも一つの例であって絶対の型ではありませんから、これを一つの範例として自分自身のスタイルを作っていっていただければと思います。

ここではあえて、他の教本などでは見られないであろう四柱推命との併用をご紹介しましたが、タロットと同じ西洋系の占術である西洋占星術となら、さらにスムーズに同時に使用することができます。西洋占星術を習得しているなら、ほとんど無意識的にタロットと併用していることもあるはず。火のエレメントが強いホロスコープの持ち主を占っていて、火のエレメントに対応する「ワンド」の札が多く出ているなら、ああ、この人は今乗っているな、自分本来の情熱や熱意を表現できているんじゃないかな、と自然に読み取るでしょう。また、大きく突然の強い天王星のトランジットがかかわっているタイミングで、人間関係を表す位置に『**塔**』が出ているなら、固着した人間関係からの思い切った解放があるかもしれないという解釈が強化されることになるはずです。

有機的に複数の占いの技法を組み合わせることができれば、さらにあなたのタロットは豊かになります。

編者あとがきに代えて

書店をのぞけば多数のタロット書が存在する昨今、ぼく自身もこれまでかなりのタロット関連の著書・訳書を刊行してきました。『タロットの美術史』（創元社）、ユリイカ誌のタロット特集をはじめ、以前なら考えられなかったアート・学術的なタロット書を出すこともできました。これ以上、出すものがあるだろうか……そんなことを考えていてはたと気が付きました。案外、タロットの「実践法」についての指南は手薄だったのではないか……インスピレーションを生かすタロットという特性上、基本的なこと以上は読み手に任せる方針の書籍が多かったのではないか……。

そこで、タロットにすでに親しんでいる方に向けて、次のステップに進むためのテキストを編もうと思い至ったのです。そのためにはぼくだけでは力不足。日本を代表する凄腕のタロティストのみなさまにお声掛けしたところ、快くお力を貸してくださり、すばらしい内容が集まりました。しかもそれらは相互に有機的に関連、サポートし合う内容となっています。端的に言ってこれはすごい本です。日本のタロット本の歴史に残る一冊ができました。

なおタロットの「入門」については拙著『タロットの秘密』（講談社）をはじめ寄稿者のみなさまの著書や教室などを当たってみていただけると良いでしょう。ぼくも東京アストロロジースクールなどで随時、タロットや占星術関連のコースやイベントを企画しています。これからも共にタロットを楽しんでいきましょう！

鏡リュウジ

Favorite Gadgets for Tarot Readings

鏡リュウジ・千田歌秋・賢龍雅人・
LUA・桜野カレン・暮れの酉の

秘蔵占具大公開

日本を代表するタロット使いが集結した本書。

執筆者の皆さまに、普段占いで使っているグッズから、激レアな秘蔵の品まで、タロットにまつわる「お宝」の一部を見せてもらいました。

Ryuji Kagami's Favorite Gadgets

鏡リュウジの秘蔵占具

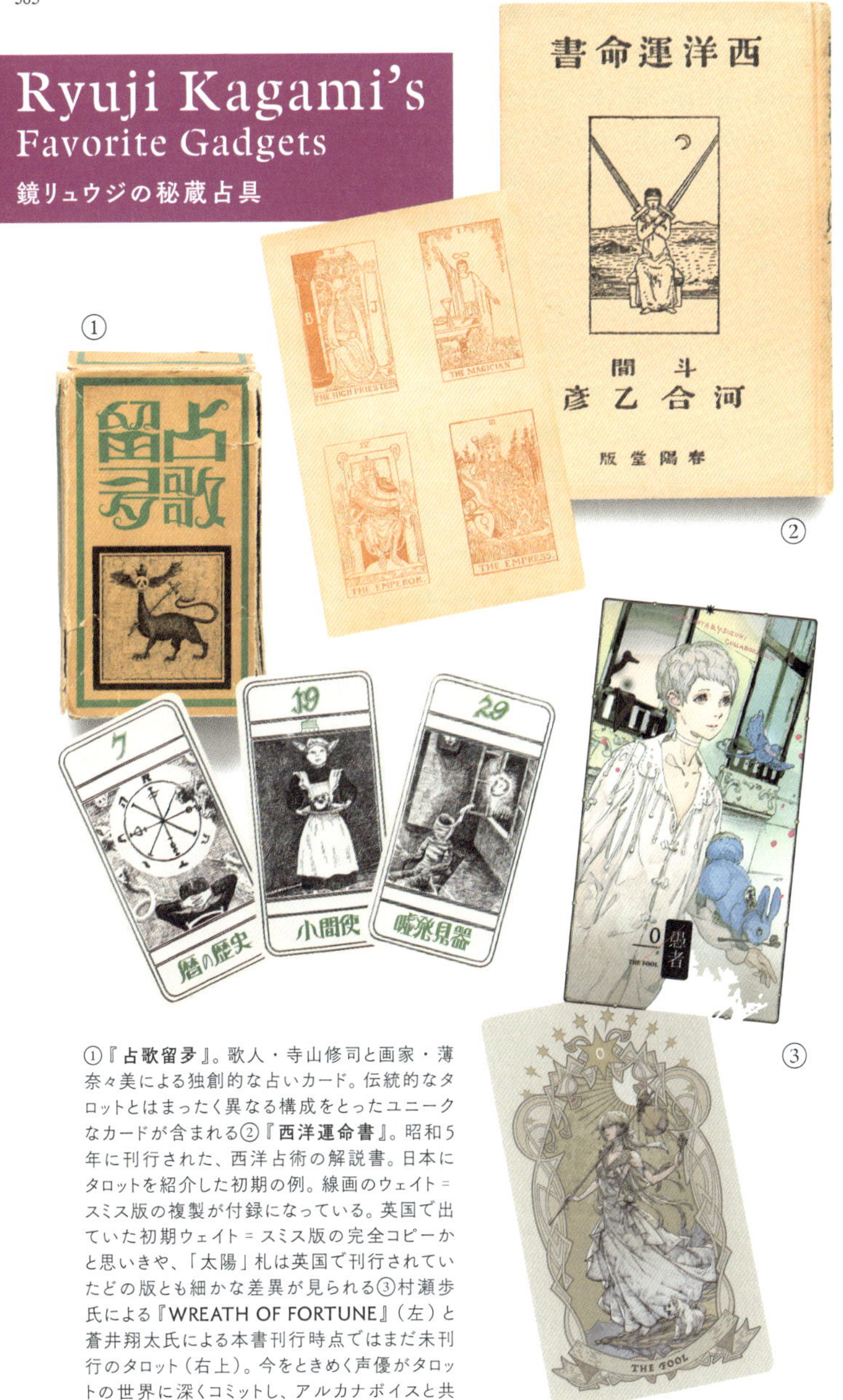

①『**占歌留多**』。歌人・寺山修司と画家・薄奈々美による独創的な占いカード。伝統的なタロットとはまったく異なる構成をとったユニークなカードが含まれる②『**西洋運命書**』。昭和5年に刊行された、西洋占術の解説書。日本にタロットを紹介した初期の例。線画のウェイト＝スミス版の複製が付録になっている。英国で出ていた初期ウェイト＝スミス版の完全コピーかと思いきや、「太陽」札は英国で刊行されていたどの版とも細かな差異が見られる③村瀬歩氏による『WREATH OF FORTUNE』（左）と蒼井翔太氏による本書刊行時点ではまだ未刊行のタロット（右上）。今をときめく声優がタロットの世界に深くコミットし、アルカナボイスと共同でタロットを制作している

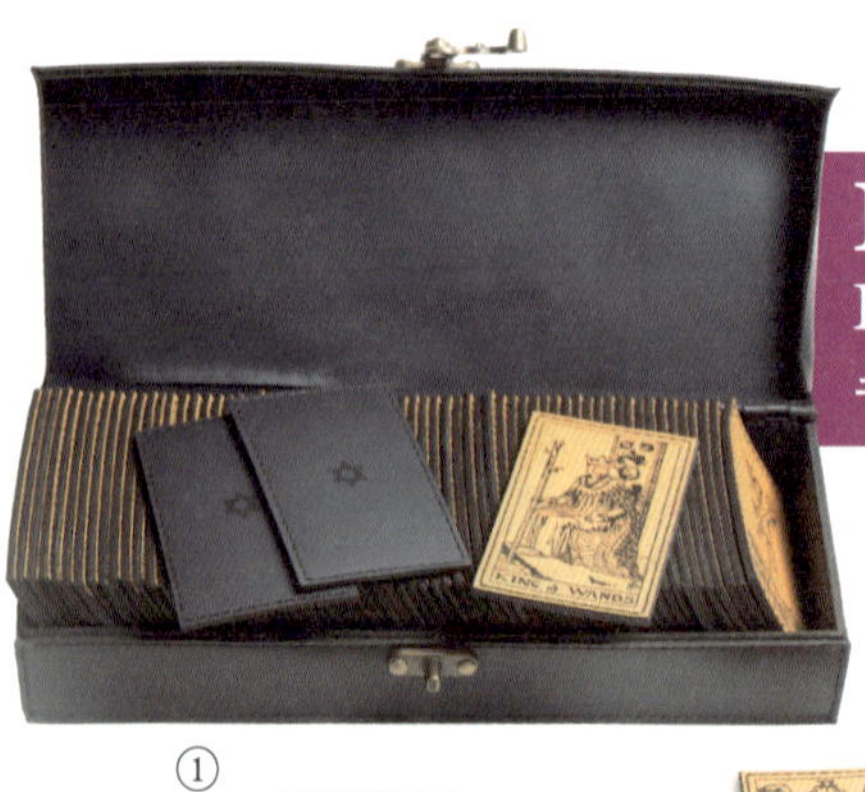

Khaki Senda's Favorite Gadgets
千田歌秋の秘蔵占具

①革製タロット「**レザータロットフルデッキ**」東京レザータロット研究所制作。高雅なる臥榻（がとう）から立ち上がる凛然たる巫女のごとくタロットカードが神託を告げる②タロットケース「**エラノスボックス**」カドゥケウスを刻し不滅なる蛇皮を張った銀製の函③タロットダイス「**ミニョンタロット**」＆ダイストレイ「**ゾディアックガーデン**」緑川連理氏監修。十三の骰子が十二の宮を縦横無尽に駆け巡る

①

②

③

Karen Sakurano's Favorite Gadgets
桜野カレンの秘蔵占具

①「ルノルマンシンボルが描かれたクロスとコイン」。コインを投げて占います。トリプルKルノルマンイベントのノベルティ②「桜野作・ルノルマンクロスと薔薇のチャーム」。こちらも薔薇のチャームを投げて占います③「桜野作・紅茶占いカップ」④「桜野作・ローズダウジング用メダル」⑤「桜野カレン（トリプルK含む）監修のルノルマンカード」。愛猫のデッキがお気に入り

LUA's Favorite Gadgets
LUAの秘蔵占具

①**「持ち手付きの缶＋デイ・ドリームタロット」**。可愛くてやさしい絵柄で大人気の利光春華さんによるデイ・ドリームタロットを、アフタヌーンティーからの限定商品の缶に入れています。カードと同じく利光春華さんの絵柄の缶でコーデもばっちり！ ②**「丸い缶＋Smith-Waite Centennial Tarot Deck in a Tin」**。丸い缶は、カードを取り出す際に指を入れやすいというメリットが。カードを持ち上げるように、親指と人差し指で挟むようにして触れ、好きなところでカードの束をつかんでひっくり返し、現れたカードを読む「LUA引き」に便利です③**「ばけたん」**。おばけ探知機を置いて見えないものをチェック④**「ラブラドライトのペンデュラム」**。最近のお気に入りです⑤**「蜘蛛」**。蜘蛛好きなので落ち着きます⑥**「金属製のルーン」**。骨のルーンも気に入っていますが、落としても割れないこれが1番！ ⑦**「テーブルクロス」**。ビロード素材に透かしの柄の入ったストールを使って自作しました。54cm × 74cm。手軽に広げられて撤収も簡単。滑り止め付き

Kure no Tori's Favorite Gadgets
暮れの酉の秘蔵占具

①**「易占いに使う算木」**。今は閉鎖してしまった易占いの専門店、紀元書房さんで販売されていた算木。易占いは、得た卦をひっくり返したり、上下入れ替えたりして読むこともあります。そのとき便利なアイテムです②**「酉と鰻タロットカード」**。同級生の漫才師、銀シャリの鰻くんに描いてもらったタロット。二人で担当していたMBSラジオの番組企画で作成することになりました。インパクト抜群の22枚

Masato Kenryu's Favorite Gadgets
賢龍雅人の秘蔵占具

①「HOI POLLOI TAROT」。鏡さんにいただいた超レアなデッキ。下に敷いてあるクロスは自作のものです（タロットの用具は自分で作ったほうが良いと聞いているので）。量り売りで生地を買って、父親に手伝ってもらってゴールドの縁を縫い付けました②「Universal Transparent Tarot」。78枚すべて透明なプラスティックでできた珍しいタロット。しかも複数枚を重ねることで新たな絵も生まれる仕掛けが

MAJOR ARCANA

人生の大きなテーマを象徴するとされる「大アルカナ」。その基本の意味のキーワードの一例です。これを鍵として他の教科書などを参考にあなた自身の解釈を豊かに紡ぎましょう。

0 愚者 The Fool

①可能性がある
②無邪気／愚かである
③何かが始まる

1 魔術師 The Magician

①技術
②意欲的
③見方を変える

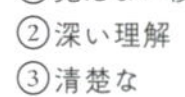

2 女教皇 The High Priestess

①見えない領域
②深い理解
③清楚な

3 女帝 The Empress

①産み出す力
②豊かさ／快楽
③女性

4 皇帝 The Emperor

①リーダー
②権力志向／責任
③厳格な

5 教皇 The Hierophant

①アドバイス
②智慧
③伝統／権威

6 恋人 The Lovers

①恋愛
②結びつき
③2つのもの

7 戦車 The Chariot

①勝利／成功
②イニシアティブ
③目的／移動

8 力 Strength

①強い意志
②自信／余裕
③コントロール

9 隠者 The Hermit

①孤独
②分別
③老成／年配者

10 **運命の輪** Wheel of Fortune

①チャンス
②転機／変転
③一か八か

11 **正義** Justice

①正義
②裁き／公平
③合理的

12 **吊るされた男** The Hanged Man

①身動きできない
②忍耐
③模索／鬱屈

13 **死神** Death

①終焉
②再生／復活
③放棄／清算

14 **節制** Temperance

①調整
②交流
③包容力

15 **悪魔** The Devil

①誘惑
②欲望／執着
③暗い感情

16 **塔** The Tower

①アクシデント
②失望／落胆
③転換

17 **星** The Star

①希望／ビジョン
②純粋さ
③未来／才能

18 **月** The Moon

①幻想
②不安定／
優柔不断
③受動的／
隠れた家

19 **太陽** The Sun

①生命力
②成果／名誉
③自己表現

20 **審判** Judgemet

①覚醒
②復活／回復
③打破／
心機一転

21 **世界** The World

①達成／完成
②頂点／
ゆるやかな下り
③安定

MINOR ARCANA WANDS

「ワンド」（棒）のスートは、情熱、人生を前に進めていくエネルギーを象徴します。ここに挙げたキーワードを手がかりに、他の教科書などからあなた自身の解釈を豊かに紡ぎましょう。

ワンドのエース

ACE of WANDS

①情熱的
②前向き思考
③スタミナ

ワンドの2

WANDS II

①野心／恐れ
②他者への期待
③交渉

ワンドの3

WANDS III

①幸運を待つ
②長期的視野
③小さな満足

ワンドの4

WANDS IV

①休息／リラックス
②動き出す前
③基盤

ワンドの5

WANDS V

①混乱
②闘争
③紛糾／口論

ワンドの8
WANDS VIII

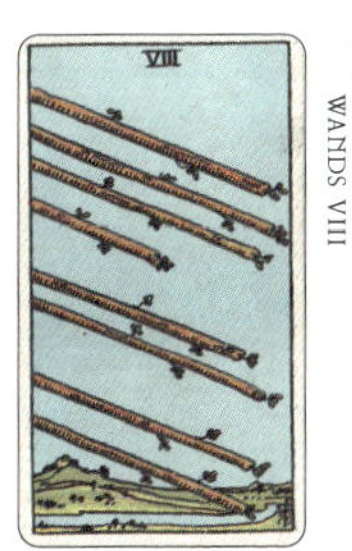

①急展開
②迅速な判断
③落ち着かない状況

ワンドの7
WANDS VII

①現状維持
②努力の継続
③底力

ワンドの6
WANDS VI

①勝利
②認められる
③成果を発表する

ワンドのペイジ
PAGE of WANDS

①好奇心
②新しい知らせ
③まぶしいエネルギー

ワンドの10
WANDS X

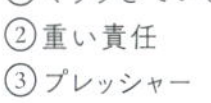

①やりすぎている
②重い責任
③プレッシャー

ワンドの9
WANDS IX

①完遂
②最終段階
③守りの力

ワンドのキング
KING of WANDS

①大きな目標
②人々を率いる
③指導力

ワンドのクイーン
QUEEN of WANDS

①誇り高い
②継続する愛情
③ハート

ワンドのナイト
KNIGHT of WANDS

①みなぎる行動力
②恐れ知らず
③若者

MINOR ARCANA CUPS

「カップ」（杯）のスートは、愛、そして喜びを享受する力を象徴します。ここに挙げたキーワードを手がかりとして、他の教科書などからあなた自身の解釈を豊かに紡ぎましょう。

カップの2
CUPS II

①パートナーシップ
②相思相愛
③関係の進展

カップのエース
ACE of CUPS

①深い愛情
②サポートされる
③絆が生まれる

カップの5
CUPS V

①深い喪失感
②心細さ
③後悔

カップの4
CUPS IV

①無気力
②流される日々
③燃え尽き

カップの3
CUPS III

①意見の一致
②方向性が決まる
③理解し合う

カップの6
CUPS VI

①過去への郷愁
②逃避
③自立できない

カップの7
CUPS VII

①決められない
②まとまりがない
③夢見がち

カップの8
CUPS VIII

①抜け出す
②相手を解放する
③巣立ち

カップの9
CUPS IX

①願望成就
②手に入れる
③物質的成功

カップの10
CUPS X

①精神的な充足
②生活の余裕
③物心の豊かさ

カップのペイジ
PAGE of CUPS

①豊かな感受性
②曇りのない善意
③純粋さ／もろさ

カップのナイト
KNIGHT of CUPS

①理想的な出会い
②新しい経験
③センチメンタル

カップのクイーン
QUEEN of CUPS

①気配り／ケア
②器が大きい
③包み込む強さ

カップのキング
KING of CUPS

①メンター
②寛大さ
③援助する

MINOR ARCANA SWORDS

「ソード」（剣）のスートは、知性や客観性、そして人生の厳しさと向き合う力を象徴。ここに挙げたキーワードを手がかりに、他の教科書などからあなた自身の解釈を豊かに紡ぎましょう。

ソードの2
SWORDS II

①あやういバランス
②板ばさみ
③2つの意見

ソードのエース
SWORDS of CUPS

①強大な力
②実力行使
③新たな可能性

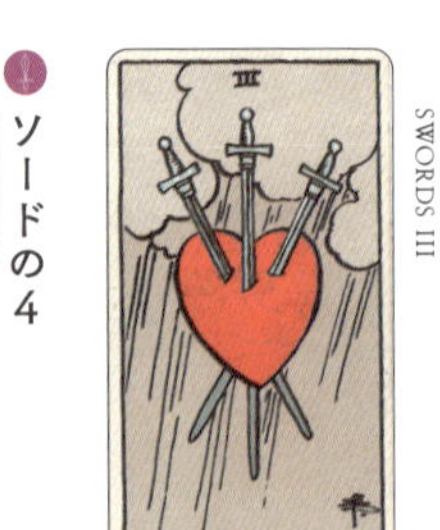

ソードの3
SWORDS III

①心の痛み
②罪悪感
③争い／中傷

ソードの4
SWORDS IV

①嵐の前の静けさ
②思考を止める
③静かな空間

ソードの5
SWORDS V

①力ずくの行動
②傲慢
③自己中心的な

ソードの6
SWORDS VI

①問題の解決
②状況の推移
③つらさからの脱却

ソードの7
SWORDS VII

①秘密の行動
②策略
③二枚舌／裏表

ソードの8
SWORDS VIII

①四面楚歌
②孤立
③自縄自縛

ソードの9
SWORDS IX

①失敗への恐れ
②過去の悪夢
③過剰な心配

ソードの10
SWORDS X

①底を打つ
②負けを知る
③絶体絶命

ソードのペイジ
PAGE of SWORDS

①未来を見通す目
②アイデア先行
③皮肉

ソードのナイト
KNIGHT of SWORDS

①予想外の話
②変化と混乱
③即断即決

ソードのクイーン
QUEEN of SWORDS

①鋭い視点
②客観的な思考
③悲しみの克服

ソードのキング
KING of SWORDS

①カリスマ性
②公正／正論
③決定力

MINOR ARCANA

PENTACLES

「ペンタクル」（金貨）のスートは、物質性や肉体性、人生の現実と向き合う力を象徴。ここに挙げたキーワードを手がかりに、他の教科書などからあなた自身の解釈を豊かに紡ぎましょう。

ペンタクルのエース

ACE of PENTACLES

①計画の実行
②事業の立ち上げ
③投資のスタート

ペンタクルの2

PENTACLES II

①軌道に乗る
②交流／チャンス
③リズミカルな動き

ペンタクルの3

PENTACLES III

①最初の成果を得る
②つり合いがとれる
③スキルを磨く

ペンタクルの4

PENTACLES IV

①守り／保守的
②ため込む
③執着心

ペンタクルの5

PENTACLES V

①損失／欲望
②自信を失う
③欠如

ペンタクルの6
PENTACLES VI

①寄付／支援
②シェアする
③公正な振る舞い

ペンタクルの7
PENTACLES VII

①小休止
②満たされなさ
③スランプ

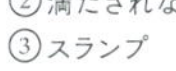

ペンタクルの8
PENTACLES VIII

①向上心／やりがい
②スキルアップ
③才能の発揮

ペンタクルの9
PENTACLES IX

①心地良い環境
②経済的基盤
③自分を認める

ペンタクルの10
PENTACLES X

①受け継ぐ
②家族の絆
③恋人の家族

ペンタクルのペイジ
PAGE of PENTACLES

①粗削りな才能
②うれしいオファー
③丁寧な作業

ペンタクルのナイト
KNIGHT of PENTACLES

①一歩一歩進む
②長期的な努力
③事務処理

ペンタクルのクイーン
QUEEN of PENTACLES

①貯蓄の才能
②豊かさ／恵み
③慈愛／包容力

ペンタクルのキング
KING of PENTACLES

①堅実な力
②不動産
③余裕のある力

編著　鏡リュウジ　Ryuji Kagami

占星術研究家、翻訳家。国際基督教大学卒業、同大学院修士課程修了（比較文化）。英国占星術協会会員、日本トランスパーソナル学会理事。平安女学院大学客員教授、京都文教大学客員教授。東京アストロロジースクール主幹。著書に『鏡リュウジの実践タロット・リーディング』『鏡リュウジの実践タロット・テクニック　ケルト十字法大辞典』（朝日新聞出版）、『タロットの秘密』（講談社）、『占いはなぜ当たるのですか』（説話社）、『タロットの美術史』（創元社）、『鏡リュウジの占星術の教科書Ⅰ、Ⅱ、Ⅲ、Ⅳ、Ⅴ』（原書房）、訳書に『ユングと占星術』（青土社）、『タロット　バイブル　78枚の真の意味』（朝日新聞出版）など多数。『ユリイカ　タロットの世界』責任編集も務める。

鏡リュウジの実践タロット・メソッド
タロット技法事典

2024年12月30日　第1刷発行

編著者　鏡リュウジ
著　者　千田歌秋、賢龍雅人、LUA、桜野カレン、暮れの酉

装　丁　宮崎絵美子（製作所）
発行者　宇都宮健太朗
発行所　朝日新聞出版
〒104-8011　東京都中央区築地5-3-2
電話 03-5541-8832（編集）　03-5540-7793（販売）
印刷所　中央精版印刷株式会社

Published in Japan by Asahi Shimbun Publications Inc.
ISBN 978-4-02-252024-1

定価はカバーに表示してあります。